Katharina Möller | Claudia Weingand

GALOPP ARBEIT

Wie Galopparbeit das Pferd verbessert – typische Probleme und Lösungen

Osteo DRESSAGE

Müller Rüschlikon

Einbandgestaltung: R2 I Ravenstein, Verden

Titelfoto: Maresa Mader, www.maresamader.de
Fotos im Innenteil: Maresa Mader
Grafiken: Claudia Weingand, ravenstein2

ISBN 978-3-275-02253-3

Postfach 103743, 70032 Stuttgart
Ein Unternehmen der Paul Pietsch Verlage GmbH & Co. KG

1. Auflage 2022

Sie finden uns im Internet unter www.mueller-rueschlikon-verlag.de

Gesamtleitung: Claudia König
Innengestaltung: R2 I Ravenstein, Verden
Druck und Bindung: Multiprint Ltd., Slavyanska Str. 10A,
2230, Kostinbrod, Bulgarien
Printed in Bulgaria

INHALT

„Galopp sei dir immer das Höchste. Schönste Bewegung der Reiterin, Gang der Erhebung und der anmutigen Senkung, majestätisch und schmiegsam zugleich. Im ruhigen, freien Galopp, kaum bewegt von dem Sitz nahe dem Widerrist, fühlst du nur wiegend den Rhythmus des schwer unterscheidbaren Dreischlags und Vierschlags des Ganges. Vertraue dich dieser Bewegung in guten und schwierigen Lagen. Dein Pferd trägt dich sicher […]. Versuche nicht es zu tragen. Lass dich tragen.“

Rudolf G. Binding

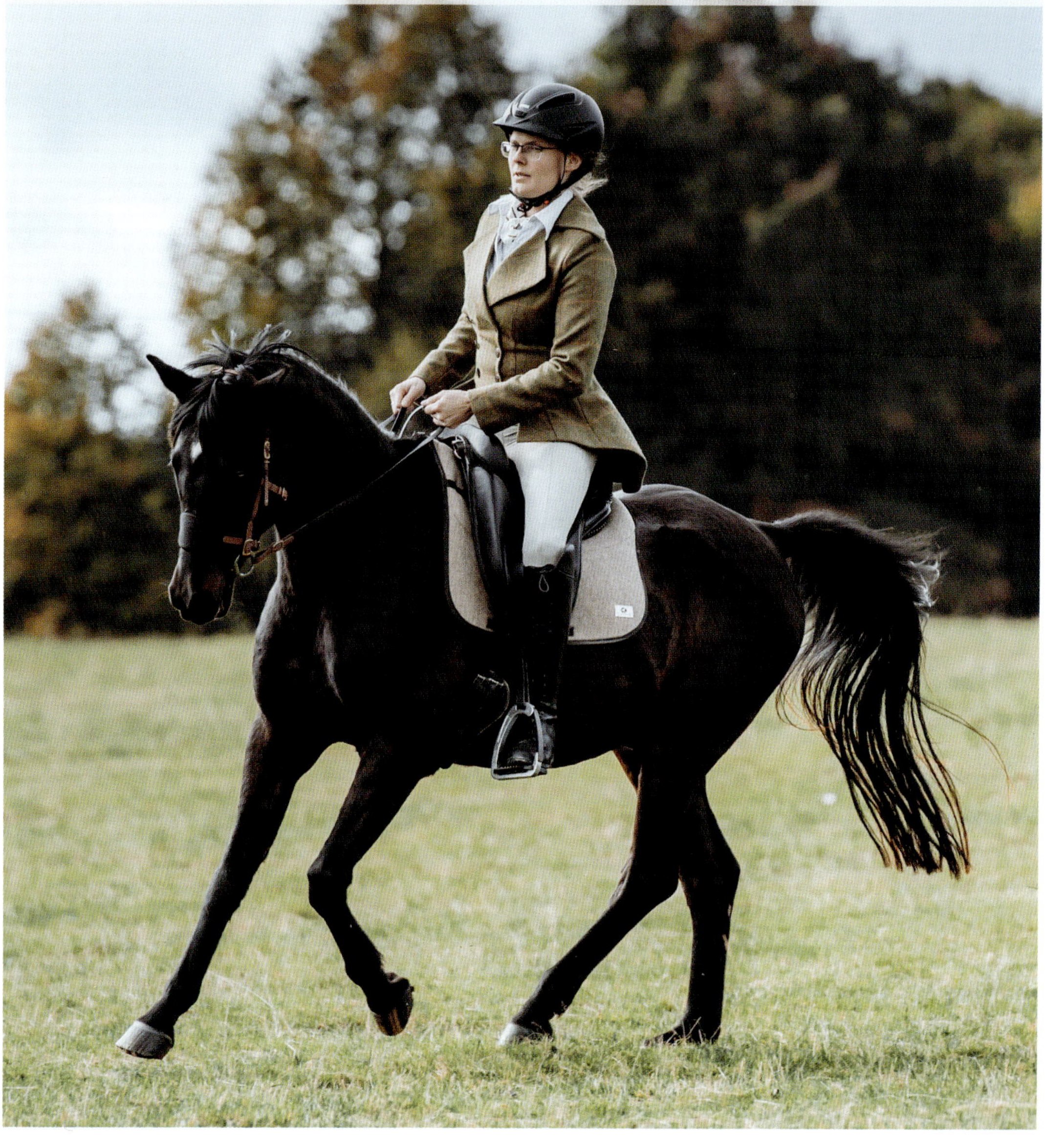

EINLEITUNG

Galopp ist unsere Lieblingsgangart. Wenn einem der Wind um die Nase weht und der Dreck ins Gesicht fliegt. Oder wenn das versammelte Pferd einen nahezu auf der Stelle galoppierend in aller Ruhe auf und ab schaukelt. Wenn der Atem im Takt der Galoppsprünge fließt.

Doch für viele Reiter und leider auch für viele Pferde ist der Galopp ebenso mit Stress verbunden. Wenn man ihn nicht sitzen kann, wenn Kontrollverlust droht oder wenn man sich gar nicht so sicher ist, wie gut der Galopp dem Pferd aktuell eigentlich tut.

Mit diesem Buch wollen wir zum einen Wissenswertes über das Training im Galopp zusammentragen. Warum schreibt beispielsweise schon Binding oben sowohl vom Drei- als auch vom Vierschlag-Galopp? Was trainiert der Galopp in welchem Maße und was kann daran auch schädlich sein? Die Wissenschaft liefert hier viele interessante Erkenntnisse, die wir Reiter für die Praxis kennen sollten, um das Training gesund zu gestalten.

Als Nächstes wird es um den Sitz des Reiters gehen. Wie schafft man es denn, schmiegsam nahe dem Widerrist anmutig zu sitzen und sich wiegen zu lassen, wie Binding es beschreibt? Dazu zeigen wir Ihnen unsere praxiserprobten Sitzübungen, die in den letzten Jahrzehnten zahlreiche Reitschüler zu einem losgelassenen Sitz im Galopp und damit ihren Pferden zu einem angenehmen Reitgefühl verholfen haben. Besser sitzen heißt pferdegerecht reiten!

Danach soll es um die Ausbildung des Galopps gehen. Vom ersten Galopp unter dem Sattel im Remontesitz bis hin zur Entwicklung von Seitengängen, Galoppwechseln und Pirouetten geben wir Ihnen zahlreiche Übungen für die Praxis mit und erklären, wie man die Übungen systematisch aufeinander aufbaut, um den Galopp immer weiter zu verbessern.

Wir möchten Ihnen Mut machen und Ihnen sowohl theoretische Hintergründe als auch praktische Reitideen liefern, um pferdegerecht zu galoppieren. Dieses Buch darf Sie dabei über Monate und Jahre durch die Ausbildung Ihres Pferdes begleiten.

Viel Freude beim Reiten wünschen

Katharina Möller & Claudia Weingand

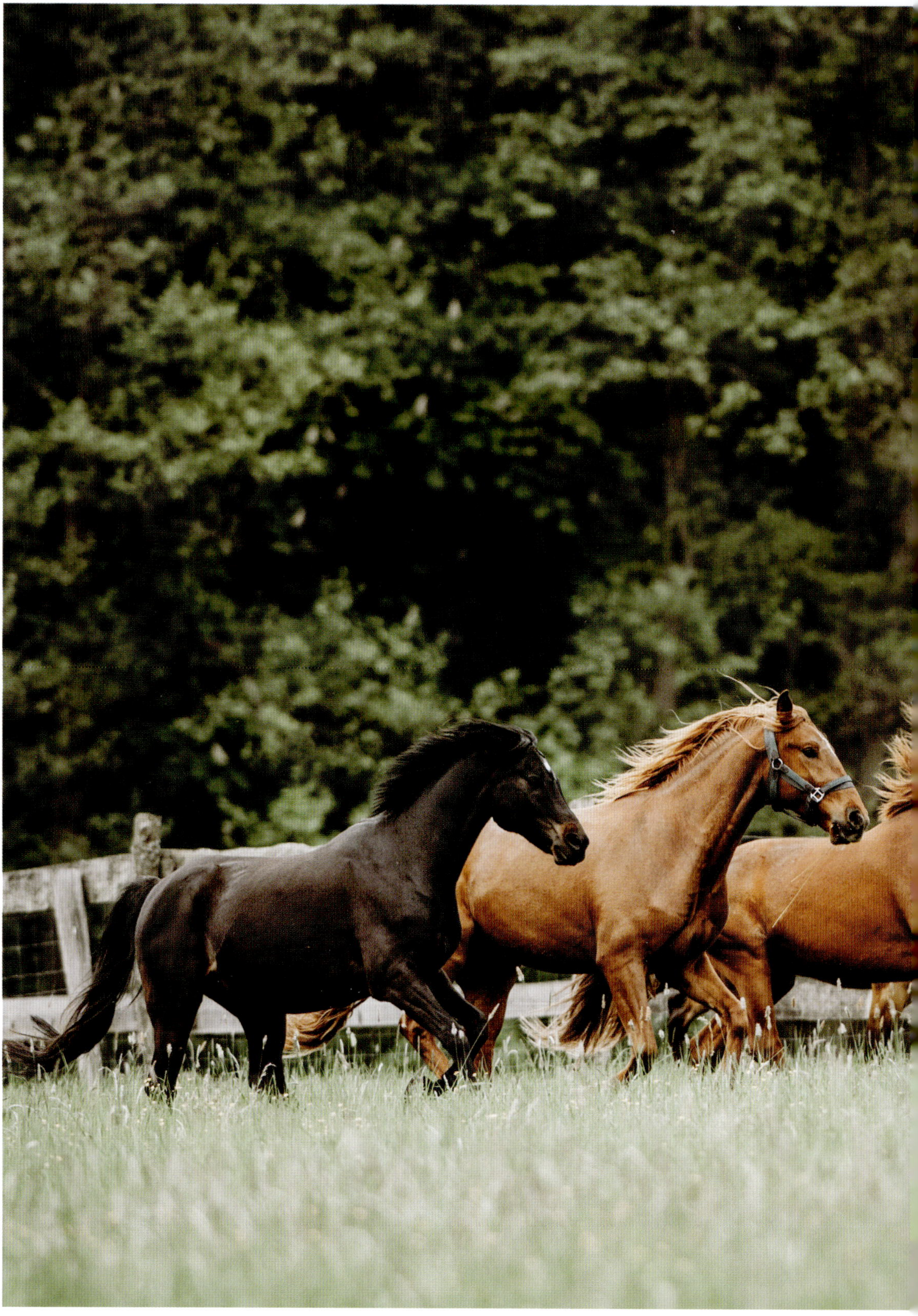

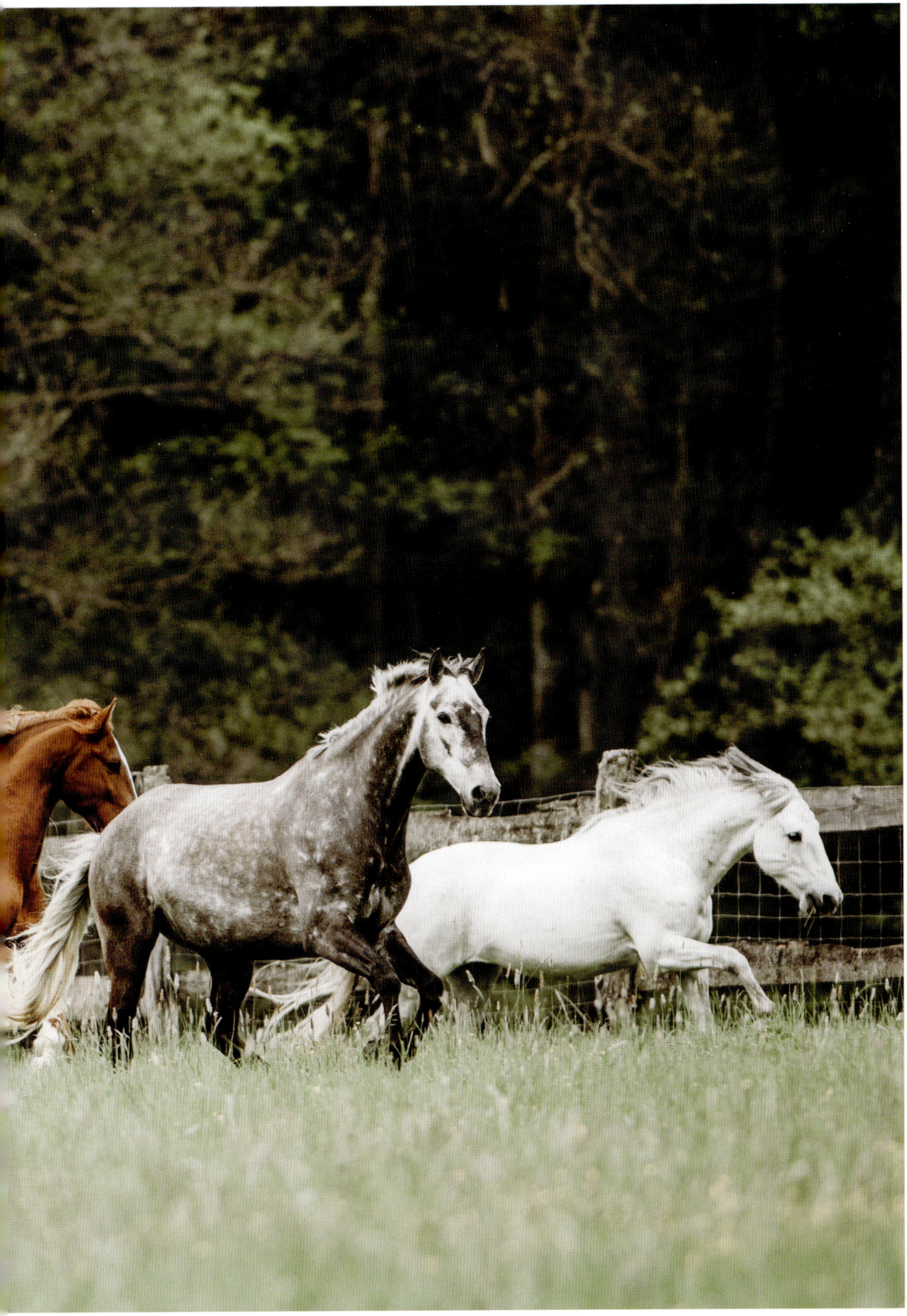

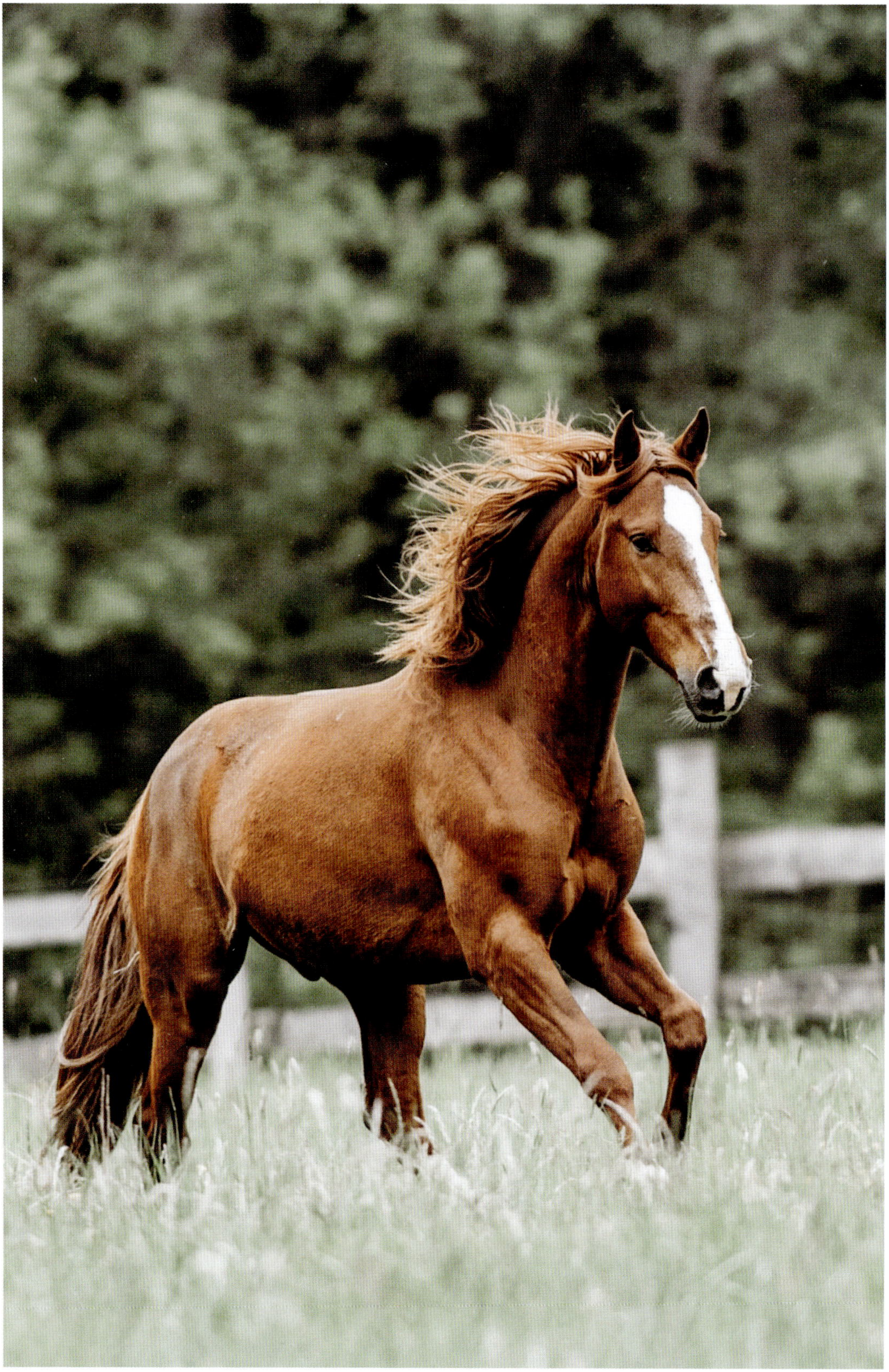

Die Gangart GALOPP

In diesem Kapitel beleuchten wir die **Physiologie der Gangart Galopp** sowie die **Vor- und Nachteile für gesundes Pferdetraining**. Sie finden in diesem Kapitel auch Hinweise auf Anzeichen für Probleme und was Galopptraining für den Pferdekörper bedeutet.

Was Galopp bringt und wann er schadet (aus trainingsphysiologischer Sicht)

Galoppieren macht gesunden Pferden Spaß und hat viele Vorteile für das Training eines Reitpferdes. Wird zu viel oder zu früh galoppiert, kann Galopp aber auch verschleißend sein.

Was macht den Galopp aus?

Wie sich ein Pferd im Galopp genau bewegt, war lange Gegenstand diverser Diskussionen. Da das menschliche Auge pro Sekunde nur 10 bis 15 Bilder wahrnehmen kann, war die genaue Fußfolge im Galopp bis 1872 ungeklärt. Das kann man sich kurz auf der Zunge zergehen lassen: Keiner der alten Reitmeister vor 1872 war sich über den Bewegungsablauf des Galopps tatsächlich im Klaren. Auf den meisten Gemälden, die den Galopp darstellen sollten, sieht man Pferde mit vier von sich gestreckten Beinen hasenartig übers Feld oder durch die Reithäuser „galoppieren".

Licht ins Dunkel brachten erst der amerikanische Fotograf Eadweard Muybridge und der französische Physiologe Étienne Jules Marey, die sich mit der fotografischen Darstellung von Bewegungsabläufen von Tieren beschäftigten. Mithilfe von 24 knapp hintereinander ausgelösten

Der Bewegungsablauf im Galopp:

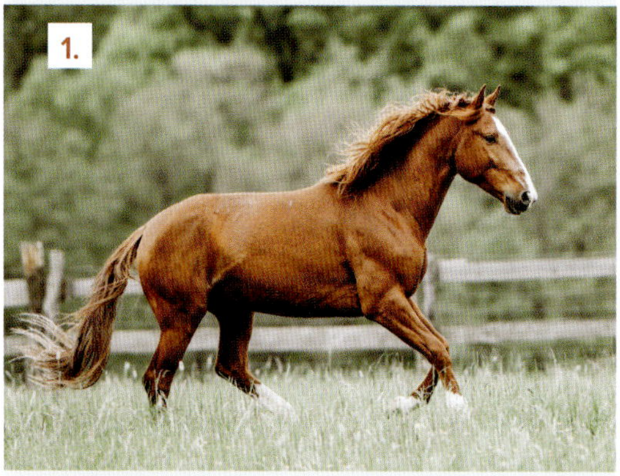

Einsprung in den Linksgalopp:
Einbeinstütze hinten rechts.

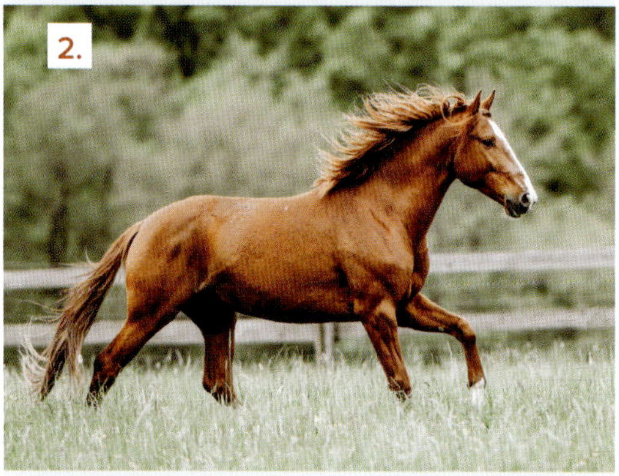

Zweibeinstütze hinten links und vorne rechts.

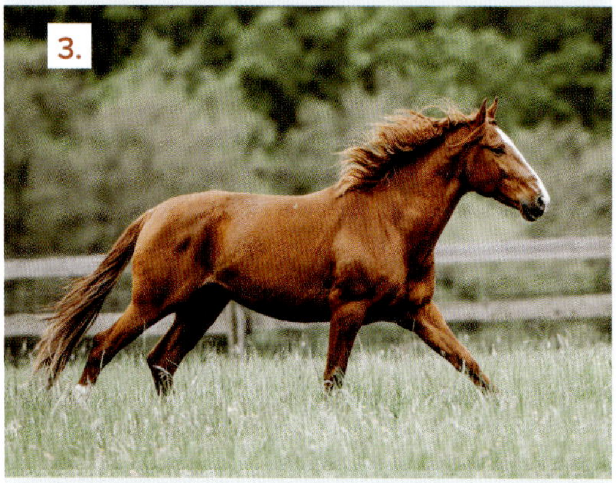

Dann erfolgt die Dreibeinstütze.

Kameras und für damalige Zeiten extrem kurze Belichtungszeiten von 1/6.000-Sekunde fingen sie die heute bekannte Fußfolge im Galopp erstmals ein.

Diese 1872 festgestellte Fußfolge hielt auch in die FN-Richtlinien Einzug: „Der Galopp ist eine Bewegung, die aus einer Folge von aneinandergereihten Sprüngen besteht." (RL Band 1, 2012) Der Galopp (ausgenommen der Jagd- oder Renngalopp) ist demnach eine Bewegung im Dreitakt und hat sechs Phasen. Reiterlich unterscheidet man Links- und Rechtsgalopp, je nachdem, welches Beinpaar weiter nach vorne greift. Die Phasen gestalten sich im Linksgalopp folgendermaßen:

1. **Einbeinstütze hinten rechts** (erster hörbarer Takt): Das gesamte Gewicht von Reiter und Pferd wird also in diesem Moment vom rechten Hinterbein getragen.
2. **Zweibeinstütze hinten links und vorne rechts** (zweiter hörbarer Takt).
3. **Dreibeinstütze: hinten rechts fußt ab, vorne links fußt auf** (dritter hörbarer Takt).
4. **Einbeinstütze vorne links:** hinten links und vorne rechts fußen gleichzeitig ab.
5. **Schwebephase**
6. **Landung auf hinten rechts** (siehe oben) usw.

Abweichend von dieser Fußfolge ist der **Vierschlaggalopp**, den man bei sehr langsamem, schleppendem oder übereiltem Galopptempo beobachten und hören kann. Dabei fußt das diagonale Beinpaar nacheinander und nicht gleichzeitig auf, weshalb man einen vierten Takt hört. Gemäß klassischer Lehre handelt es sich beim Vierschlaggalopp beim dressurmäßigen Reiten um einen deutlichen Fehler, denn die Reinheit des Ganges – im Galopp also des Dreitaktes – hat oberste Priorität. Ist ein Vierschlag besonders im vermeintlich „versammelten" Galopp mit bloßem Auge erkennbar, reiterlich fühlbar und hörbar, so handelt es sich dabei um eine falsch verstandene „Versammlung". Beobachtet man jedoch Zeitlupenvideos von einem „normalen", augenscheinlich korrekt durchgesprungenen Dreitaktgalopp, kann man mit technischer Unterstützung erkennen, dass das diagonale Beinpaar auch dabei selten wirklich ganz genau gleich auffußt. Solange diese Verschiebung nur in Slow Motion erkennbar und mit bloßem Auge nicht wahrnehmbar ist, kann man die damit bewiesene Abweichung vom Lehrbuch allerdings im reiterlichen Sinne als irrelevant betrachten. Eine Slow-Motion-Kamera zeichnet über 50 Bilder pro Sekunde auf, eine normale Filmkamera für Kinoproduktionen 24 Bilder pro Sekunde und, wir erinnern uns, das menschliche Auge erfasst höchstens 15 Bilder pro Sekunde.

Sieht, hört oder fühlt man dagegen Vierschlag auch ohne Kamera, ist man nicht mehr im physiologischen Galopptakt!

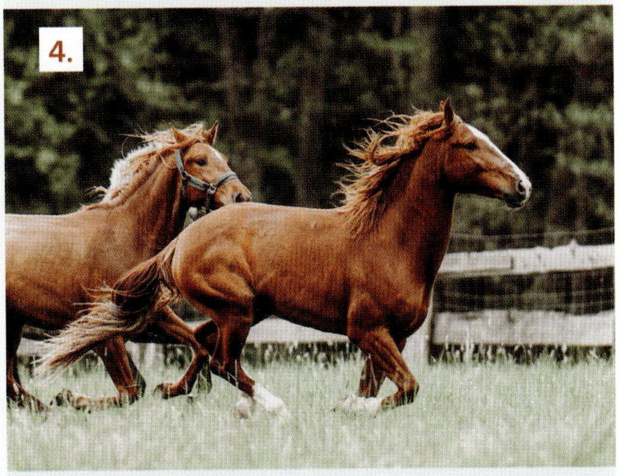

Einbeinstütze vorn links.

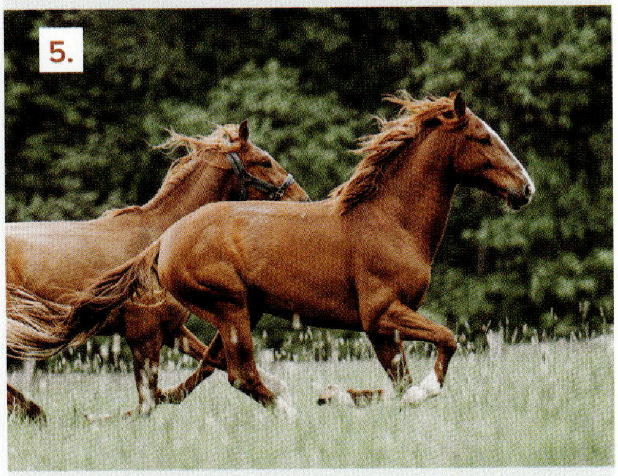

Schwebephase

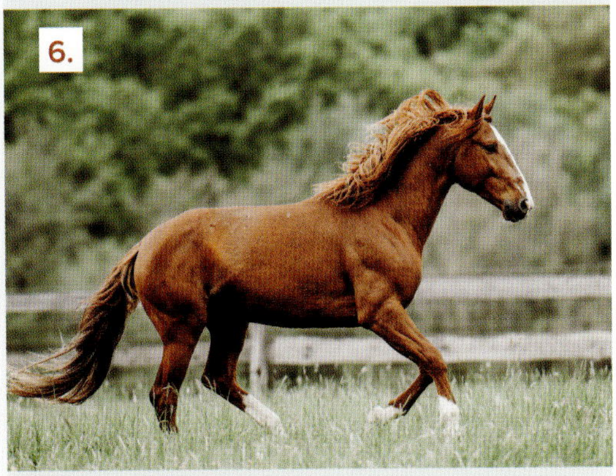

Einbeinstütze hinten rechts.

Im Renngalopp ändert sich die Fußfolge.

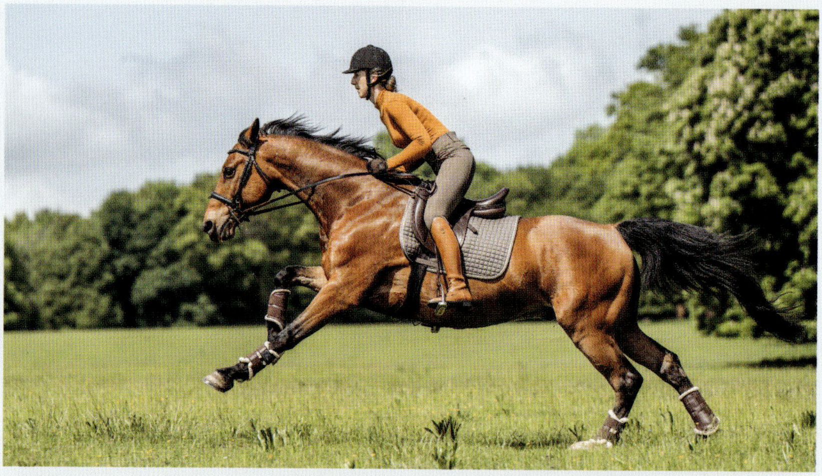

Das Pferd drückt sich kräftig aus dem Canter in den Renngalopp ab.

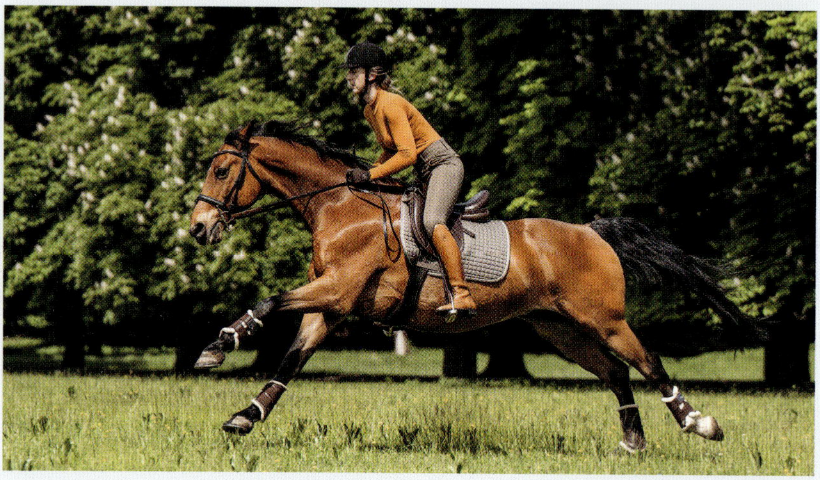

Einbeinstütze hinten rechts.

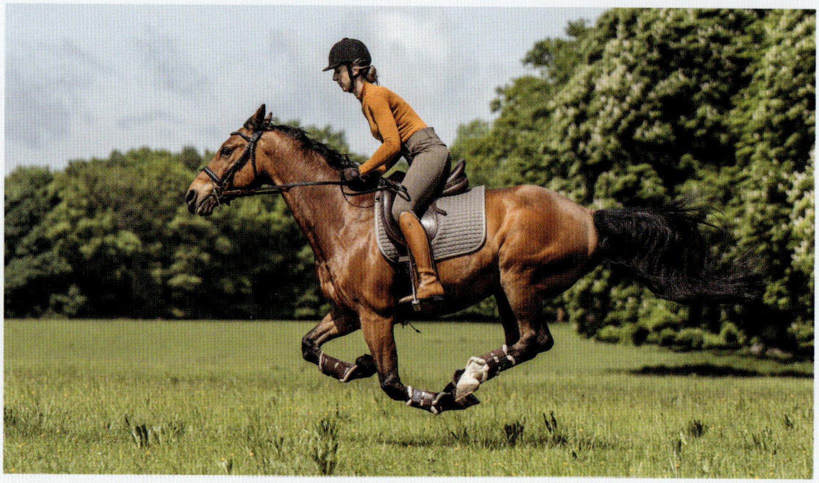

Schwebephase.

Im **Renngalopp** ändert sich der Takt tatsächlich planmäßig. Die Fußfolge ist folgendermaßen (Rechtsgalopp): Einbeinstütze hinten links, Einbeinstütze hinten rechts, Schwebephase, Einbeinstütze vorne rechts, Einbeinstütze vorne links, Schwebephase und so weiter.

Im **Kreuzgalopp** galoppiert das Pferd mit den Vorderbeinen im Linksgalopp und mit den Hinterbeinen im Rechtsgalopp oder umgekehrt. Der Bewegungsablauf ist unharmonisch. Neigt ein Pferd dazu, häufig im Kreuzgalopp anzuspringen oder in bestimmten Situationen (zum Beispiel in der Wendung) in den Kreuzgalopp umzuspringen, kann das ein gesundheitlich relevanter Hinweis auf ein Problem sein (siehe Kapitel zur Ganganalyse).

Warum die Einbeinstützen weniger belastend sind als angenommen

Der Galopp hat also zwei Einbeinstützen: die des äußeren Hinterbeins und die des inneren Vorderbeins. Logisch wäre, dass diese Beine im Galopp mehr Belastung erfahren, da sie für einen Sekundenbruchteil die Gesamtlast von Reiter und Pferd tragen. Dieser Schluss steht aber im Gegensatz zu den Forschungsergebnissen.

Einer Untersuchung von Stashak (1989) zufolge ermüden die führende Hintergliedmaße (im Rechtsgalopp hinten rechts) und die diagonale Vordergliedmaße (vorne links!) früher als das andere Beinpaar. Außerdem ist erwiesen, dass beispielsweise auf das vordere rechte Bein im Rechtsgalopp eine Bodenreaktionskraft (Kraft, die beim Auftreffen und Abstoßen auf den Boden wirkt) von 12,79 N/kg und auf das vordere linke Bein von 15,23 N/kg einwirkt, obwohl das Pferd vorne links im Rechtsgalopp gar keine Einbeinstütze hat (McGuigan und Wilson, 2003).

Auch beim Springen ist die Belastung der Beugesehnen bei der Landung im nicht führenden (in unserem Beispiel linken) Vorderbein größer. Wenn ein Pferd also „immer nur" im Rechtsgalopp landet, will es sich vielleicht vorne rechts schonen und nicht vorne links!

Seiferle und Frewein erklären diese Erkenntnisse in ihrer Studie von 2001 so: Von den Beinen der Zweibeinstütze (inneres Hinterbein und äußeres Vorderbein) geht die größte Beschleunigung aus. *„Sie verleihen dem Körper so viel Schwung nach vorne-oben, dass er leicht und ohne sie stark zu belasten über die innere Vordergliedmaße (vordere Einbeinstütze) hinwegrollen kann."* (gefunden und zitiert in der sehr lesenswerten Doktorarbeit von Dr. Sandra Ziermann: *Energiesparmechanismen und Stoßdämpferfunktionen am Bewegungsapparat des Pferdes, LMU München, 2006)*

Wie schnell ist ein Pferd im Galopp?

Im Renngalopp können Pferde Geschwindigkeiten von bis zu 70 km/h erreichen – beispielsweise wurde 1945 beim englischen Vollblüter „Big Racket" ein Tempo von 69,62 km/h gemessen. Der Rekord liegt bei 72 km/h und wurde angeblich von dem 1764 geborenen britischen Rennpferd „Eclipse" aufgestellt. Der Vollbluthengst soll soll, so wird berichtet, für die 7.190 Meter lange englische Rennstrecke sechs Minuten und vier Sekunden gebraucht haben (was 71,9 km/h entsprechen würde). Ein Warmblut erreicht im Renngalopp im Schnitt 36 km/h.

Im dressurmäßig relevanten (Dreitakt-) Galopp werden Pferde natürlich nicht derart schnell. Hier unterscheiden sich die Tempoangaben von rund 200 m/min in einem ruhigen Arbeitsgalopp, 375 m/min im Galopp zwischen den Hindernissen eines Springparcours bis 550–570 m/min auf der Geländestrecke einer Vielseitigkeitsprüfung.

Zwischen sinnvollem Training und Überlastung

Atmungssystem, Herz-Kreislauf-System, Bewegungsapparat – der Galopp stellt hohe Anforderungen an den Pferdekörper. Somit stellt Galopparbeit einen im besten Fall sehr effizienten bis schlechtestenfalls verschleißenden Trainingsreiz dar. Deshalb ist es wichtig zu wissen, welchen Stellenwert die Galopparbeit im Training des Pferdes hat und was im Galopp wie stark belastet wird.

Im Galopp ist der Energieverbrauch verschiedenen Studien zufolge deutlich höher als im Schritt oder Trab. Folgende Durchschnittswerte sind in Fachpublikationen zu finden:

0,17 kJ ME/min* im Schritt

0,42 kJ ME/min* im Trab

1,8 kJ ME/min* im Galopp – das ist mehr als viermal so viel wie im Trab!

*ME/min = Kilojoule metabolizable energy; Kilojoule umsetzbare Energie/Minute

Die Werte zeigen, dass Galoppieren offenbar deutlich anstrengender für das Pferd ist – Muskulatur und damit Herz-Kreislauf-System (das die Muskulatur ja versorgen muss) arbeiten auf Hochtouren. Dr. Caroline Reitzenstein gibt in ihrer Dissertation (*Untersuchungen zu Pulsfrequenz und Geschwindigkeit von Reitpferden und -ponys unter Praxisbedingungen*, 2020, LMU München) zu bedenken, dass der Energieverbrauch stark vom Pulswert und vom Körpergewicht des Pferdes abhängig ist. Interessant ist dabei, dass es um „bewegte Kilos" geht: Ein 450-kg-Pferd mit einem 50 kg schweren Reiter hat einen vergleichbaren Verbrauch an

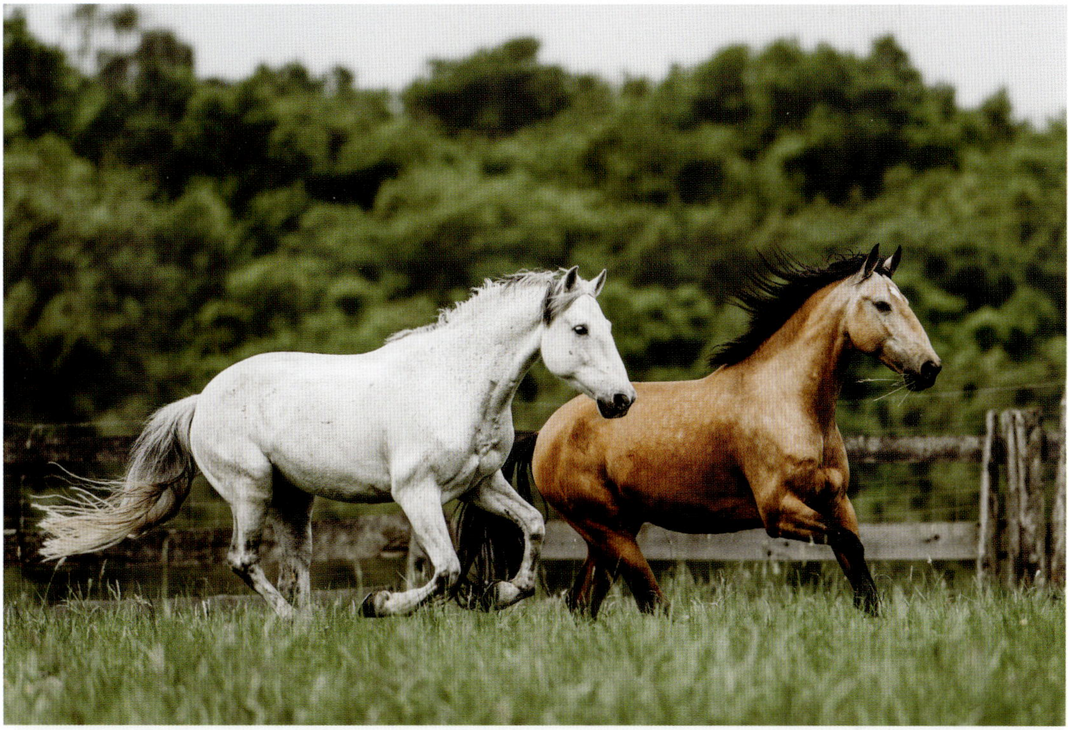

Im Galopp ist der Energieverbrauch am höchsten.

Energie wie ein Pferd mit einem Körpergewicht von 500 kg ohne Reiter.
Der Pulswert wiederum ist abhängig vom Trainingszustand und von der Geschwindigkeit – je schneller das Pferd unterwegs ist, desto höher der Pulswert. Pferde in schlechtem Trainingszustand haben bei derselben Geschwindigkeit höhere Pulswerte als Pferde in gutem Trainingszustand (vgl. Dr. Caroline Reitzenstein).

Durchschnittliche Pulswerte in den Gangarten (nach Clayton 1991)

Tätigkeit – Geschwindigkeit
(m/min) Herzfrequenz HF (bpm) | bpm = beats per minute, also Herzschläge pro Minute

Stehen 0 m/Min: 25 bis 60 bpm
Schritt <125 m/Min: 50 bis 90 bpm
Trab 125–300 m/Min: 80 bis 150 bpm
Galopp 300–350 m/Min: 120 bis 160 bpm
Renngalopp 350–500 m/Min: 150 bis 240 bpm

Man könnte jetzt meinen, dass es ein sinnvolles Abspeckprogramm für dicke Pferde wäre, viel zu galoppieren: je schwerer, schneller und unfitter, desto mehr Kalorien werden verbraucht und desto früher ist das Pferd schlank.
Das mag sogar stimmen – ohne sinnvolles vorbereitendes Training ist das Pferd aber möglicherweise nicht nur schneller schlank, sondern auch schneller krank, denn Galopparbeit ist immer auch belastend für Sehnen und Co. und kann deswegen insbesondere für übergewichtige und vergleichsweise untrainierte Pferde nicht ohne Weiteres empfohlen werden!

Sehnen und Fesselträger im Galopp

Sehnen verbinden Muskeln mit Knochen – sie übertragen die Kontraktionskraft der Muskulatur auf den Knochen und sorgen so für Bewegung der Gelenke. Die einzelnen Sehnenfasern sind in Faserbündel zusammengefasst, die aus sogenannten Kollagenfibrillen bestehen. In den langen Beugesehnen sind sie leicht wellenförmig angeordnet und dadurch etwas elastisch.

Sehnen speichern Energie und ermöglichen dem Pferd dadurch, sich mit geringerem Energieaufwand fortzubewegen. Das funktioniert so: Wird die Sehne beim Auffußen gedehnt (elastische Energie), wird die elastische Energie in Bewegungsenergie umgewandelt – wie bei einer Sprungfeder. Die zugehörigen Muskeln halten nur die Grundspannung. Das erlaubt dem Pferd ausdauerndes, energieeffizientes Laufen.

„Sehnen verbessern die Leistung der Muskeln, denn die Muskel-Sehnen-Einheiten verlängern und verkürzen sich in Geschwindigkeiten, die für die Muskelfasern alleine mechanisch sehr unvorteilhaft wären. Bei Aktivitäten wie gleichförmigem Laufen reduzieren die Sehnen die Muskelarbeit durch Speicherung und Wiedergewinnung zyklisch auftretender Änderungen der mechanischen Energie des Körpers“, schreibt Sandra Ziermann in ihrer Doktorarbeit *Energiesparmechanismen und Stoßdämpferfunktionen am Bewegungsapparat des Pferdes.*

Wilson et al. (2001b) konnten bei Pferden eine Halbierung (!) der Muskelarbeit durch Speicherung und Abgabe elastischer Energie in den Muskel-Sehnen-Einheiten nachweisen. Ausgehend von den Dehnungsspannungen der Sehnen errechneten die Forscher die elastische Dehnungsenergie. Die meiste Energie wird von den tiefen Beugesehnen von Vorder- und Hinterbeinen gespeichert. Biewener et al. stellten 1998 fest, dass die Sehnen der Hintergliedmaßen zwei Drittel und die der Vordergliedmaßen ein Drittel zur Energiespeicherung beitragen.
Sehnen- und Muskelspannungen sind am höchsten während der Übergänge zwischen den Gangarten und im Galopp.

Dass die Grundspannung der Gewebe **im Galopp und in den Übergängen** höher ist, bedeutet, dass dieser das Pferd mehr anstrengt und schneller für Ermüdung sorgt und das Sehnengewebe deswegen dabei eben auch **mehr belastet**. In der Rehaphase nach Sehnenschäden oder beim Auftrainieren nach Trainingspausen sind demnach weder Übergänge zwischen den Gangarten noch Galoppieren sinnvoll.

Der Fesselträger

Der Fesselträger (*M. interosseus medius*) verläuft jeweils in direkter Nachbarschaft zu den Röhrenknochen zwischen den Griffelbeinen. Er erstreckt sich mit seinen beiden Endschenkeln an die Sesambeine und über die beiden Unterstützungsäste bis zur gemeinsamen Strecksehne.
Tritt das Pferd die Fessel durch (Extension), wird der Fesselträger gedehnt, in der Flexion (beim Abfußen) entspannt er sich und wirkt somit auch wie eine Sprungfeder, die elastische Energie speichert. Außerdem schützt er das Fesselgelenk vor zu starker Durchtrittigkeit.

Der *M. interosseus medius* besitzt eine Elastizität von 7,4 % bis 8 % seiner Gesamtlänge (Seiferle und Frewein, 2001b).

Die Dehnbarkeit von Beugesehnen und Fesselträger ist begrenzt

In Studien wird die maximale Belastbarkeit von **1,2 Tonnen** für den Fesselträger (vgl. Ellendorff, *Leistungstraining für das Pferd*) angegeben. Bei höherer Belastung kommt es zu Schäden. „*Es wurde eine Festigkeitsgrenze für die oberflächliche und tiefe Beugesehne von* ***über 720 kg*** *festgestellt*“, schreibt Maren Lietzau in ihrer Dissertation *Therapie von natürlich vorkommenden Sehnenerkrankungen beim Pferd mit autologem konditioniertem Serum (irap®) – klinische, ultrasonographische und pathohistologische Untersuchungen.*

In Experimenten an „toten Sehnen“ konnten Wilson und Goodship 1991 an der oberflächlichen Beugesehne (OBS) Dehnungen bis zu 10,6 % messen, Herrick et al. schreiben 1978 sogar von 12 % Dehnbarkeit der OBS (postmortal). Stephens erforschte 1989 die Dehnung der OBS am lebenden Pferd und erhielt Werte von 7,6 % im Schritt, 10,1 % im Trab und bis zu 16,6 % im Galopp! Der Galopp wird so schnell zur sprichwörtlichen Zerreißprobe für die Sehnen!

Intensives Galopptraining und Sehnenschäden

In einer Studie von 1997 stellten Patterson-Kane et al. fest, dass intensives regelmäßiges Galopptraining zu einer signifikanten Schwächung der Sehnenfasern (z.B. durch Mikrotrauma an den Kollagenfibrillen) führt.

Nach einem 18-monatigen Training (dreimal pro Woche Galopp auf dem Laufband in der sehr hohen Geschwindigkeit von 900 m/min, also im Renn-

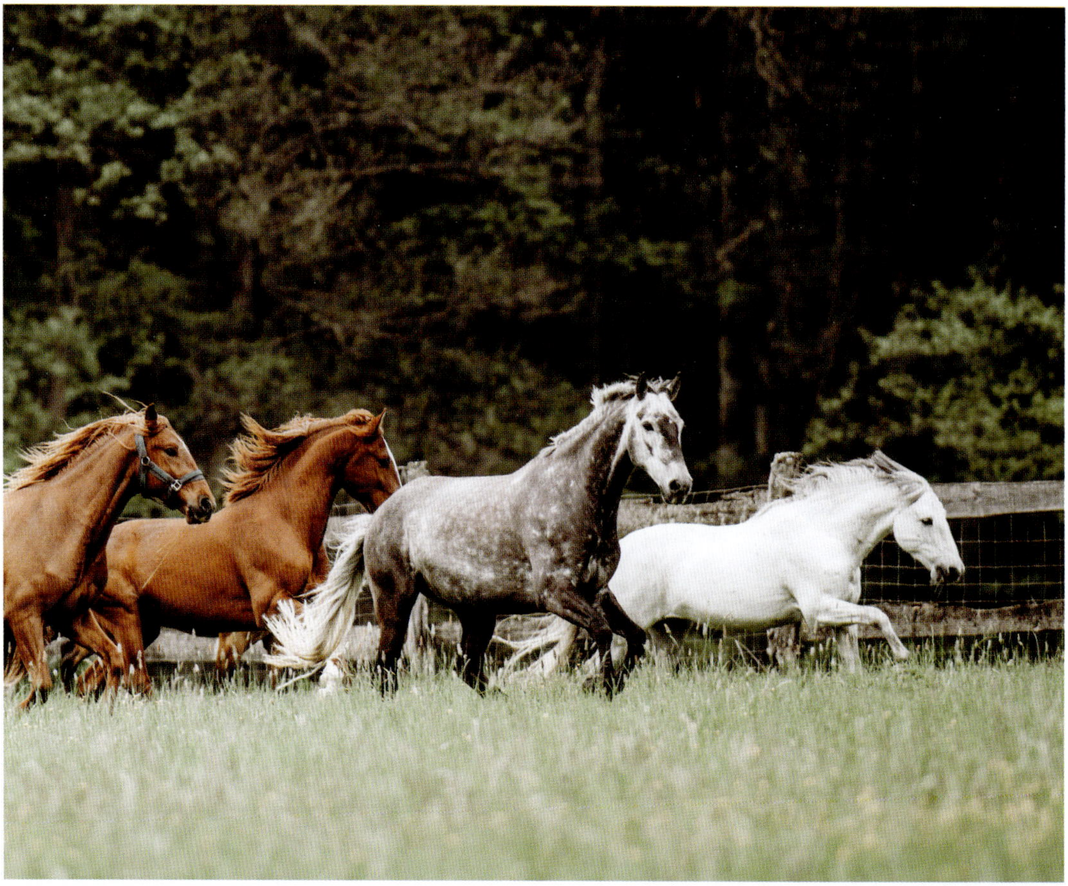

Galopp macht Spaß, ist aber auch belastend für Sehnen, Fesselträger und Co.

galopp) war der mittlere Durchmesser der Sehnenfasern signifikant kleiner als bei Pferden ohne exzessives Galopptraining, die stattdessen niedrigschwellig bewegt worden waren. Auch die Wellenform verstreicht zunehmend, was die Sehnen letztlich weniger belastbar macht. Durch intensives Galopptraining steigt demzufolge die Gefahr von Sehnenschäden – trotz der bei dreimal pro Woche stattfindendem Training offenbar eingelegten Trainingspausentage.
Auch im Alter werden Sehnen weniger belastbar. Ziermann schreibt in ihrer Dissertation von einer „Kollagenfibrillenermüdung".

Tatsächlich gibt es einige Hinweise darauf, dass die Sehnenqualität sich in den ersten beiden Lebensjahren eines Pferdes entwickelt (vgl. Ellendorf). Sehnen sprechen bei älteren Pferden nur sehr langsam auf Training an (nach sechs Monaten bis zwei Jahren sind Verbesserungen erkennbar). Das bedeutet, dass ein bewegungsarm aufgewachsenes Pferd auch mit bestem, planvollstem Training sehr wahrscheinlich niemals so belastbare Sehnen bekommen wird wie ein artgerecht bewegungsreich aufgewachsenes Pferd.

Springen

Zur Zugbelastung von Sehnen und Fesselträger gibt es Zahlen, zum Beispiel zu finden in einer Arbeit der Tierärztin Dorothea Weber von 2018: Bei einem Sprung aus einem Meter Höhe landen demnach etwa 250 % des Körpergewichts auf dem Fesselträger: Bei einem 600-Kilo-Pferd sind das 1.500 kg auf dem Fesselträger, der eigentlich nur 1,2 t aushält. Die oberflächliche Beugesehne bekommt bis zu 200 % des Körpergewichts ab. In der Theorie müsste Springen eigentlich definitiv zu Schädigungen der Beugesehnen und des Fesselträgers führen: In der Praxis ist es natürlich nicht so, dass jeder Sprung bereits ab E-Niveau schaden muss. Der Pferdekörper verfügt über diverse Stoßdämpfemechanismen (von der Hornkapsel des Hufs über den Fesseltrageapparat bis hin zum Rumpftrageapparat), die die tatsächliche Belastung auf den genannten Strukturen reduzieren – dennoch ist es wichtig, sich vor Augen zu halten, welche immense Belastung Galoppieren und Springen für die Pferdebeine darstellen. Was, wann schadet oder nutzt, ist immer eine Frage des Trainingszustands und des Maßes.

Wichtiger Stoßdämpfer: Der Rumpftrageapparat

Der Rumpf des Pferdes ist nicht durch knöcherne Strukturen mit den Vordergliedmaßen verbunden, er wird nur durch Muskeln und bindegewebige Strukturen „gehalten". Der untere Sägemuskel *(M. serratus ventralis)* ist die stärkste Verbindung des Rumpfes mit dem Vorderbein.

Er besteht aus zwei Anteilen: Der halswärtige Anteil zieht von den Querfortsätzen des vierten bis siebten Halswirbels an die Facies serrata, eine Fläche auf der Innenseite des Schulterblatts. Der brustwärtige Anteil verbindet die *Facies serrata* mit den ersten acht bis neun Rippen. Der *M. serratus ventralis* ist der wichtigste Rumpfträger. Es gibt einen rechten und einen linken *M. serratus ventralis*; die meisten Muskeln des Pferdes sind paarig angelegt. Oft ist ein Rumpfträger schwächer als der andere, das erkennt man daran, dass das Schulterblatt auf der schwächeren Seite höher herauszustehen scheint und es so wirkt, als ob der Unterhals mehr hervorträte (Buchtipp: Barbara Welter-Böller | Claudia Weingand: Einmal überbaut, immer überbaut? Exterieuranalyse und Tipps zum Pferdetraining, Stuttgart 2018).

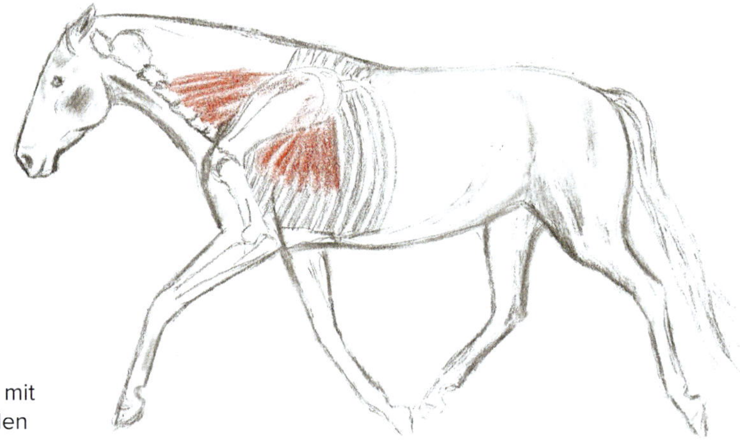

M. serratus ventralis mit seinen beiden Anteilen

Histologisch gesehen besitzt der *M. serratus ventralis* kurze Muskelfasern, die im 45°-Winkel zur Längsachse des Muskels ausgerichtet sind. Durch diese Bauweise kann der *M. serratus ventralis* der Schwerkraft entgegenwirken und Kraft entwickeln.

Ein gut trainierter *M. serratus ventralis* wirkt wie ein Stoßdämpfer, indem er das Rumpfgewicht etwas abfedert, sodass es nicht ungebremst in die unteren Gelenke geht und Beugesehnen, Fesselträger oder Hufrollensystem unphysiologisch belastet. Das kann man sich vorstellen wie bei einem Trampolin: Das Trampolin benötigt eine gewisse Spannung, um den darauf hüpfenden Menschen zurückzufedern. Gerade Reitpferde, deren Rücken mit zusätzlichem Gewicht belastet wird, brauchen einen gut trainierten *M. serratus ventralis.*

Ist der *M. serratus ventralis* nicht gut trainiert, belastet jeder Schritt, Tritt oder besonders jeder Galoppsprung des Pferdes die Vorhand in besonderem Maße: Das eigene Rumpfgewicht in Kombination mit dem Gewicht des Reiters prallt sozusagen ungefedert in die Fesselträger und Beugesehnen, das Fesselgelenk, die unteren Gelenke und den Hufrollenapparat.

In der Arbeitsgangart Trab wird der Rumpfträger nachhaltig trainiert: Von Natur aus ist in dieser schwunghaften Gangart mit Schwebephase die Rumpfspannung ein klein wenig höher als im Schritt. Bei jedem Trabtritt wird der *M. serratus ventralis* gefordert und dabei eben gefördert, wozu das Traben in Dauermethode (siehe Barbara Welter-Böllers und Maximilian Welters Buch „Gutes Training schützt das Pferd", Cadmos Verlag, Schwarzenbek 2016) ideal geeignet ist. Das imaginäre Trampolin federt rhythmisch und wird dabei stärker. Besonders gut geht das in der Dehnungshaltung (siehe Katharina Möller/Claudia Weingand: Dehnungshaltung, Biomechanik und klassisches Reiten, Stuttgart 2019).

Aus diesem Grund ist der Trab in der klassischen Reitlehre die Hauptarbeitsgangart. Im Schritt wird der Rumpfträger dagegen weniger trainiert. Im Galopp sind die Bodenreaktionskräfte und damit die auf die unteren Strukturen wirkenden Kräfte messbar höher als im Trab – ausgedehntes Galoppieren kann insbesondere für junge Pferde oder solchen mit eben noch nicht so gut vorbereitetem Rumpftrageapparat verschleißend sein, wenn die Pferde nicht bereits mindestens acht bis zwölf Wochen regelmäßig jeden zweiten bis dritten Tag im Trab gearbeitet wurden. Eine gute Orientierung für bisher untrainierte Pferde ist unser Trainingsplan Antrainieren.

Was der Galopp trainiert

Muskulatur

Natürlich trainiert Galopparbeit verschiedene Muskelgruppen – und das insgesamt viel intensiver als Schritt- und Trabarbeit. Ein Pferd, das relativ viel (und das physiologisch, also losgelassen) galoppiert, ist meist ein insgesamt gut bemuskeltes Tier. Ein paar funktional wichtige Muskeln, die im Galopp besonders aktiv sind, stellen wir Ihnen an dieser Stelle vor:

M. serratus ventralis – der Hauptrumpfträger

Galopparbeit verbessert den Trainingszustand eines im Trab bereits auftrainierten *M. serratus ventralis*. Dadurch kann dieser seine Stoßdämpferfunktion immer besser erfüllen und das Pferd wird sich noch mal optisch und möglicherweise sogar messbar „im Widerrist anheben". Weitere Zusammenhänge zwischen Training und Exterieur finden Sie im Buch „Einmal überbaut – immer überbaut?".

Bauchmuskulatur – Unterstützer des Rückens

Das Pferd verfügt über vier Bauchmuskeln, die durch große fasziale Strukturen (Aponeurosen) miteinander in Verbindung stehen: der äußere und innere schräge Bauchmuskel (*M. externus und M. internus abdominis*), der gerade Bauchmuskel (*M. rectus abdominis*) und der *M. transversus abdominis* (quer verlaufender Bauchmuskel).

Der gerade Bauchmuskel zieht vom Brustbein und den Rippenknorpeln der vierten bis neunten Rippe zur Sehne vor dem Schambein (*Tendo prepubicus*).
Der äußere schräge Bauchmuskel zieht von der vierten Rippe an seitlich von den Rippen (Brustteil) und aus der Rückenlen-

denbinde kommend (Lendenteil) über die sogenannte *Liniea alba* an den *Tendo prepubicus*, der Lendenteil auch an den Hüfthöcker (*Tuber coxae*).

Vom Hüfthöcker ausgehend zu den Knorpeln der letzten vier Rippen, der *Linea alba* und dem *Tendo prepubicus*, verläuft der innere schräge Bauchmuskel. Der quer verlaufende Bauchmuskel zieht medial von den asternalen Rippen, der Rückenlendenbinde und den Querfortsätzen der Lendenwirbelsäule zur *Linea alba* und dem *Processus xyphoideus*, dem hintersten knorpeligen Anteil des Brustbeins.

Die Bauchmuskeln sind Träger der Bauchorgane, Beuger der Wirbelsäule („Aufwölber" des Rückens und am Abkippen des Beckens beteiligt) sowie Hilfsmuskeln bei Ausatmung, Äppeln und Geburt.

Galoppieren ist Muskeltraining. Hier Hosenmuskulatur in Aktion bei Lusitano Otelo la Perla.

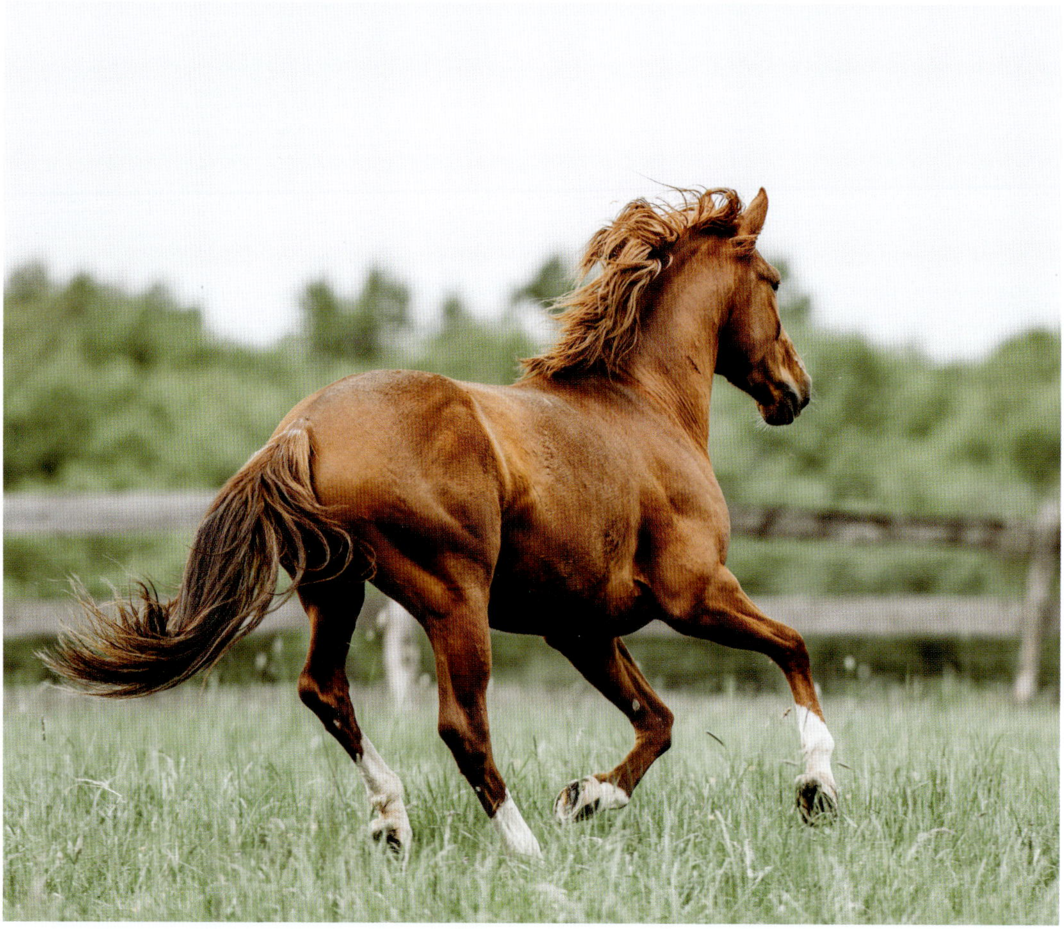

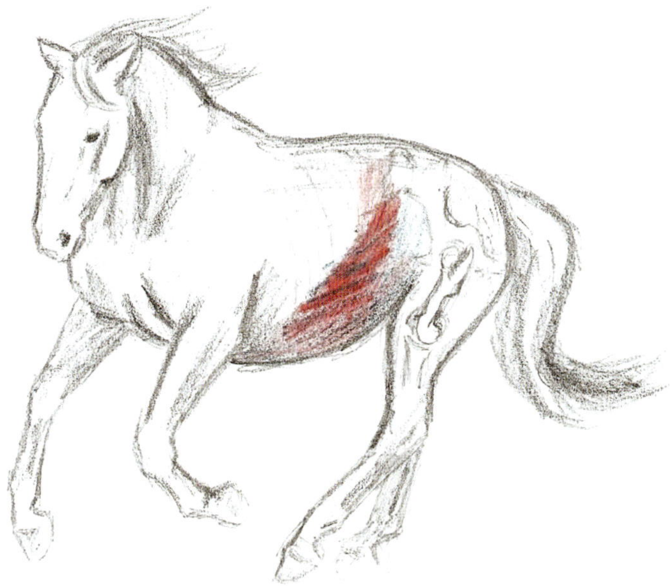

Galopp ist Bauchmuskeltraining.

Sie sorgen zudem für eine Beugung (Flexion) der Wirbelsäule und sind besonders aktiv in der Biegung und im Galopp, **weshalb Galopparbeit Bauchmuskeltraining ist und letztlich auch zu einer verbesserten Rückenlinie führen kann**. Eine ungünstig gewordene Rückenlinie wird nämlich nur besser, wenn die Gegenspieler der Rückenmuskulatur (also die Bauchmuskeln) auftrainiert werden.

Rückenbewegung im Galopp

Um die genaue Rückenbewegung in verschiedenen Gangarten auf gerader Strecke aufzuzeichnen, führten Faber et al. eine invasive Methode am lebenden Pferd durch (2000 und 2001). In die Dornfortsätze wurden kleine Stifte implantiert und daran dreidimensionale Marker angebracht. Die Bewegungen der Marker wurden aufgezeichnet. Ergebnis: Im Trab ist am wenigsten Rückenbewegung zu erkennen, die Beugung und Streckung lag bei nur 2,8 bis 4,9 Grad. Die Seitneigung („Längsbiegung“) lag bei 1,9 bis 3,6 Grad und die Rotationsbewegungen waren bis ungefähr 3 Grad messbar.

Im Schritt ist der Bewegungsspielraum zwischen Beugung und Streckung hinter dem 10. Brustwirbel (hinter dem Widerristbereich) bei etwa 7 Grad. Die Seitneigung ist am stärksten in den vorderen Brustwirbeln und dem Becken (Werte bis zu 5,6 Grad), die niedrigsten Werte wurden zwischen dem 17. Brustwirbel und dem 5. Lendenwirbel, also hinter der Sattellage gemessen (unter 4 Grad). Die Rotationsbewegung der Wirbelsäule im Schritt steigt von 4 Grad an Th6 (Widerrist) bis 13 Grad am Hüfthöcker an. Im Galopp erreichte die Beugung/Streckung der Wirbelsäule die größeren Werte (maximale Werte von 15,8 plus/minus 1,3 Grad, wobei die größte Bewegung zwischen dem 5. Lendenwirbel und dem 3. Kreuzwirbel verzeichnet wurde. Die Seitneigung ist im Galopp maximal 5,2 plus/minus 0,7 Grad und die Rotation 7,8 plus/minus 1,2 Grad.

Legt man als Maßstab für „über den Rücken gehen" den Wechsel zwischen Beugung und Streckung und ein „sinuskurvenartiges Schwingen" an, kann man festhalten, dass Pferde im Galopp mehr über den Rücken gehen als im Trab – zumindest mit deutlich mehr Rückenbewegung.

Insofern ist der Galopp in Hinblick auf Mobilität der Wirbelsäule sowie das Lösen und Vorbeugen von Verspannungen des gesamten Rückens bis zum Kreuzbein sehr positiv.

Rückenmuskeln stabilisieren die Wirbelsäule

Spannend ist, dass Bauch- und Rückenmuskeln aber vorwiegend stabilisierende und bewegungsbegrenzende Eigenschaften haben und eben nicht größere Rumpfbewegungen ermöglichen sollen: Faber et al. (2001a) fanden heraus, dass sich nach Bodenkontakt eines Hufs der Rumpf nach vorne-abwärts in Extension bewegt, in der mittleren Stützbeinphase nach vorne-aufwärts in Flexion. Durch Muskelaktivität wird die Wirbelsäule stabilisiert und wirkt dieser Bewegung entgegen. Der gerade Bauchmuskel (*M. rectus abdominis*) ist aktiv und verhindert, dass der Rumpf zu stark in Richtung Senkrücken in die Streckung kommt. Oft sind der lange Rückenmuskel und der gerade Bauchmuskel gleichzeitig aktiv (Robert et al. 2001): Der lange Rückenmuskel begrenzt die Flexion, der gerade Bauchmuskel die Extension.

Je höher die Trabgeschwindigkeit, desto mehr Muskelaktivität der Rumpfmuskeln war messbar. Außerdem wird die Bewegung nach oben in die Flexion (der Rücken schwingt hoch, was reiterlich ja erwünscht ist) bei höherem Tempo geringer: Ist das Pferd zu eilig, geht es nicht mehr im reiterlichen Sinne über den Rücken – es kommt aber energieeffizient vom Fleck. Auch wenn das reiterlich nicht erwünscht ist, gehört dieser Fakt zu den Erkenntnissen über physiologische Pferdebewegung.

Auch im Galopp kommt es zu einer gewissen **Bewegungsbegrenzung der Wirbelsäule**: Je höher die Geschwindigkeit, desto höher die Aktivität der stabilisierenden Rumpfmuskulatur und desto geringer die Rückenbewegung.

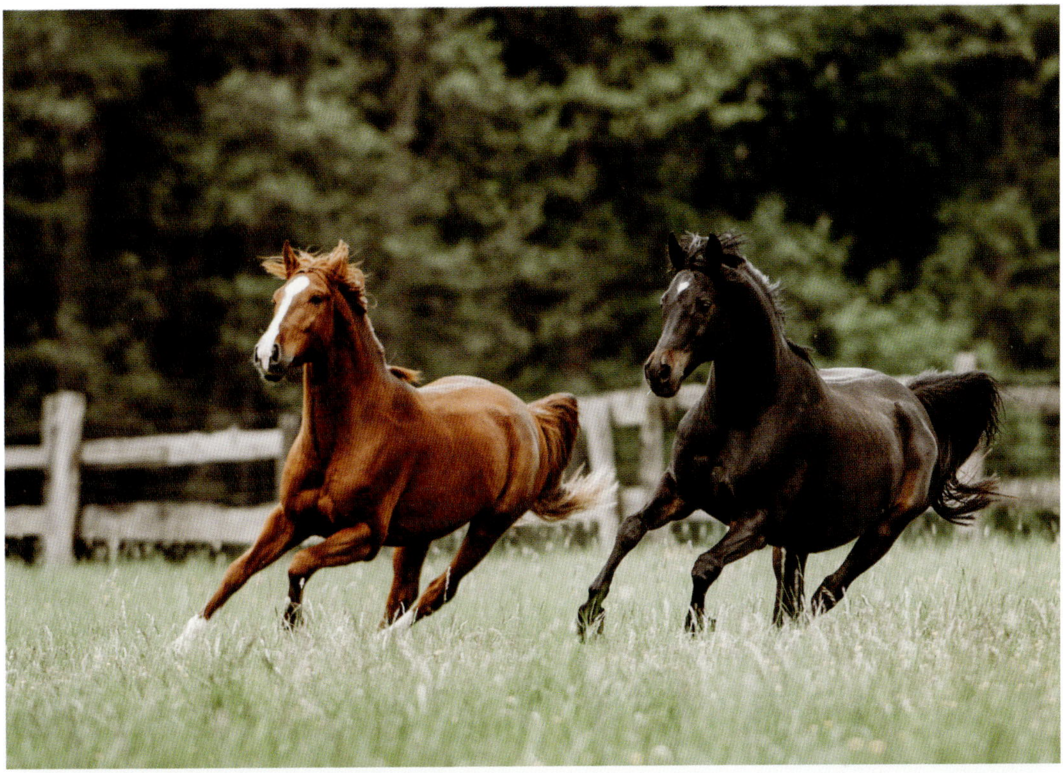

Im Galopp ist eine gewisse Nickbewegung physiologisch.

Kopfbewegung im Galopp – Galopp als Rumpfträger- und Halsmuskeltraining

Im Galopp zeigt das Pferd physiologischerweise eine gewisse Nickbewegung: Fußt das innere Vorderbein auf, werden Kopf und Hals abgesenkt. Dadurch gerät der *M. serratus ventralis thoracis* mit seinen beiden Anteilen unter eine größere Zugspannung, was dessen Stoßdämpferfunktion fördert und der Schwerkraft entgegenwirkt. Die dorsale Halsmuskulatur spannt sich ebenfalls beim Auffußen an (Rooney 1969). Der große Oberhalsmuskel (*M. splenius)* ist aktiv, weshalb Galopparbeit letztlich für eine schöne Oberlinie sorgen kann. Fußt die Vorhand ab, kommen Kopf und Hals wieder nach oben.

Diese Kopf-Hals-Bewegung im Galopp muss insbesondere beim jungen Pferd (vgl. Reisegalopp, Teil III) unbedingt durch genügend lange Zügel sowie eine korrekte Hand- und Armhaltung des Reiters zugelassen werden, denn das noch nicht so weit ausgebildete und weniger trainierte Pferd braucht diese unbedingt für die Funktionalität des Rumpftrageapparats. Je besser dieser trainiert ist und je weiter ein Pferd ausgebildet ist, desto weniger braucht es noch eine Nickbewegung im Galopp. Im versammelten Galopp eines ausgebildeten Pferdes soll keine mehr erkennbar sein. „Nickt“ ein Pferd im vermeintlich versammelten Tempo immer noch, ist es entweder nicht wirklich versammelt, sondern nur langsam geritten oder es lahmt.

Der M.quadriceps femoris – „Hüter" des Knies

Das Knie eines Pferdes besteht aus zwei Gelenken. Das Kniescheibengelenk ist ein Schlittengelenk. Die Patella (Kniescheibe) gleitet wie ein Schlitten über die knorpelüberzogene Gelenkfläche des Oberschenkelknochens (Femur). Sie ist in die Sehne des *M. quadriceps femoris* eingelagert. Das Pferd hat die Möglichkeit der Patellafixation. Dabei zieht es die Patella über den medialen Rollkamm des Oberschenkelknochens und kann so ganz ohne weitere Hosenmuskel- und Quadrizepsspannung ermüdungsfrei stehen. Das andere Hinterbein wird währenddessen in typischer Ruhehaltung entlastet. Ist der Quadrizeps schwach, kann das Probleme mit der Kniestabilität oder der Patellaentriegelung begünstigen.

Aus röntgenkinematografischen Aufnahmen (Bewegung aufzeichnende Röntgenbilder) am Hund (vgl. Martin Fischer) weiß man, dass im Galopp der *M. quadriceps femoris* wechselnd mit allen vier Anteilen in jeder Bewegungsphase aktiv ist.

Galopp ist also Quadrizepstraining.

Galopp ist Quadrizepstraining.

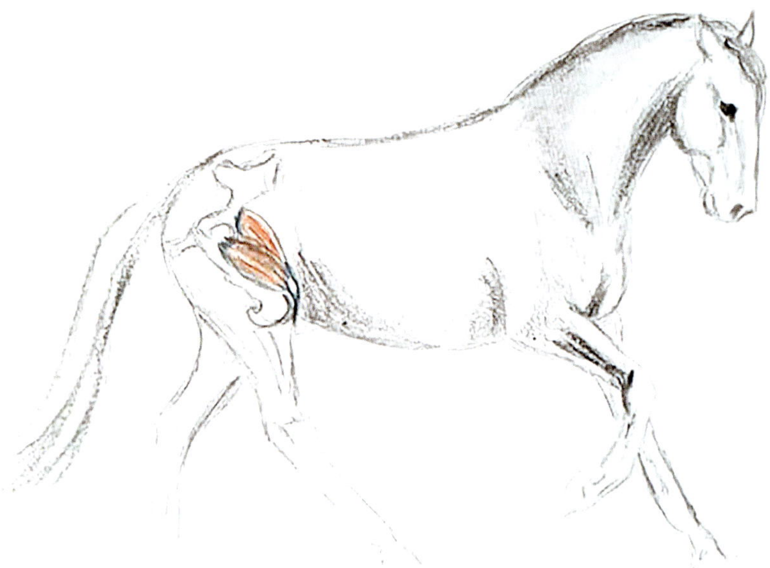

Fakten zum Pferdeherz: Warum Kaltblüter weniger ausdauernd galoppieren

Ein Pferdeherz wiegt, je nach Rasse, etwas unter einem Prozent des Gesamtkörpergewichts. Araberherzen wiegen durchschnittlich 2,2 kg, Warmblutherzen 3,5 bis 4,5 kg, Herzen von Englischen Vollblütern 4 bis 5 kg. (Zahlen aus Ellendorf, Leistungstraining für das Pferd). Das Herz des berühmten Galoppers „Secretariat" wog 10 kg – vielleicht hatte er von Geburt an ein großes, leistungsfähiges Herz oder das intensive Galopptraining sorgte für eine derartige Vergrößerung seines Herzens.

Andere Pferdetypen haben vergleichsweise kleine Herzen: Bei Kaltblütern (auch bei Friesen) werden Herzgewichte von 2,3 bis 2,9 kg angegeben, was weniger als 0,5 % des Gesamtgewichts ausmacht. Die vergleichsweise kleinen Herzen haben auch ein geringeres Schlagvolumen (Blutmenge/Herzschlag) und müssen in der Bewegung zudem vergleichsweise viel Muskelmasse versorgen. Je geringer das Schlagvolumen und je höher der Bedarf der Muskulatur an sauerstoffreichem Blut, desto schneller steigt der Puls und desto schneller kommt der Kreislauf aber auch an seine Grenzen:

Ein Kaltblutherz ist nicht für intensive, ausdauernde Galopparbeit gemacht. Ein Friese, der nach wenigen Galoppminuten „ausfällt", ist demzufolge vielleicht an seiner Leistungsgrenze und nicht etwa faul.

Je nach Geschwindigkeit und Dauer der Belastung ändert sich die Herzfrequenz von 30 bis 40 Schlägen/Minute (bpm) in Ruhe, auf 100 bei hohen Geschwindigkeiten, bis zu maximal 240 Schlägen/Minute im Galopp. Das Herzminutenvolumen (Liter/Minute) steigt von 30 l/min in Ruhe bei maximaler Belastung auf 240 bis über 450 l/min an. Das kann man sich mal auf der Zunge zergehen lassen: Eine Badewanne fasst bis zu 180 Liter – ein Pferdeherz pumpt unter maximaler Belastung (etwa während eines Galopprennens) pro Minute ein Blutvolumen, das drei Badewannen füllen würde.

Gut bekannt ist der Zusammenhang zwischen Herzfrequenz und Geschwindigkeit – je schneller das Pferd galoppiert, desto höher der Puls. Das ist aber nicht der einzige Faktor:

„EHRLEIN et al. (1972) fanden in einem Versuch heraus, dass auch die Bahngröße einen Einfluss auf die Herzfrequenz in Abhängigkeit von der Geschwindigkeit haben kann. Die Pferde in dieser Studie wurden in einer Reithalle (Bahn = 88 m), auf einem Reitplatz (Bahn = 183 m) und auf einer Rennbahn (Bahn = 2000 m) bewegt und es zeigte sich, dass die Pferde in der Halle die höchsten Herzfrequenzen hatten, gefolgt von denen auf dem Reitplatz. Um auszuschließen, dass

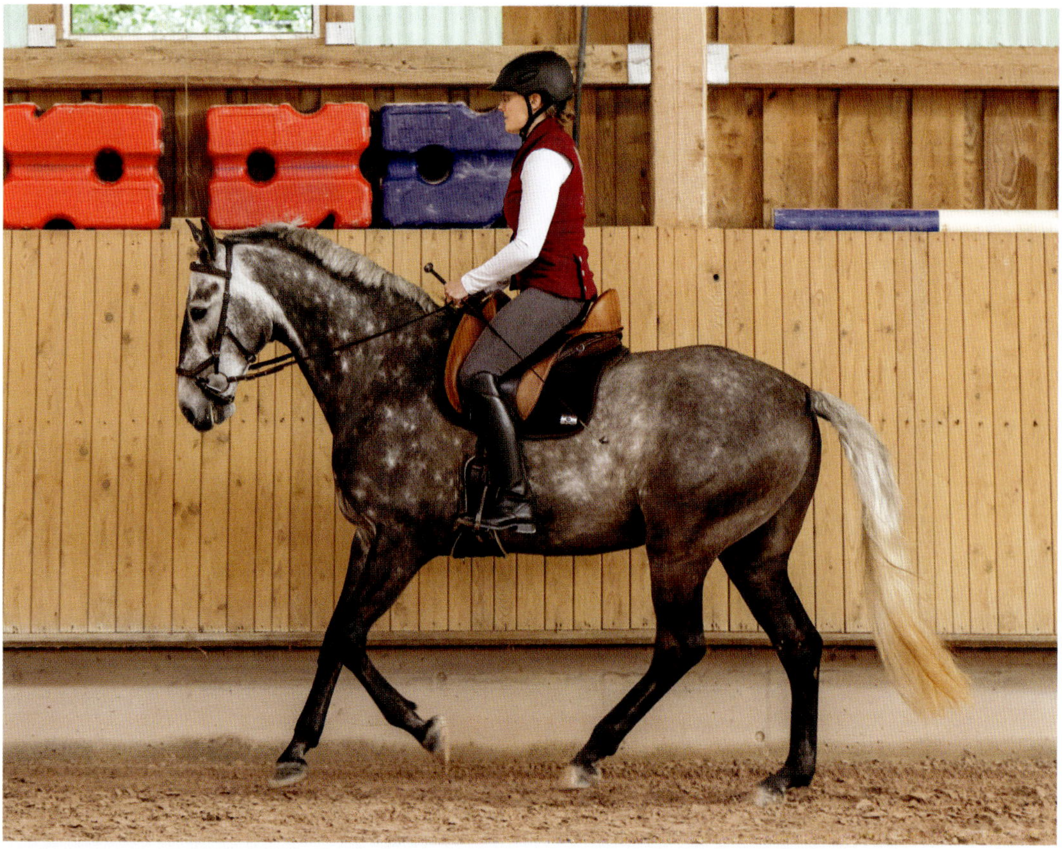

Galopp in der Dressurarbeit ist anstrengender als Galopp im selben Tempo geradeaus.

die Bodenverhältnisse schuld an den höheren Herzfrequenzen sind, wurden mit einem Pferd der Studie Stufenbelastungen auf einem Zirkel (Umfang = 280 m) und auf einem größeren Reitplatz (Umfang = 486 m) durchgeführt, beides auf Grasboden. Auch hier konnte man sehen, dass die Herzfrequenz auf dem kleineren Zirkel mit zunehmender Laufgeschwindigkeit wesentlich stärker anstieg als auf der größeren Bahn. Die Autoren begründeten dies mit der zusätzlichen Energie, die das Pferd für die Biegung und das Kurvenlaufen in kleiner Bahn benötigt.“ (Dr. Caroline Reitzenstein: *Untersuchungen zu Pulsfrequenz und Geschwindigkeit von Reitpferden und -ponys unter Praxisbedingungen,* 2020)

Zusammenfassend gesagt: **Nicht nur hohe Geschwindigkeiten fordern den Pferdekörper und gegebenenfalls die Pferdepsyche (denn der Puls steigt auch bei Stress) im Galopp. Häufige Wendungen und das Bewegen auf dem Kreisbogen sind auch im gediegenen Arbeitsgalopp deutlich anstrengender, als im selben Tempo geradeaus in ebenem Gelände zu galoppieren.**

Ist mein Pferd überhaupt fit für den Galopp?

Mal eine Runde oder ein paar hundert Meter galoppieren sollte jedes durchschnittlich trainierte Freizeitpferd schadenfrei überstehen. Es sei denn:

- das Pferd hat ein (vielleicht auch noch unerkanntes) gesundheitliches Problem
- das Pferd ist deutlich übergewichtig
- das Pferd war länger als vier Wochen aus dem Training

Ansonsten eignet sich eine Herzfrequenzmessung, um den Trainingszustand des Pferdes einschätzen zu können. Sie können den Puls des Pferdes mit einem Pulsmessgurt (zum Beispiel von Polar) oder per Hand leicht am Unterkieferast direkt vor der Ganasche messen.

Wirklich relevant sind hierbei die Erholungswerte:
Bei gesunden Pferden sinkt die Herzfrequenz nach Belastung anfangs sehr schnell (unter 70 % des Ausgangswerts innerhalb der ersten Minute nach Belastung) und im weiteren Verlauf dann langsamer auf Ruhepuls zurück. Der Erholungsprozess hängt davon ab, wie gut trainiert das Pferd ist. Natürlich spielen die Intensität der Belastung und mögliche Umwelteinflüsse eine Rolle, zum Beispiel kann das Pferd gestresst sein, weil es stürmt und kommt deshalb „schlecht runter".

In der Praxis heißt das für ein gesundes Freizeitpferd:
Galoppiert das Pferd mit einem 120er-Puls fünf Minuten lang in der Halle, sollte es direkt nach dem Durchparieren und gegebenenfalls Absitzen des Reiters einen Wert von 84 bpm oder weniger haben. Fünf Minuten nach der Belastung müsste der Wert bei 60 bpm oder weniger liegen (50 % des Ausgangswerts).

Galoppiert dasselbe Pferd im Mittelgalopp im Gelände leicht bergauf mit einem Puls von 160 bpm, muss der Puls nach dem Absitzen bei 112 bpm oder weniger sein und fünf Minuten später bei unter 80 bpm.

Die Erholungszeit ist bei trainierten Pferden kürzer als bei untrainierten:
„Laut PHYSICK-SHEARD (1985) dauert es ca. 20–30 min, bis die Herzfrequenz wieder ihren Ruhewert erreicht hat. Diese Zeitspanne ist abhängig davon, wie stark die Belastung für das Individuum war und welchen Trainingszustand es aufweist (EHRLEIN et al., 1973)."
(Dr. Caroline Reitzenstein, ebd.)

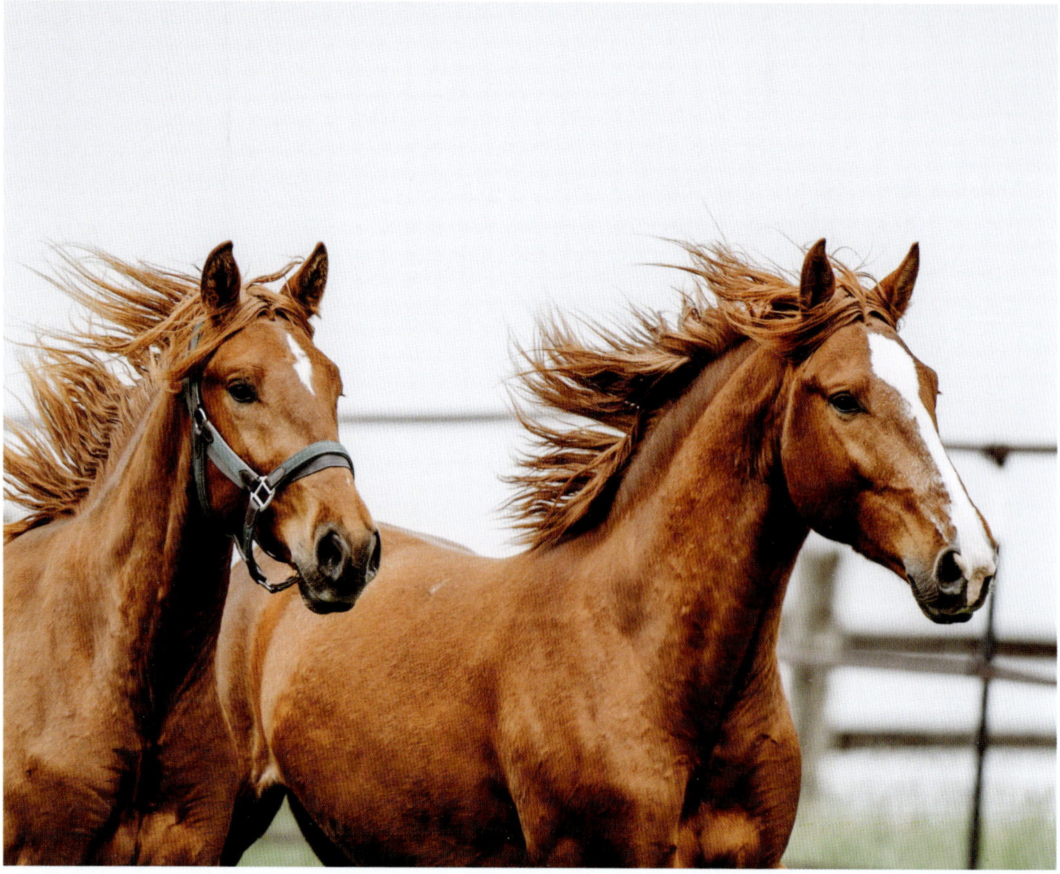

Ist die Nase des Pferdes deutlich vor der Senkrechten, sind die oberen Atemwege frei.

Denksport vs. Ausdauerleistung

Ein nicht zu unterschätzender Nebeneffekt unter Belastung ist die Änderung der Konzentrationsfähigkeit. In Ruhe wird das Hirn des Pferdes mit 10 % des Blutvolumens versorgt, 15 % versorgen die Muskulatur und 30 % die Eingeweide. Unter einer stärkeren Belastung versorgen 80 % des Blutvolumens die Muskulatur, nur 2 % das Hirn und lediglich 3 % die Eingeweide.

Ein Pferd, das intensiv im Galopp gearbeitet wird (auch die Arbeit in der Bahn in versammeltem Galopptempo ist intensiv!), kann sich mit steigender Herzfrequenz schlechter konzentrieren. Klappt also der zehnte fliegende Wechsel oder die vierte Pirouette plötzlich schlechter, braucht das Pferd gegebenenfalls eine Schrittpause und keine gröbere Einwirkung.

Die Pause dürfte auch dem Reiter guttun, denn auch bei uns Menschen werden koordinativ anspruchsvolle Bewegungen (sprich: Hilfengebung) schlechter unter Belastung!

Atmung

Eine Pferdelunge wiegt durchschnittlich 7 kg. 8 bis 16 Atemzüge macht ein gesundes Pferd in Ruhe bei einem Atemzugvolumen von 5 bis 6 l/Atemzug. Das Atemminutenvolumen (l/min) beträgt in Ruhe 50 bis 60 l/Minute. Unter hoher Belastung beträgt das Atemzugvolumen 12 bis 15 l/Atemzug. Die Atemzüge des Pferdes im Galopp sind mit der Zahl der Galoppsprünge identisch, dadurch steigt die Atemfrequenz mit der Geschwindigkeit. Unter hoher Belastung steigt so das Atemminutenvolumen auf 1400–1800 l/Minute!

Die Atmung im Galopp gestaltet sich folgendermaßen: Beim Einsprung in den Galopp kommt es zur Einatmung: Der Brustraum erweitert sich. Das Zwerchfell kontrahiert, die Rippen entfernen sich voneinander, die Darmeingeweide verlagern sich nach hinten und schaffen Platz im Brustraum. In der vorderen Einbeinstütze rutschen die Eingeweide etwas nach vorn, Kopf und Hals kommen etwas tiefer, die Bauchmuskulatur kontrahiert und es kommt zur Ausatmung. Der Atemrhythmus synchronisiert sich mit dem Bewegungsrhythmus.

Wichtig zu erwähnen ist noch der Einfluss der Beizäumung auf die oberen Atemwege. Ist die Nase des Pferdes deutlich vor der Senkrechten, sind die oberen Atemwege frei. Wird das Pferd in Beizäumung geritten, kommt es zu einer gewissen Strömungsverengung im Bereich des Kehlkopfes.

Besonders kritisch zu sehen ist das Reiten mit Nase hinter der Senkrechten, weil es die Sauerstoffaufnahme wesentlich einschränkt (vgl. Ellendorf). Deswegen ist insbesondere bei längeren Galoppaden wichtig, den Pferdehals durch genügend lange Zügel nicht zu komprimieren und das Pferd keinesfalls zu überzäumen.

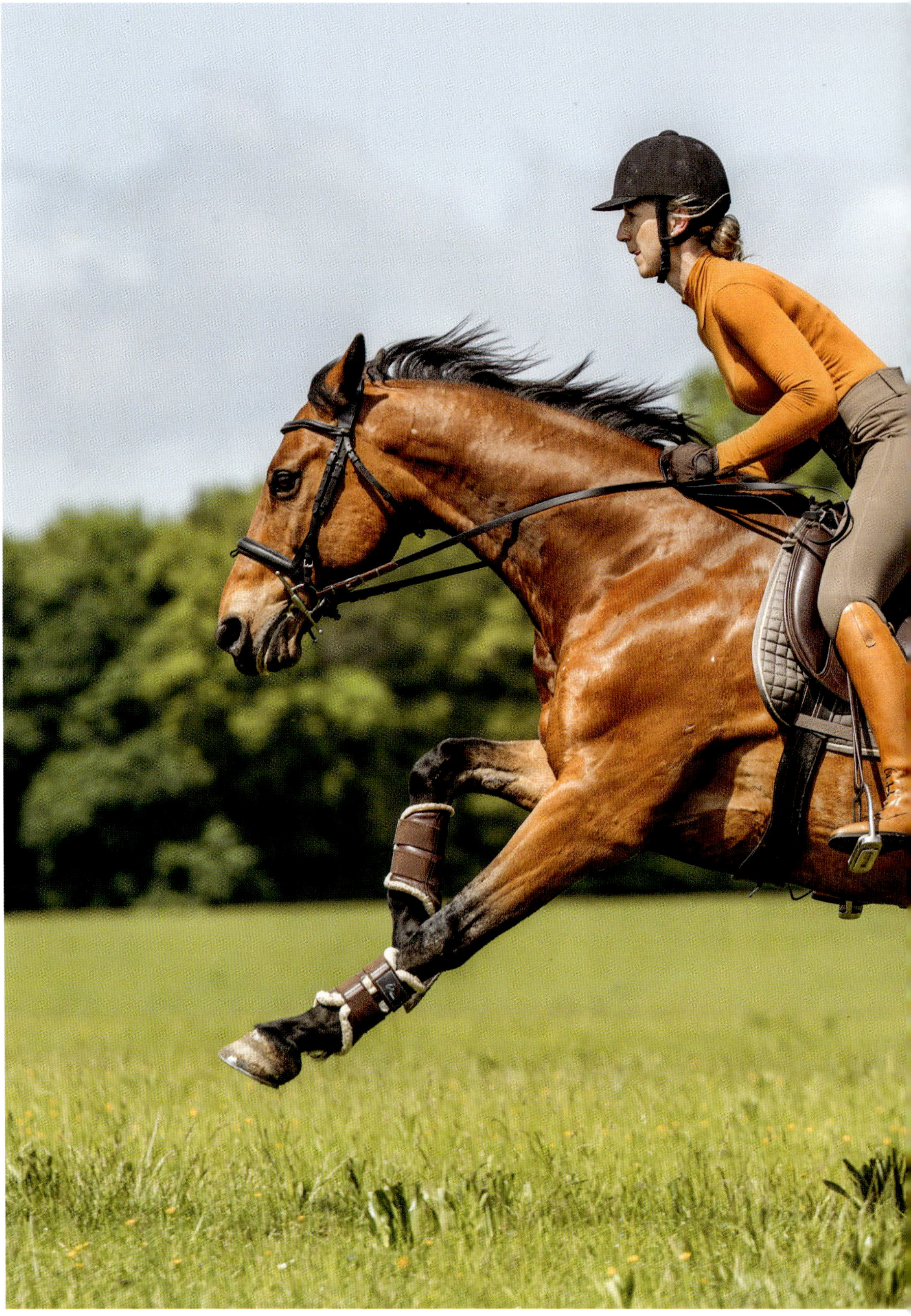

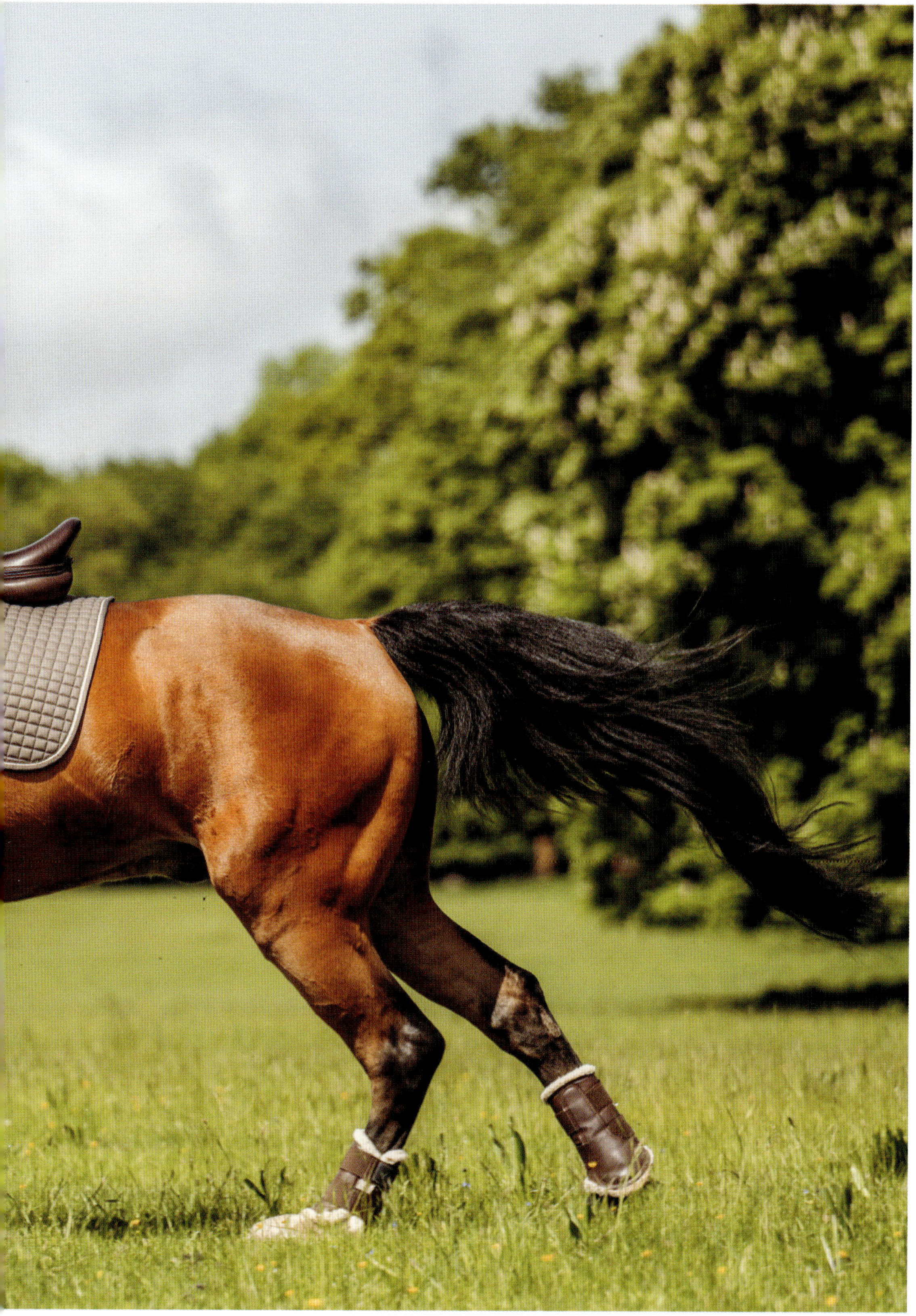

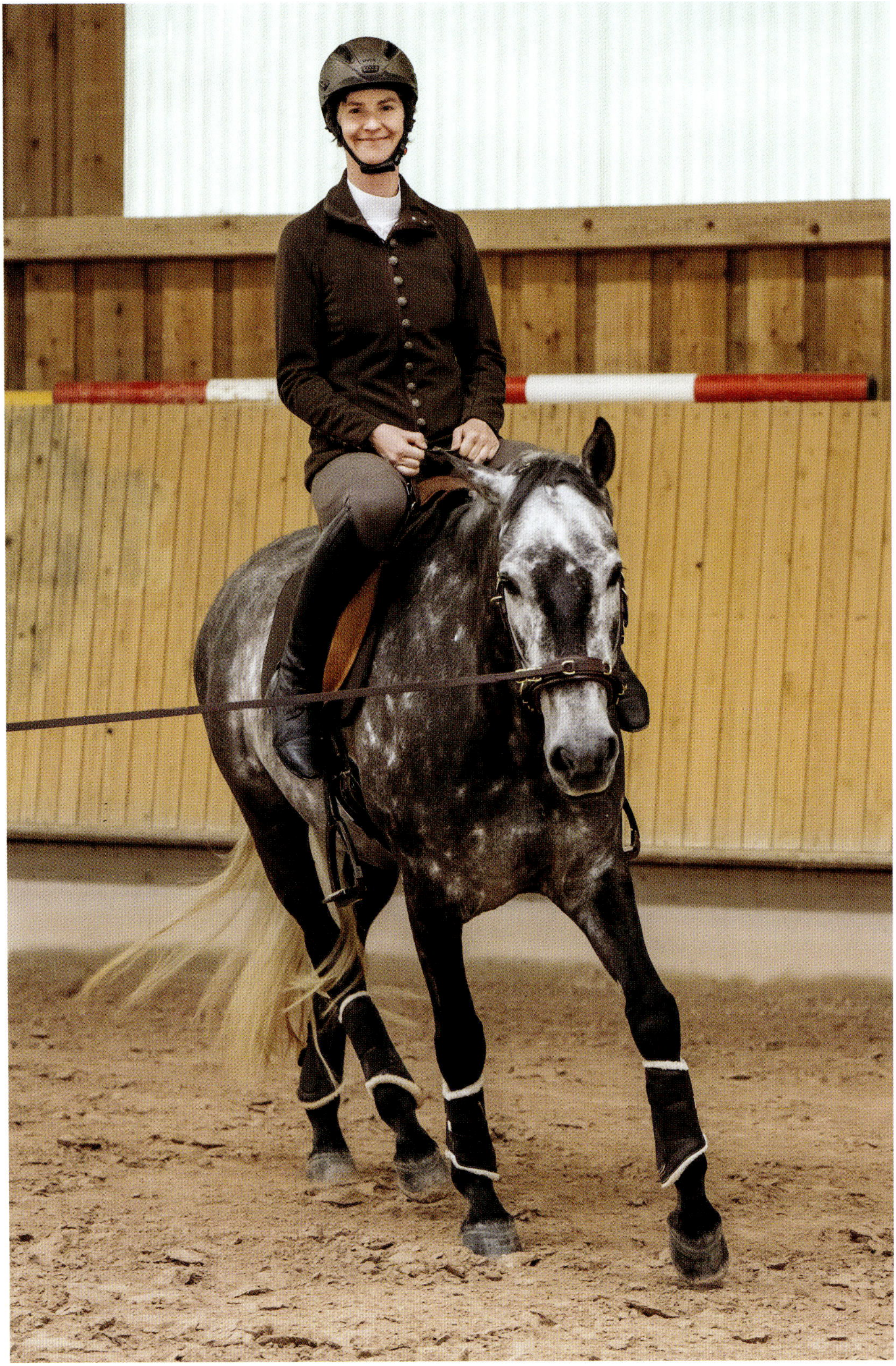

Übungen für einen **GUTEN SITZ IM GALOPP**

Der **Sitz des Reiters beeinflusst die Bewegungen des Pferdes**. Was grundsätzlich natürlich für alle Gangarten gilt, kommt im Galopp besonders zum Tragen.

Schafft der Reiter es nicht, der für jeden Galoppsprung notwendigen Rückenbewegung zu folgen, kann er das Pferd nahezu zum Ausfallen zwingen. Schwingt er dagegen geschmeidig mit und beherrscht das korrekte Treiben, kann er damit die Tätigkeit der Bauchmuskeln so weit unterstützen, dass ein Pferd den Galopp sogar deutlich besser und müheloser durchspringt als ohne Reiter. Auch wenn Pferde den Rechts- oder wahlweise Linksgalopp präferieren oder in den Kreuzgalopp springen, kann die Ursache dafür nicht nur im Pferd selbst liegen (wie im Kapitel *Die Gangart Galopp* erläutert), sondern allzu häufig auch in der Schiefe oder mangelnden Beweglichkeit in der Mittelpositur des Reiters.

All das kann man glücklicherweise üben! Viele der folgenden Sitzübungen dienen der Vorbereitung und helfen einen guten Sitz im Galopp zu erlangen, ohne tatsächlich bereits zu galoppieren. Sie stammen aus Katharina Möllers Sitzschulungsprogramm und werden bei uns an der Sitzlonge durchgeführt. Hierfür ist das Pferd auf Kappzaum gezäumt und der Reiter hat keine Zügel in der Hand. Einige Übungen können aber auch in das selbstständige Reiten integriert werden, sodass Sie diese nutzen können, auch wenn Sie gerade keinen Longenführer zur Verfügung haben.

Wir zeigen Ihnen diese Übungen in einem kostenfreien Video auf unserer Kursplattform: **www.elopage.com/s/osteodressage**

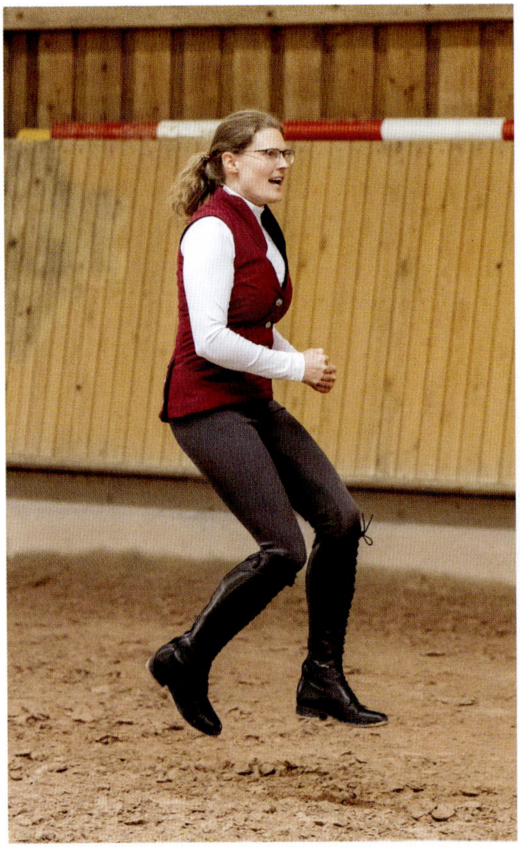

Pferdchensprünge helfen dabei, die Galoppbewegung nachzuempfinden.

Pferdchensprünge

Wir beginnen am Boden. Können Sie selbst galoppieren wie ein Pferd? Üben Sie die Pferdchensprünge sowohl im Links- als auch im Rechtsgalopp. Diese Bewegung entspricht der Bewegung, die Sie bei der Hilfengebung im Galopp benötigen. Üben Sie außerdem das „Angaloppieren“ aus dem Schritt, denn dabei wird Ihnen das Timing klar: Der Rechtsgalopp beginnt mit dem linken Hinterbein und der Linksgalopp beginnt mit dem rechten Hinterbein.

Üben Sie außerdem „fliegende Galoppwechsel“ zu vier und zu drei Sprüngen. Dabei werden Sie beweglicher und verbessern Ihre Koordination. Außerdem trainieren Sie auch gleich eine unabhängige Hand, wenn Sie diese in Zügelführungsposition vor sich hertragen und beim „Galoppieren“ nicht mit den Armen Schwung holen!

„Kameltreibersitz“ im Trab

Nun geht's aufs Pferd, und zwar ohne Steigbügel: Um den unteren Rücken zu lockern und somit das geschmeidige Mitschwingen im Galopp vorzubereiten, bietet sich der sogenannte Kameltreibersitz an. Diese Übung haben wir bereits in unserem Buch zur Dehnungshaltung beschrieben, weil ein lockerer Rücken auch die Dehnungsbereitschaft des Pferdes fördert. Zur Galoppvorbereitung sollte die Übung aber nicht nur im Schritt, sondern auch im Trab gelingen: Ziehen Sie beide Knie vor dem Sattel nach oben und legen Sie sie für einige Tritte sozusagen auf dem Vorderzwiesel Ihres Sattels ab.

Die Füße bleiben dabei aus Sicherheitsgründen auf dem Sattelblatt, klemmen Sie sie nicht davor. Sobald Sie sich ungut fühlen oder ins Wanken geraten, lassen Sie die Beine wieder in die normale Position gleiten. Wechseln Sie mehrfach zwischen langem Bein und Kameltreiber-

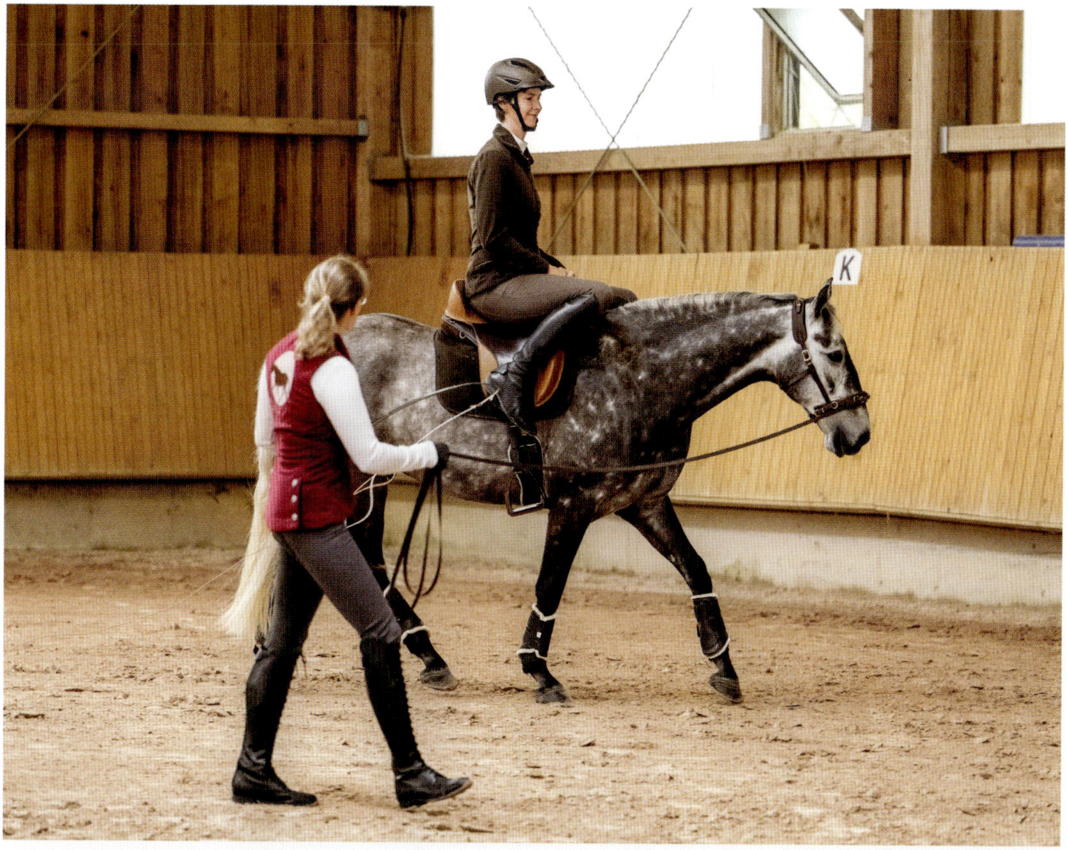

Der Kameltreibersitz verbessert das Mitschwingen mit der Bewegung, die Balance und verhindert Klemmen mit dem Oberschenkel.

sitz hin und her, bis Sie bemerken, dass Sie den Trab bereits immer besser aussitzen können und Ihr Gleichgewicht auch mit hoch genommenen Beinen auf Ihren beiden Sitzbeinknochen gefunden haben.

Twist

Auch die Sitzübung „Twist" bringt Sie noch mal tiefer „ins Pferd" und mobilisiert die Mittelpositur, um nachher im Galopp sicher und für das Pferd angenehm sitzen sowie effizient einwirken zu können.

Üben Sie zunächst im Schritt ohne Steigbügel. Ziehen Sie im Takt der vorschwingenden Hinterbeine des Pferdes abwechselnd Ihre Knie nach vorne-oben in Richtung Vorderzwiesel. Lassen Sie jedes Bein mit dem Auffußen des gleichseitigen Hinterbeins sofort wieder in die normale Position gleiten, während Sie das andere hochheben.

Wichtig dabei ist, dass Sie wirklich nur das jeweilige Bein unabhängig vom Rumpf bewegen. Der Oberkörper soll gerade und mittig über dem Pferd bleiben und nicht vom Heben der Beine beeinflusst

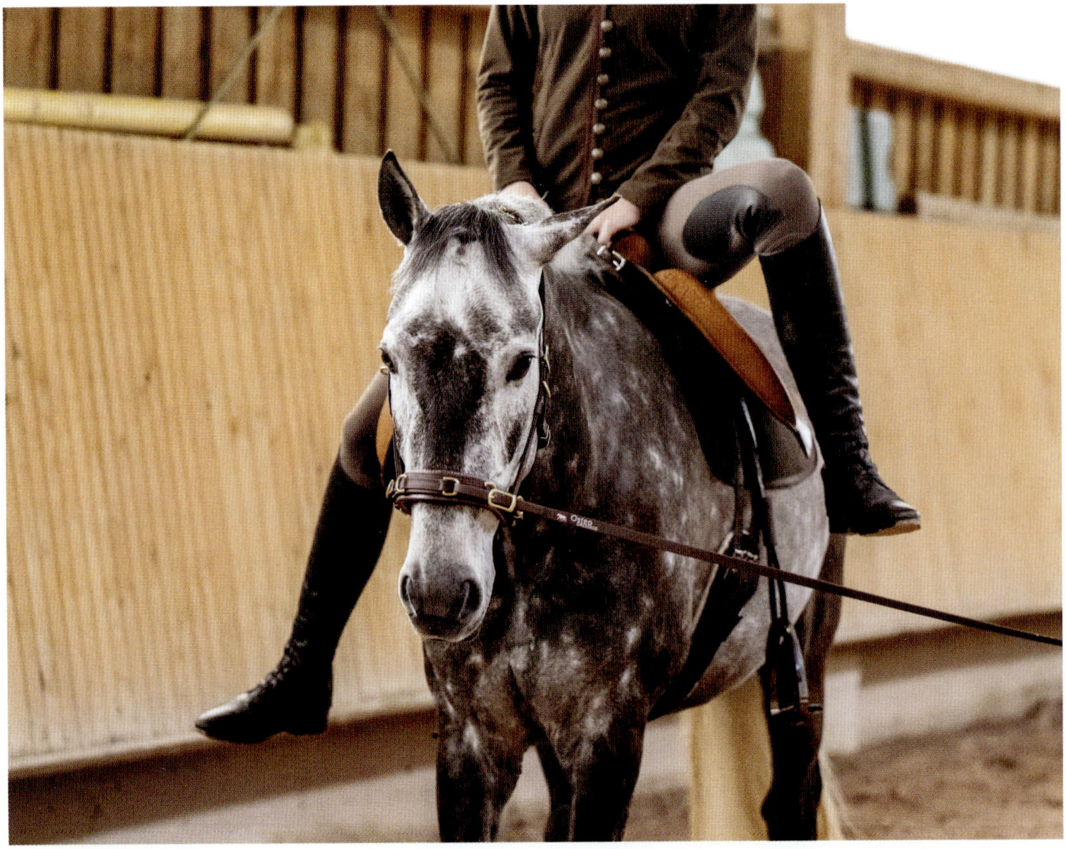

Die Twist-Übung löst Verspannungen der Hüftbeuger und verbessert das Rhythmusgefühl.

werden. Spüren Sie, wie Sie auch während der Twist-Übung immer mit beiden Sitzbeinknochen satt im Sattel sitzen.

Sobald Sie die Übung im Schritt erlernt haben, trainieren Sie sie im Trab. Hier geht der Rhythmus etwas schneller, aber die Bewegung des Pferderückens unterstützt das Hochheben der Beine. Halten Sie diese Übung so lange durch, bis sie Sie anstrengt. Sie soll und darf durchaus zu etwas Muskelkater führen, insbesondere in Ihren Bauchmuskeln, denn starke Bauchmuskeln brauchen wir, um gut galoppieren zu können.

Zudem beansprucht diese Übung die Hüftbeuger – Muskeln, die durch viel Sitzen häufig verspannt sind, was feine Schenkelhilfen und eine guten Schenkellage negativ beeinflusst. Die vermehrte Durchblutung nach dem Twisten löst Verspannungen und macht Sie beweglicher: Vielleicht fühlen sich Ihre Beine nach der Übung „länger“ an.

Schenkel erneuern

Wenn Ihnen die beiden vorangehenden Übungen gelingen, ist das klassische

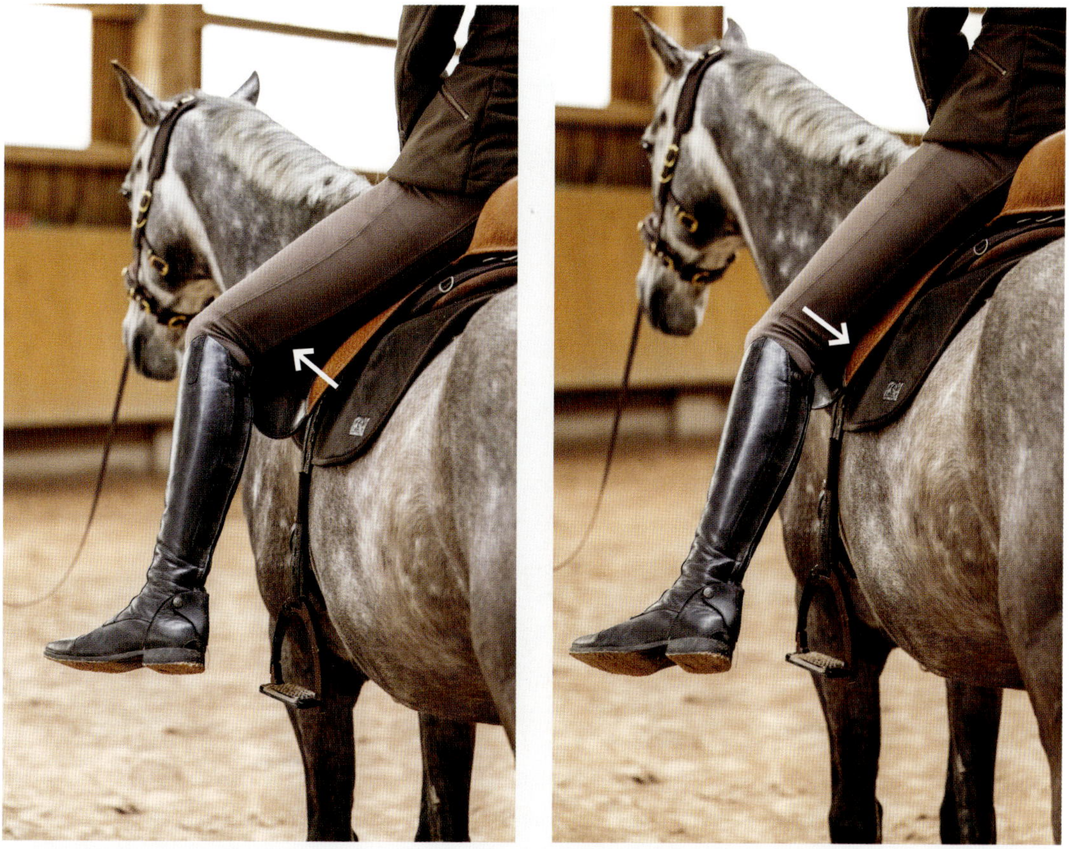

Beim Schenkelerneuern hebt der Reiter den Oberschenkel vom Sattel ab und lässt ihn einige Zentimeter weiter hinten sanft an den Sattel gleiten.

„Schenkelerneuern" nun ein Kinderspiel. Dazu heben Sie beim normalen Reiten, also auch ohne an der Longe geführt zu werden und auch mit Steigbügeln, für einen Moment beide Oberschenkel vom Sattel ab, lassen etwas Luft zwischen Ihr gesamtes Bein und das Pferd und legen die Beine dann ganz locker wieder an – natürlich ohne zu drücken.

Auch diese Übung löst ganz sanft Ihre Hüftgelenke, bringt Sie korrekt auf Ihre Sitzbeine und ermöglicht dem Pferderumpf eine freiere Bewegung und erleichtert dem Pferd die Atmung. Infolgedessen führt sie oft dazu, dass das Pferd freiwillig etwas dynamischer durchschwingt. Das Schenkelerneuern ist eine gute Routine direkt vor dem Geben der Galopphilfe, weil Sie sich dabei selbst daran erinnern, nicht mit den Oberschenkeln zu klemmen und aufrecht zu sitzen.

Galionsfigur

Die sogenannte Galionsfigur stammt aus dem Reitlehrkonzept *Centered Riding*. Üben Sie sie zunächst im Schritt, dann im Trab und als Letztes im Galopp. Sie sorgt

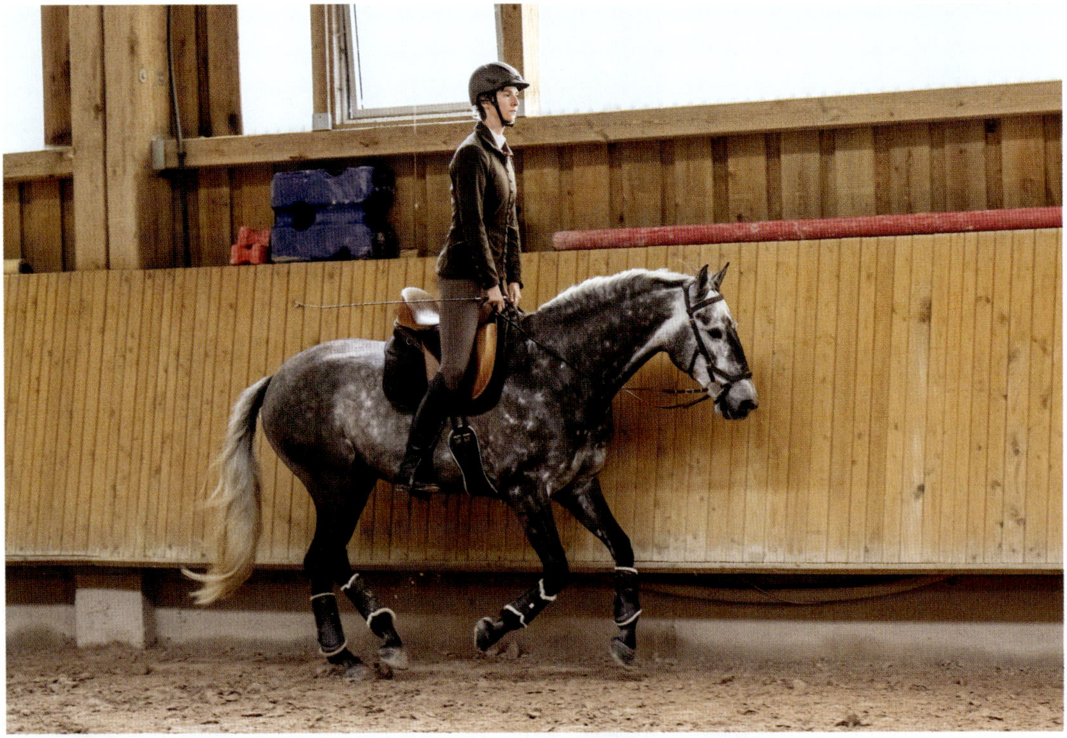

Die Galionsfigur kann man auch in das selbstständige Reiten einbauen.

für ein besseres Gleichgewicht, fördert die Rumpfstabilität und ist insbesondere in Kombination mit den vorher genannten Sitzübungen zu empfehlen.

Für die Galionsfigur stellen Sie sich in die Steigbügel und bleiben so lange wie möglich stehen. Lassen Sie für einen ausbalancierten Stand Ihre Knie beim Aufstehen leicht nach hinten-unten rutschen und richten Sie Ihr Becken gefühlt über dem Vorderzwiesel des Sattels auf. Halten Sie sich unbedingt zunächst an einem Hilfsriemen am Sattel fest, keinesfalls an den Zügeln.

Ziel ist es, nach entsprechender Übung, die Galionsfigur freihändig reiten zu können. Dann können Sie die Übung nämlich auch in Ihr selbstständiges Reiten integrieren und sind nicht (mehr) auf einen Longenführer angewiesen.

Wechseln Sie nun ab: Traben oder galoppieren Sie einige Trabtritte oder Galoppsprünge lang in der Galionsfigur, setzen Sie sich dann sanft wieder in den Sattel und erneuern Sie Ihre Schenkel wie oben beschrieben. Stehen Sie dann wieder in die Galionsfigur auf, halten diese einige Meter, sitzen ein und erneuern Ihre Schenkel erneut. Durch den Wechsel erhalten Sie einen aufrechten, balancierten Dressursitz mit lockeren Beinen und können so die Sitzfehler Stuhlsitz oder Spaltsitz loswerden.

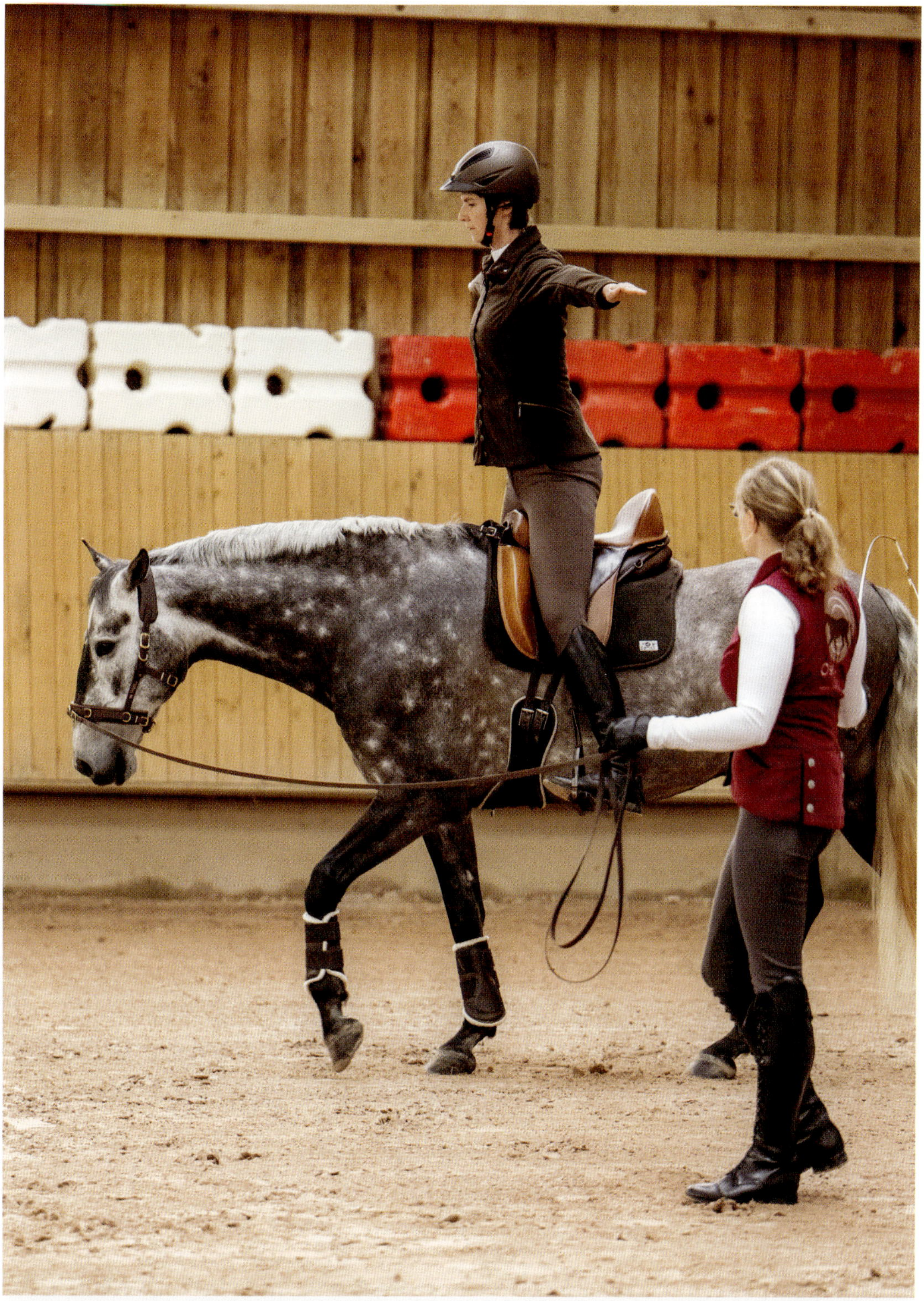

Die Galionsfigur verbessert Gleichgewicht, Stabilität und die korrekte Beinposition.

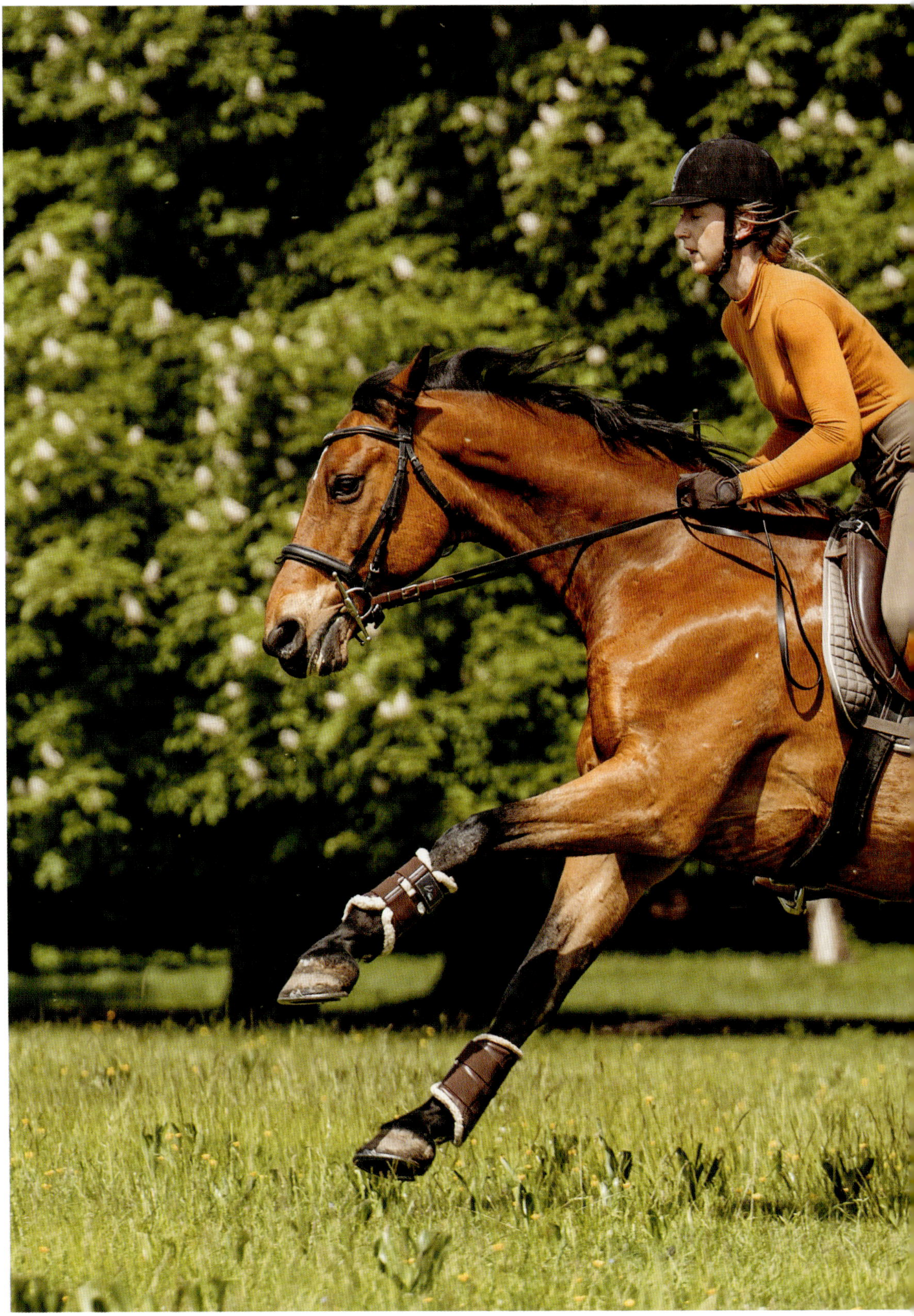

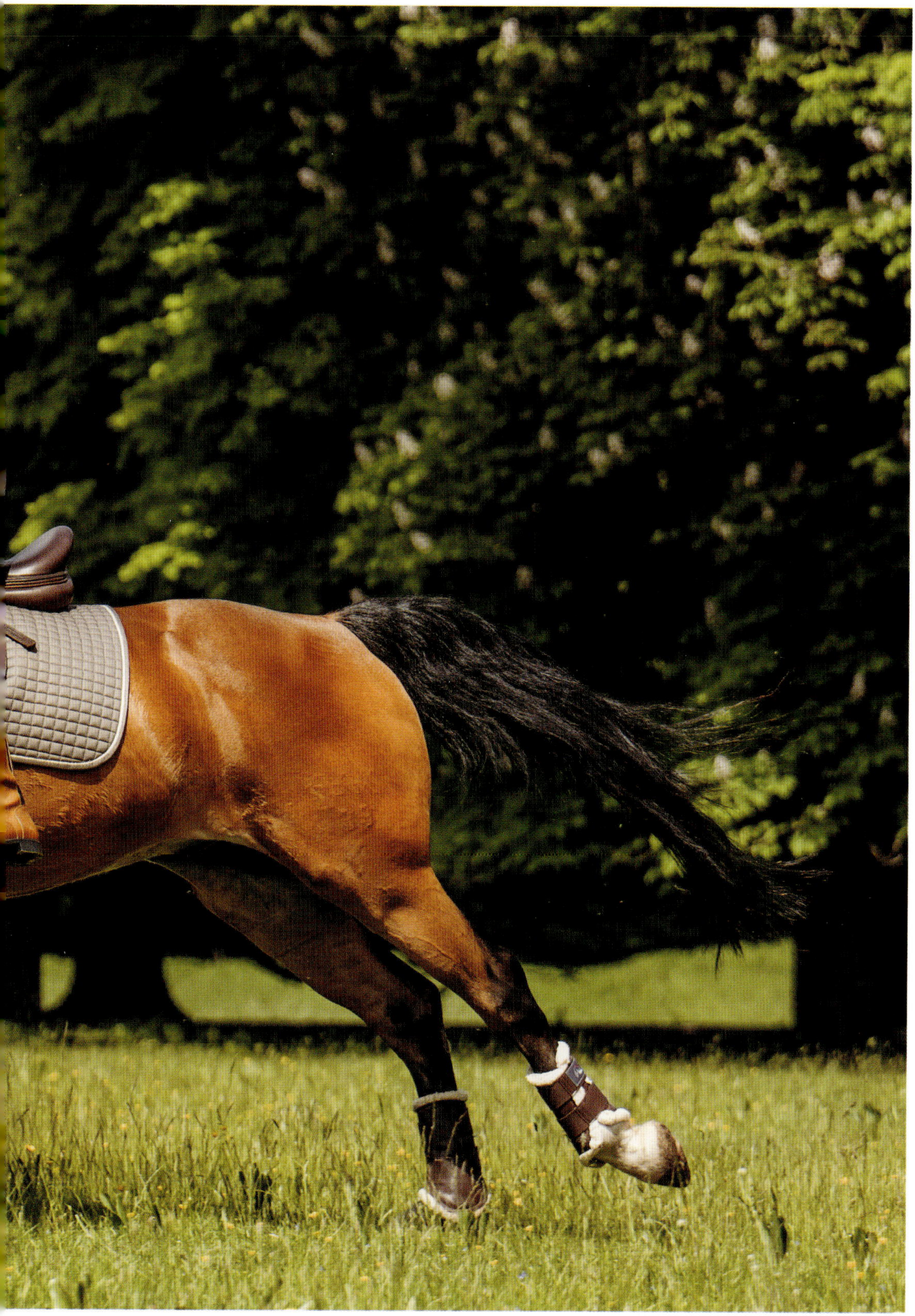

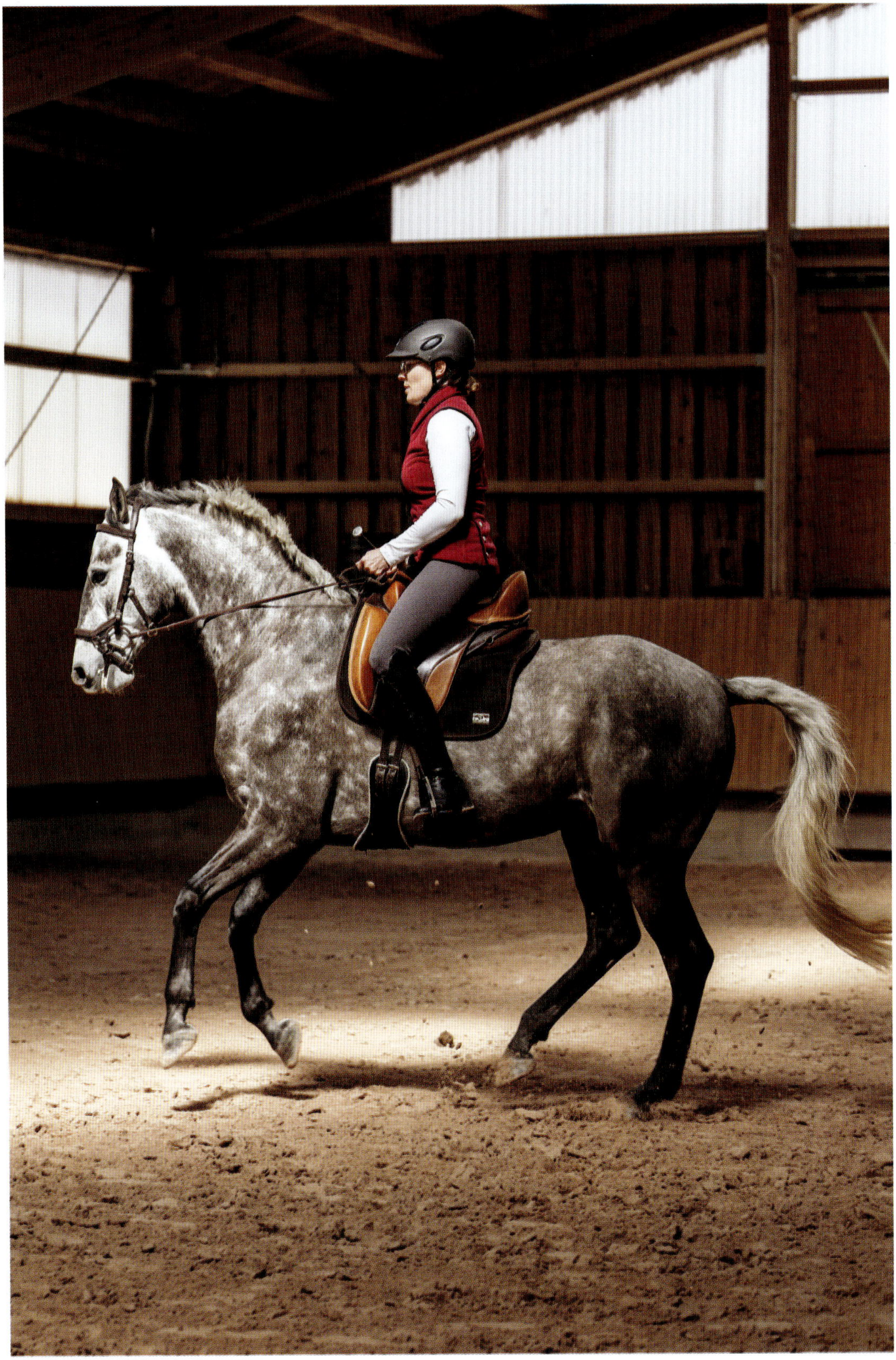

DEN GALOPP IN DER PRAXIS erarbeiten und verbessern

Ein guter Galopp gilt in der klassischen Reitlehre als Ergebnis von richtiger Schritt- und Trabarbeit. Das steht auch aus trainingsphysiologischer Sicht außer Frage, was das vorangehende Training des Rumpftrageapparates im Trab betrifft, das wir im zweiten Kapitel erläutern.

Auch alle koordinativ anspruchsvollen Dinge müssen in jedem Fall zunächst in den ruhigeren Gangarten erlernt und gefestigt sein, bevor sie im Galopp gelingen können. Limitierender Faktor ist aus unserer praktischen Erfahrung hier vor allem der Reiter. Denn koordinativ anspruchsvolle Hilfen, etwa für Wendungen und Seitengänge, werden im Galopp natürlich umso schwieriger. Unter diesem Aspekt macht es bei vielen Lektionen wirklich Sinn, diese im Schritt in aller Ruhe zu erlernen, Sitz- und Hilfengebungsfehler in Schritt und Trab abzustellen und sämtliche Fragen zu klären, bevor es im Galopp dann dynamisch wird.

Wie und wann man den Galopp und die klassischen Galopplektionen Schritt für Schritt entwickeln kann, möchten wir in diesem Kapitel erläutern und dabei auch typische reiterliche Probleme und Lösungen ansprechen.

Erstes Angaloppieren mit jungem Pferd unterm Sattel

Ein junges oder noch nicht weiter ausgebildetes Pferd wird am besten im Remontesitz angaloppiert. Hierzu bietet sich ein eingezäunter Reitplatz oder eine Reithalle an mit mindestens 20 Metern Breite.

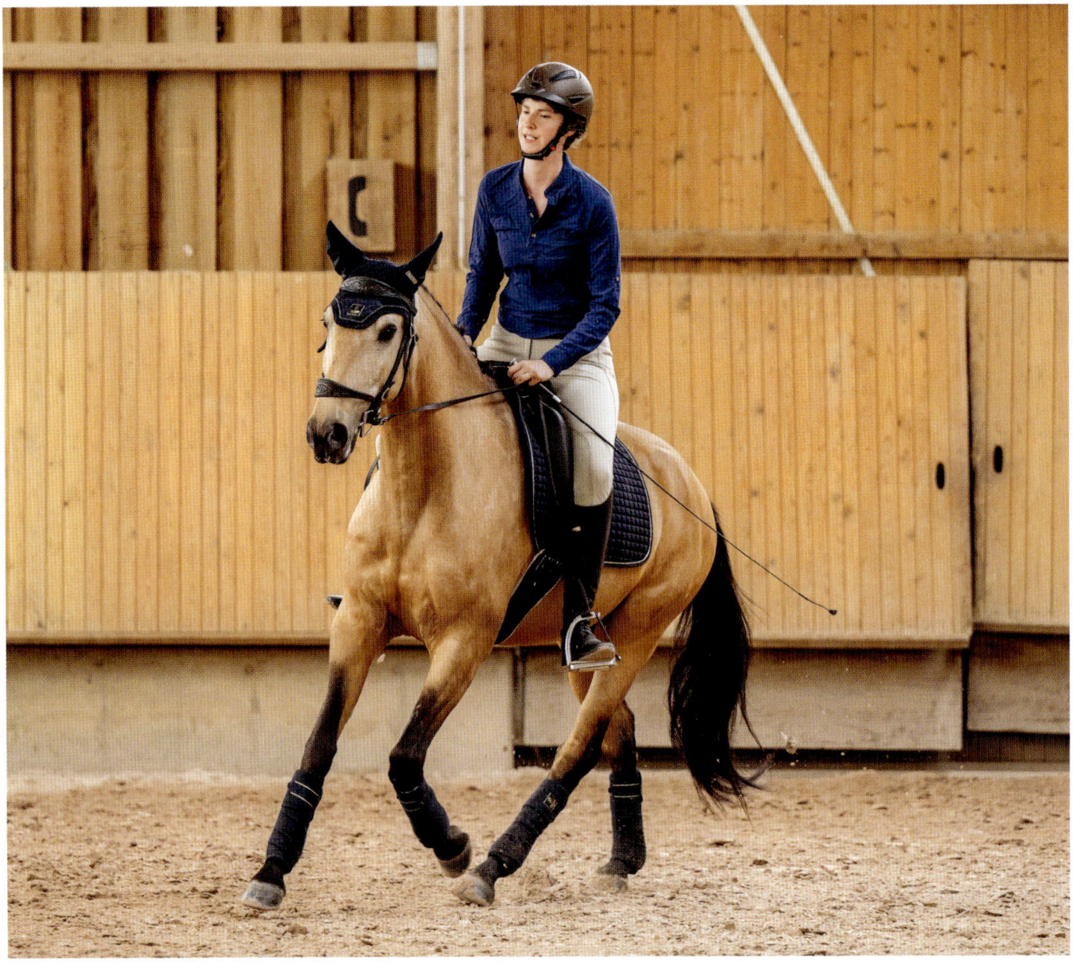

Erster Galopp unterm Sattel mit Junglusitano Nortenho.

Dadurch hat das Pferd beim ersten Galoppieren mit Reiter einerseits eine sichere Begrenzung, muss aber noch nicht auf engerem Raum wenden, was es auf diesem Ausbildungsstand noch nicht leisten kann.

Der Reiter trabt im Remontesitz ganze Bahn, wobei er die Ecken jedoch nicht tief ausreitet, sondern abrundet. Der Hals des Pferdes braucht und sollte nicht nennenswert gebogen sein, sondern wird von den beiden Zügeln passiv eingerahmt. Ein gerader Hals oder auch eine leichte Außenstellung sind in Ordnung, wenn nicht sogar zweckdienlich, um gleich im Handgalopp anspringen zu können. Die Pferdenase gehört unbedingt vor die Senkrechte; das junge Pferd muss noch nicht beigezäumt gehen. Trabt das Pferd flüssig bei passiv sitzendem Reiter, gibt dieser etwa Mitte der kurzen Seite das Stimmsignal zum Galopp. Ziel ist es, dass das Pferd in aller Ruhe in der zweiten

Ecke der kurzen Seite unspektakulär in den Galopp fällt.

Das Stimmsignal muss das Pferd vorab an der Longe und/oder im Freilauf bereits kennen gelernt haben: Es darf keinesfalls dasselbe Signal wie für den Trab sein. Wir nutzen im Trab das typische Schnalzgeräusch und für den Galopp ein langgezogenes Küsschengeräusch (genau erklärt im Buch Katharina Möller, *Longieren als Dialog*, Cadmos Verlag, Schwarzenbek 2017), sodass dem Pferd klar ist, dass es nicht etwa im Trab schneller rennen, sondern tatsächlich die Fußfolge wechseln und in den Galopp springen soll.

Je weniger der Reiter versucht Hilfen zu geben, desto leichter fällt es dem jungen Pferd, ihn zum ersten Mal im Galopp zu tragen. Beim allerersten Angaloppieren nutzen wir also allein die vorab sauber konditionierte Stimmhilfe. Der Reiter bleibt unbedingt mittig sitzen und blickt zwischen den Pferdeohren hindurch nach vorne auf den Weg, den das Pferd gehen soll. Beide Zügelfäuste liegen passiv seitlich am Hals und stabilisieren den Halsansatz. Ein typischer Fehler ist das seitliche nach unten Schauen, womöglich auf das innere Vorderbein, und damit verbunden das sogenannte Einklicken in der inneren Hüfte – also eine seitliche

Die Zügelbrücke ist hilfreich für das Galoppieren im leichten Sitz, besonders mit jungen Pferden.

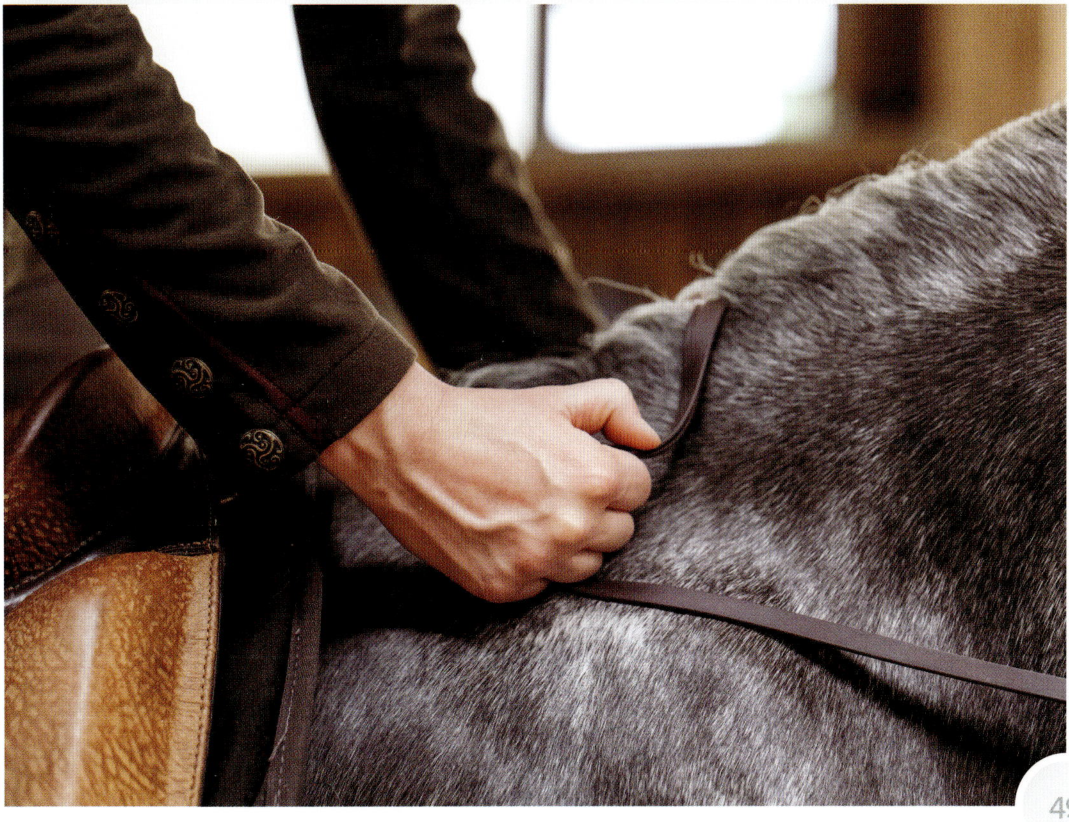

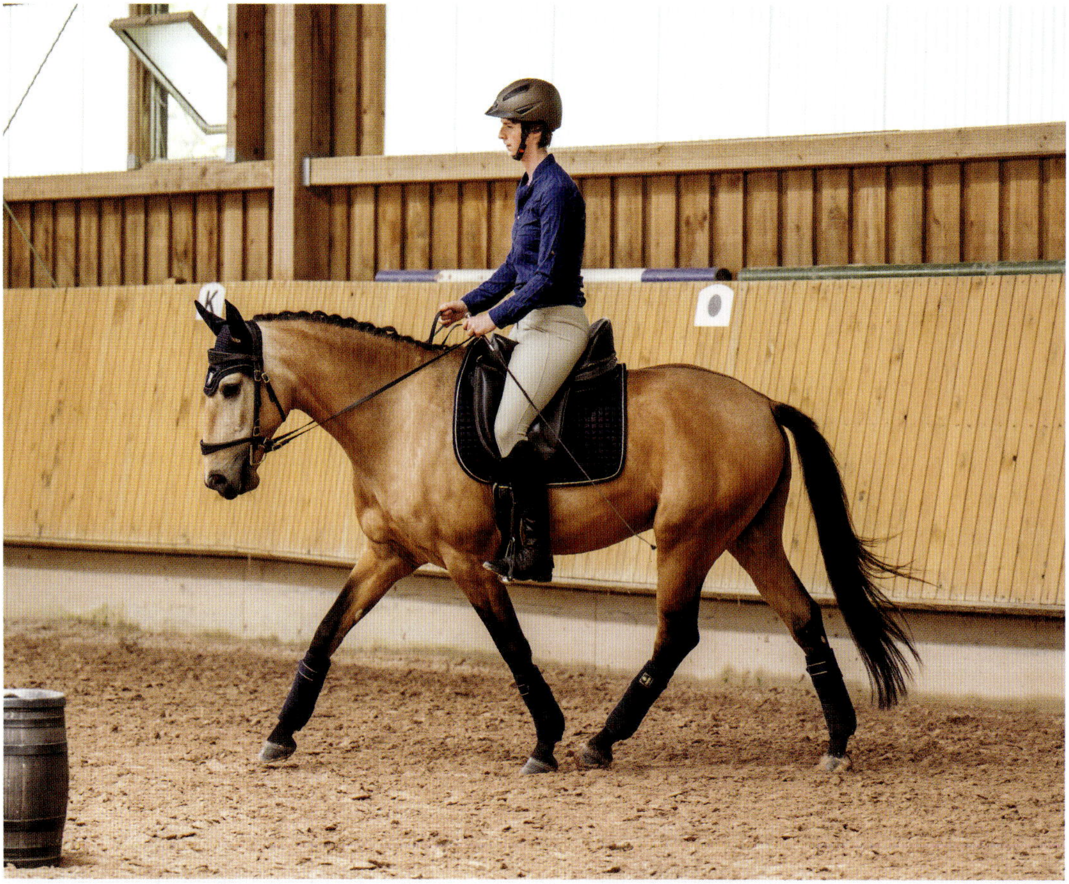

Ausfallen in den Trab ist zunächst erlaubt.

Gewichtsverlagerung in Richtung der inneren Pferdeschulter. Dies würde das Angaloppieren insgesamt für das Pferd deutlich erschweren und die Wahrscheinlichkeit erhöhen, dass es versehentlich im Kontergalopp anspringt. Damit das innere Vorderbein des Pferdes vorgreifen kann, muss der Reiter diesem „Luft lassen“ und eventuell sogar mit dem inneren Zügel betont nachgeben. Nur logisch ist, dass in diesem Ausbildungsstadium auch die Innenstellung noch vollständig zu vernachlässigen ist.

Ausfallen in den Trab ist erlaubt

Normal wäre bei den ersten Versuchen, dass das Pferd vielleicht nur einige Galoppsprünge galoppiert, etwa die lange Seite der Bahn entlang, und dann wieder in den Trab zurückfällt. Auch dabei sollte der Reiter anfangs einfach störungsfrei im Remontesitz begleiten und das Ausfallen in den Trab gar nicht weiter kommentieren, sondern möglichst fließend weiter geradeaus traben und dann in aller Ruhe die Richtung wechseln, um auf der anderen Hand nochmals anzugaloppie-

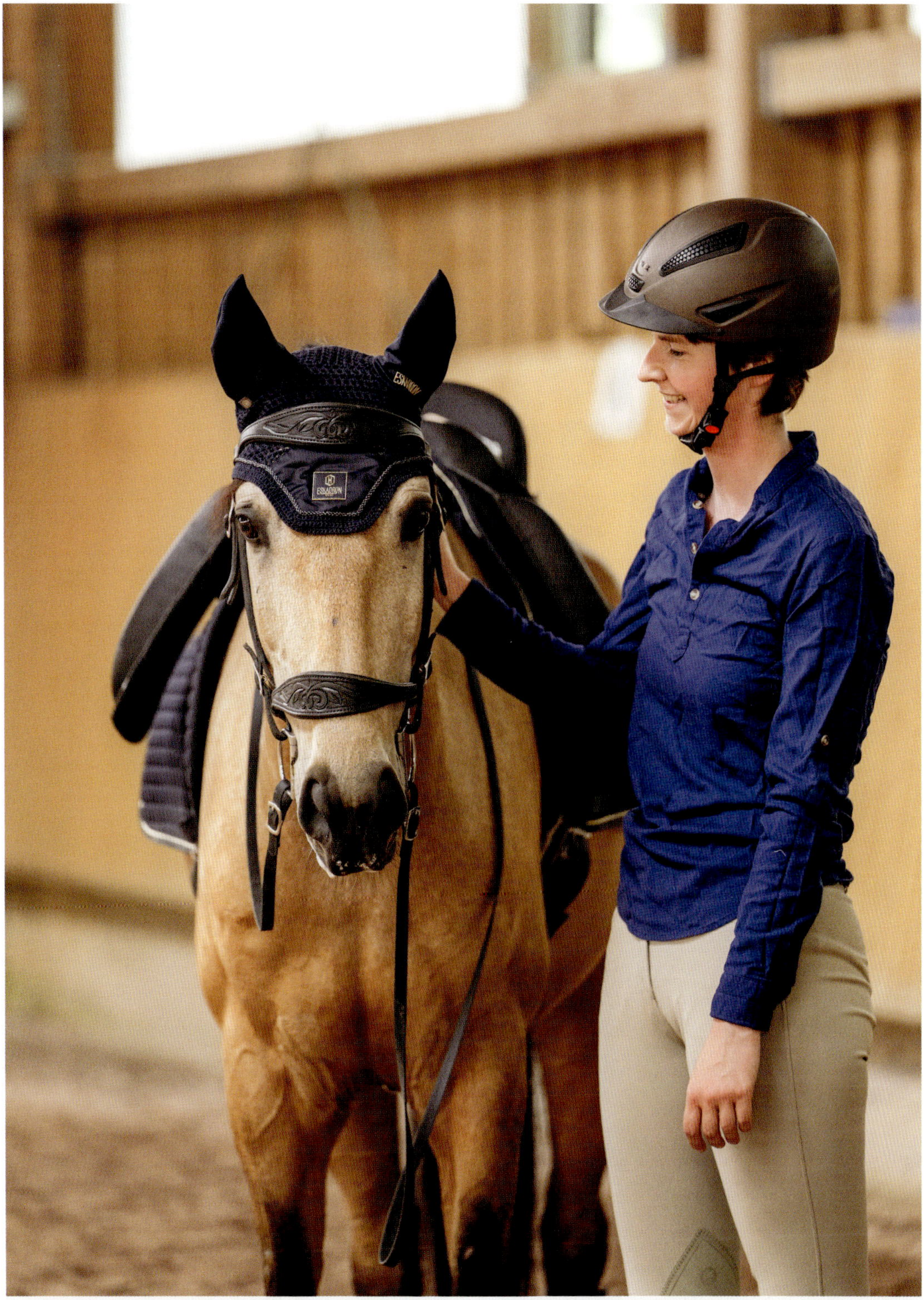

Nach dem ersten Galopp mit dem jungen Pferd kann man zurecht stolz sein.

ren und danach das Pferd ebenfalls wieder in den Trab fallen zu lassen.

Wichtig ist, dass das Pferd im Galopp keinesfalls durch eine rückwärtswirkende Reiterhand gebremst wird, denn das löst nicht selten ein Buckeln aus. Fällt ein junges Pferd nicht sowieso aus eigenem Antrieb wieder aus, bitte ebenfalls mittels eines vorab an der Longe erlernten Stimmsignals und eines sanften Platznehmens im Sattel zum Trab parieren. Dieser Übergang soll und darf noch auslaufend sein und muss noch nicht an einem bestimmten Punkt der Bahn gelingen. Bremsen Sie Ihr Pferd keinesfalls in einer Ecke, sondern runden Sie diese konsequent ab. Ideal wäre es nach einigen Wiederholungen, wenn Sie die rückführenden Übergänge etwa auf die Mitte der langen Seite legen könnten.

In diesem Ausbildungsstadium geht es wie gesagt nur um ein möglichst unspektakuläres, entspanntes In-den-Galopp-Fallen des Pferdes und vor allem darum, dass Ihr Pferd den Galopp als angenehm erlebt – und das geht, wenn der Reiter im Gleichgewicht sitzt, der Pferdebewegung mit weicher Hand folgt und ansonsten nicht weiter am Pferd, seiner Haltung oder der Galoppdauer herummäkelt. Dann empfindet das junge Pferd den Galopp als nicht besonders stressig.

Wichtig für den weiteren Fortschritt der Ausbildung ist dabei insbesondere, dass das Pferd in den Trab fallen darf, wenn es nicht mehr kann oder mag, aber dass es nach dem Galopp keinesfalls abrupt in den Schritt pariert oder ganz stehen bleibt.

Sollte Ihr Pferd das anbieten, treiben Sie im Übergang weich in den Trab und traben Sie auf jeden Fall noch eine Runde weiter, bevor Sie dann eine Pause im Schritt machen oder natürlich gegebenenfalls auch ganz absitzen und die Einheit beenden.

Alarmsignal Bremsen

Wichtig sind fließende, sanfte Übergänge – kein „Stop-and-Go“. Pariert ein junges Pferd aus dem Galopp sofort zum Schritt oder sogar zum Stehen durch, ist das oft ein ernstes Alarmsignal. Es zeugt vom sogenannten Klemmen und ist eine Vorstufe zum Bocken oder auch Steigen.

Erarbeiten Sie in dem Fall sanfte Trab-Galopp-Übergänge (gerne mit gesatteltem Pferd) an der Longe, um ohne Verlust der Vorwärtsenergie und mit weiterhin schwingenden Hinterbeinen in und aus dem Galopp zu kommen. Das stockungsfreie Weiterschwingen ist eine existenzielle Voraussetzung dafür, den Galopp in den nächsten Wochen und Monaten des Trainings schließen zu können und in den folgenden Ausbildungsschritten dann auch korrekt gerittene und damit versammlungsförderliche Galoppübergänge reiten zu können.

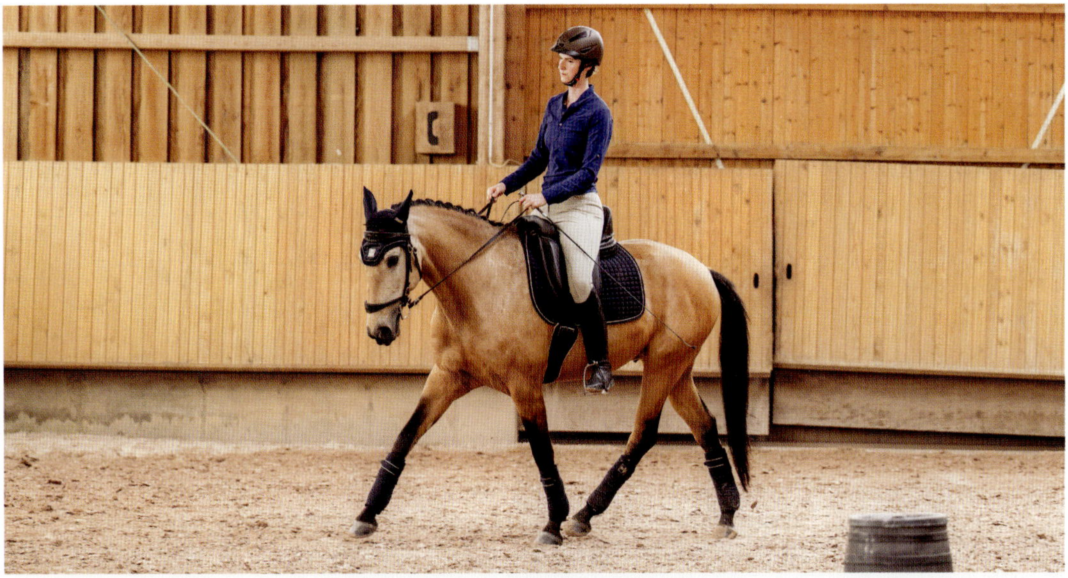

Die Haupttrainingsgangart für junge und wenig trainierte Pferde ist der Trab.

In diesem Ausbildungsstadium sollte die Haupttrainingsgangart auf jeden Fall der Trab sein. Unterbrechen Sie Ihr Trabtraining (etwa 20 Minuten in der Dauermethode, mehr dazu im Onlinekurs „Trainingsplanung und Exterieur") dabei einfach durch einige Meter Galopp.

Abbremsen als Schmerzzeichen

Klemmen und plötzliches Abbremsen oder gar die nächste Stufe – nämlich Steigen und Bocken – sind wissenschaftlich erwiesene Zeichen für Schmerzen an irgendeiner Stelle des Bewegungsapparats. Im „Ethogramm des gerittenen Pferdes" sind sie drei von 24 Verhaltensweisen, die die englische Tierärztin und Wissenschaftlerin Sue Dyson und ihr Team in mehreren Studien an insgesamt 360 Pferden mit orthopädischen Problemen (und subtilen Lahmheiten) beobachten konnten. Nachdem per Leitungsanästhesie die Schmerzen „weggespritzt" worden waren, zeigten die Pferde die beschriebenen Verhaltensweisen nicht mehr oder deutlich weniger.

Natürlich ist immer abzuwägen, ob Unverständnis der Hilfen, also Ausbildungsmängel, oder grobe Hilfengebungsfehler vorliegen, wenn ein Pferd diese Verhaltensweisen zeigt – im Zweifelsfall lassen Sie sich von einem kompetenten Ausbilder coachen oder im Bedarfsfall Ihr Pferd tierärztlich durchchecken.

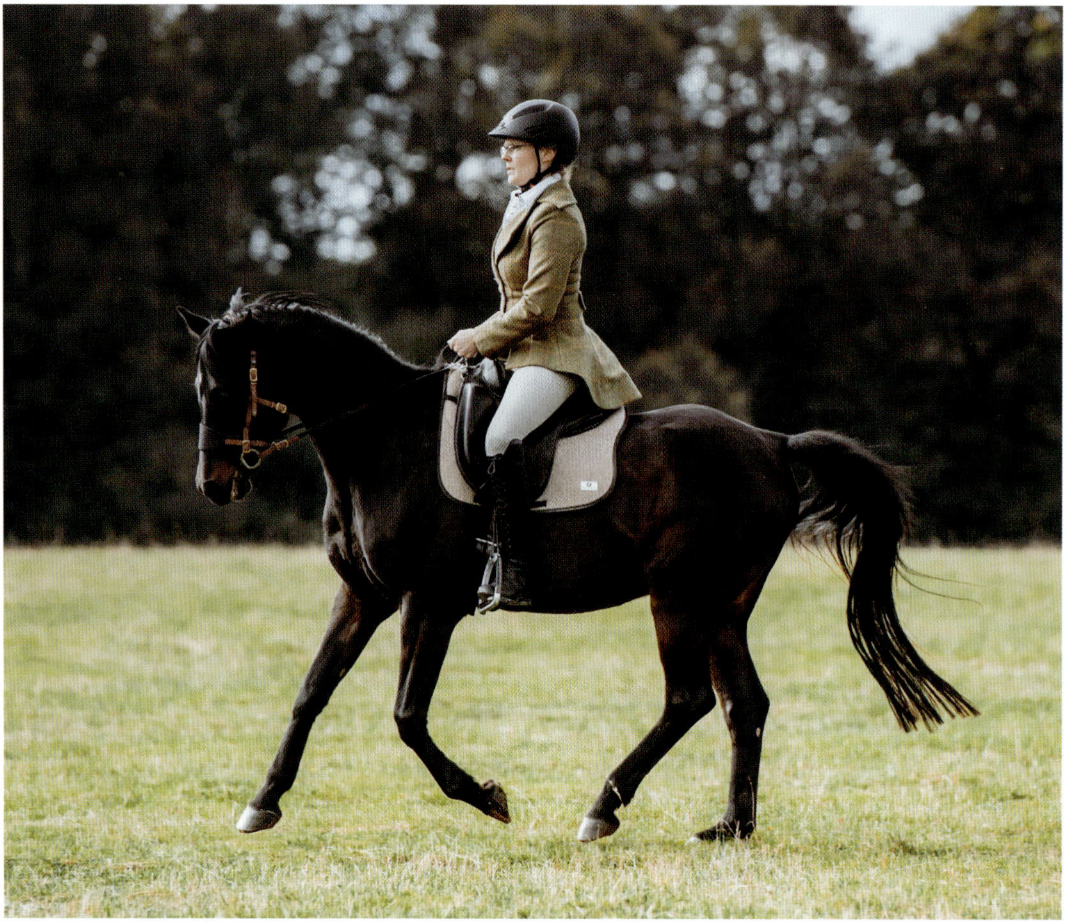

Galopp im Gelände fällt vielen Pferden zunächst leichter als in der Bahn.

Galopp im Gelände

Sobald das Pferd grundsätzlich gelassen galoppiert und wenn es das Gelände bereits durch Spaziergänge an der Hand oder Ausritte als Handpferd kennt, kann dieses Angaloppieren sehr gerne auch ins Gelände verlegt werden. Auf einem seitlich begrenzten (Wald-)Weg und mit einem entspannten Mitreiter auf einem gelassenen Führpferd kann man wunderbare erste Galopperfahrungen für das junge Pferd schaffen. Wählen Sie dafür gerne einen Weg, der sanft bergan führt, aber keine starke Steigung und keine engen Kurven aufweist. Traben Sie auch im Gelände nach der Galoppreprise noch mehrere hundert Meter weiter, bevor Sie dann zum Schritt parieren und/oder absitzen.

Der „richtige" Galopp

Idealerweise gelingt es von Beginn an, das Pferd sowohl im Rechtsgalopp als auch im Linksgalopp galoppieren zu lassen. Springt es versehentlich im „falschen" Galopp an, lassen Sie es kommentarlos wieder ausfallen und galoppieren Sie erneut an. Vermeiden Sie die oben genannten Hilfengebungsfehler und etablieren Sie sobald wie möglich auch das Treiben mit dem senkrecht liegenden inneren Schenkel als Signal für den entsprechenden Galopp. Viele Pferde reagieren sehr gut auf ein bewusstes Nach-vorne-Gleitenlassen der inneren Wade, sodass diese quasi gegen den Strich der Haare am Pferdebauch entlanggleitet und der äußere Schenkel dann weiter hinten liegt – nicht weil man diesen bewusst zurückgenommen hätte, sondern weil man den inneren Schenkel im Remontesitz betont nach vorne-unten durchfedern lässt.

Wesentlich finden wir die mentale Komponente und den emotionalen Umgang mit dem „Fehler": Wichtig ist zu Beginn bloß das stressfreie Anspringen, ein falscher Galopp ist marginal. Das Pferd sollte keinesfalls dafür bestraft werden oder sich auch nur bestraft fühlen. Sagen Sie

Der innere Schenkel liegt senkrecht vorne am Gurt.

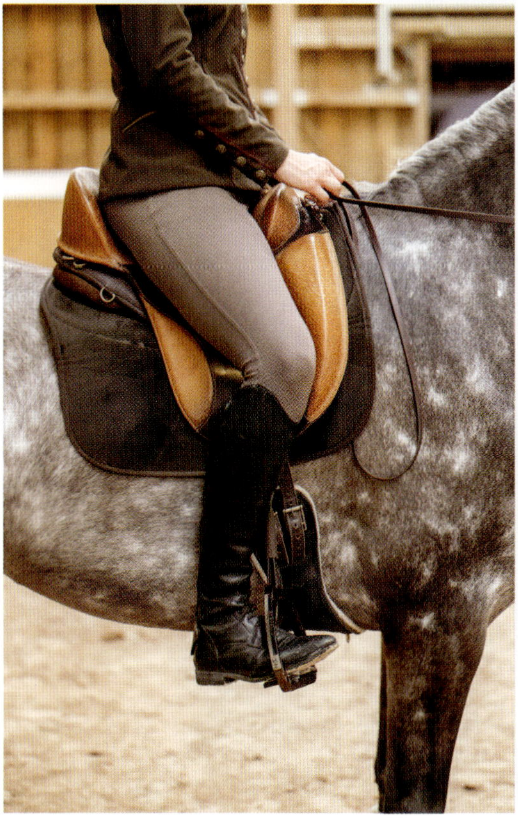

Der äußere Schenkel liegt aus der Hüfte zurück genommen eine Handbreit hinter dem Sattelgurt.

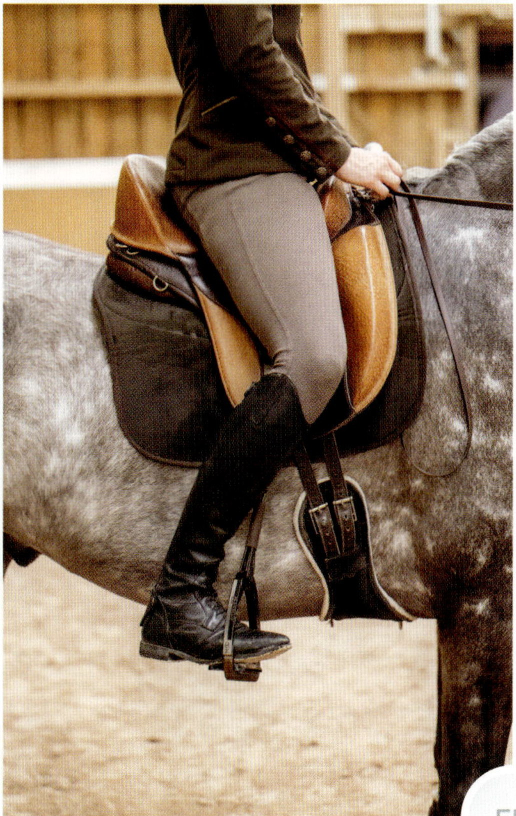

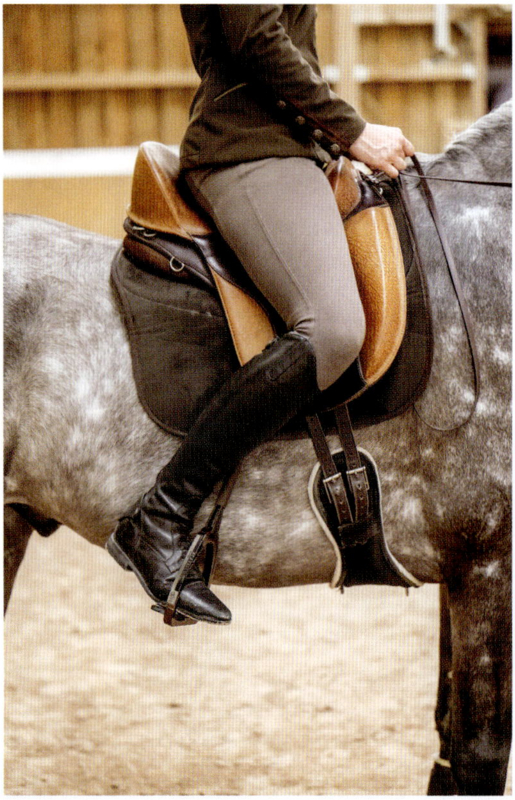

Häufiger Fehler: Die äußere Ferse darf nicht hochgezogen werden, die Wade ist hier im Bild zu weit zurück genommen.

sich und Ihrem Pferd, dass es keinen falschen Galopp gibt, denn bei professioneller Ausbildung soll ja bereits im folgenden Jahr der bewusst gerittene Kontergalopp trainiert werden, wobei sich Ihr Pferd keinesfalls „falsch“ fühlen soll.

Versuchen Sie es einfach neu, stellen Sie eventuelle Hilfengebungsfehler ab und verändern Sie Ihr Timing. Vielleicht geht es besser, wenn Sie erst inmitten der zweiten Ecke der kurzen Seite angaloppieren oder aber am Ende der langen Seite vor Erreichen der ersten Ecke.

Sollten Sie feststellen, dass Ihr junges Pferd eine deutliche Präferenz für den Rechts- oder den Linksgalopp zeigt und nennenswert öfter einen bestimmten Galopp wählt oder gar nicht in den anderen Galopp zu bringen ist, dann überprüfen Sie das an der Longe am Kappzaum ohne Reiter. Ist auch dabei ein Galopp deutlich schwieriger zu bekommen, liegt es nahe, dass Ihr Pferd ein körperliches Problem hat, welcher der Behandlung bedarf.

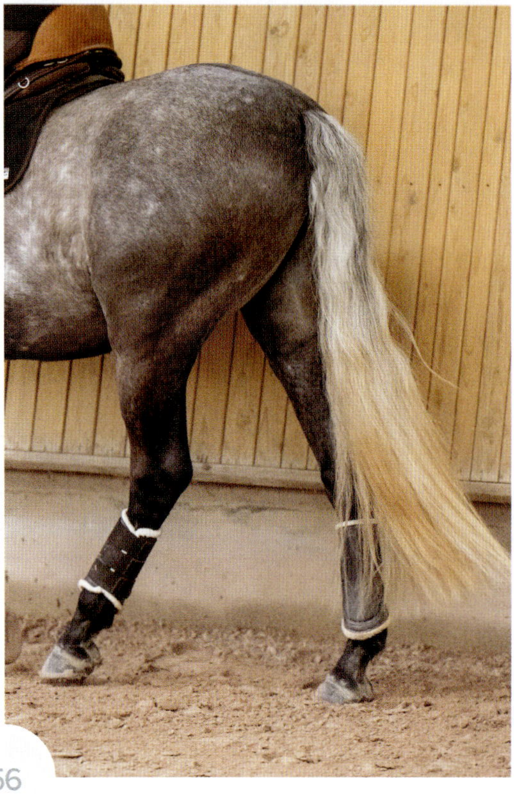

Hintere Stützbeinphase des rechten Hinterbeins: In diesem Moment kann das Pferd in den Linksgalopp springen.

Koordination wird schlechter unter Ermüdung

Wer fit ist, ermüdet später und ist deswegen auch immer länger in der Lage, noch koordinativ anspruchsvolle Aufgaben zu erledigen. Deswegen ist es sinnvoll, zunächst in der Dauermethode „einfach nur galoppieren“ zu können, bevor man dann im weiteren Verlauf der Ausbildung koordinativ anspruchsvollere Lektionen wie etwa Volten, Seitengänge oder gar Galoppwechsel verlangt. Das gilt für das Pferd genauso wie für den Reiter! Nur wenn das Galoppieren als solches nicht mehr als anstrengend oder gar beängstigend empfunden wird, können gezielt Hilfen gegeben und Lektionen ausgeführt werden.

Der Reisegalopp

Als Reisegalopp bezeichnete man eine lange, aber unaufgeregte Galoppreprise. Stellen Sie sich vor, Sie möchten zu Pferd irgendwohin und heute noch ankommen, sind aber nicht auf der Flucht. Das Pferd soll dabei ganz zwanglos in physiologischer Haltung (also nicht beigezäumt, sondern mit langem, eher geradem Hals und mit der Stirn-Nasen-Linie deutlich vor der Senkrechten) vor sich hin galoppieren. Der Reiter darf gerne entlastend sitzen. Udo Bürger* spricht vom „Bummeln im Galopp“. Das Pferd soll unter dem passiv sitzenden Reiter einfach geradeaus galoppieren und braucht noch nichts weiter zu können – es soll nun aber für einen gewissen Zeitraum nicht mehr in den Trab ausfallen.

* Udo Bürger war Tierarzt und begeisterter Reiter. Er verfügte über ein enormes Wissen und langjährige Erfahrung. Seine Aussagen sind zeitlos gültig. Buch-Tipp: Vollendete Reitkunst - Klassiker der Reitkunst, Stuttgart 2006

Ideal lässt sich der Reisegalopp natürlich im Gelände oder auf einer Galoppbahn gestalten, aber auch ein möglichst großer (Spring-)Platz ist gut geeignet.
Aus trainingsphysiologischer Sicht handelt es sich um Training in der Dauermethode. Dabei soll das Pferd nicht schnell, aber flüssig und rhythmisch galoppieren.

Darf das Pferd für eine gewisse Dauer im natürlichen Rhythmus galoppieren, helfen die faszialen Strukturen dabei, das Ganze ökonomisch zu gestalten: Durch die Sprungfedermechanismen der Sehnen (siehe Kapitel 2) ist das Abfußen sehr energieeffizient – umgangssprachlich also weniger anstrengend als beispielsweise Übergänge. Da die Rückenbewegung im Galopp deutlich größer ist als im Trab, wirkt Galoppieren oft lösend. Zudem sorgt Galopp quasi für *core stability* des Pferdes, weil Bauch- und Rückenmuskulatur ausgewogen trainiert werden.

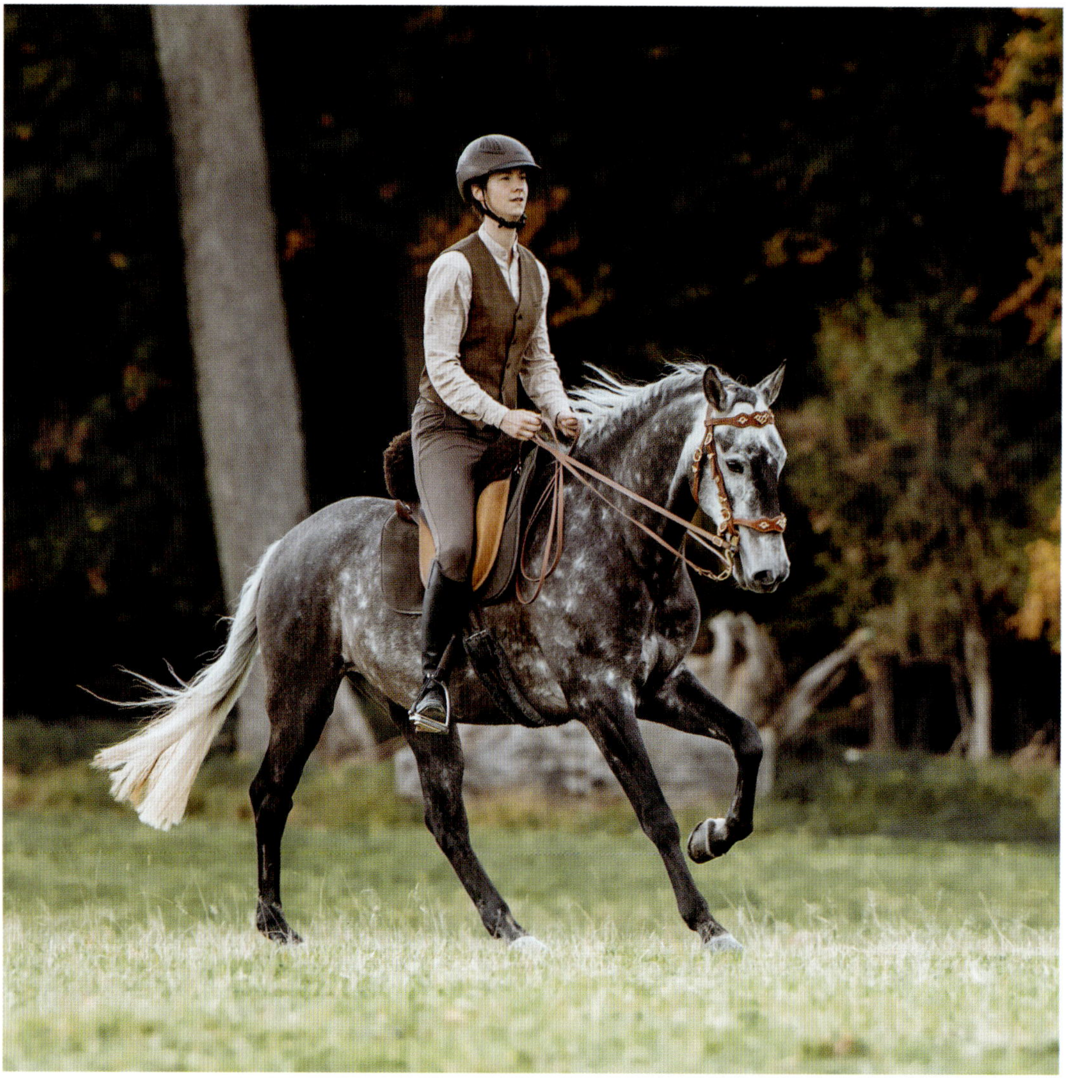

Der Reisegalopp tut auch erwachsenen Pferden gut.

Nicht zuletzt stellt der Galopp einen starken Trainingsreiz für die Hosenmuskeln, den *M. quadriceps femoris* (wichtig für Kniestabilität!) und die Oberhalsmuskulatur dar (alles erläutert im zweiten Kapitel).

Somit ist der Reisegalopp die Vorbereitung auf dressurmäßiges Galoppieren, weil Grundlagenausdauer, ökonomische Bewegungsmuster und nicht zuletzt die oben genannten Muskelgruppen trainiert werden, die auch in der Versammlung beansprucht werden.

Eine Begleiterscheinung des Reisegalopps ist es, dass sich die Atmung mit dem Laufrhythmus synchronisiert. Wenn das Pferd losgelassen „über den Rücken“ galoppiert, dann hören Sie es also im Takt seiner Galoppsprünge atmen. Ein leises schnaubendes Atemgeräusch im Galopp ist physiologisch.

Wie im zweiten Kapitel erläutert, steigt das Atemminutenvolumen im Galopp im Vergleich zur Ruhe stark an. Die volle Ausnutzung der Lungenkapazität sorgt dafür, dass eventueller Schleim aus der Lunge befördert wird und die Bronchien bis in den kleinsten Winkel belüftet werden. Ruhiges Galoppieren in der Dauermethode beugt so Atemwegsproblemen vor. Nötig ist für eine optimale Atmung das deutliche Gehen mit der Nase vor der Senkrechten in Gebrauchs- oder Dehnungshaltung.

Beginnen Sie mit zwei Minuten Galopp rechter Hand und zwei Minuten linker Hand. Diese Dauer ist zur Not auch noch in einer Reithalle möglich. Sobald Sie bei fünf Minuten Links- und fünf Minuten Rechtsgalopp angelangt sind, sollte dieses Training dann aber auf jeden Fall im Freien und weitestgehend geradeaus stattfinden, denn lang andauerndes Galoppieren auf dem Zirkel hat auch Nachteile: Auf gebogener Linie wird das innere Vorderbein des Pferdes in der Einbeinstütze deutlich mehr belastet als auf gerader Linie, wie wir im Buch „Biegung“ (Katharina Möller/Claudia Weingand, Biegung, Stuttgart 2018) ausführlich erläutern. Diese Belastung wollen wir ab einer gewissen Galoppdauer natürlich minimieren, indem das Pferd dann bei längeren Strecken vor allem geradeaus galoppiert.

Sehen Sie tatsächlich auf die Uhr oder programmieren Sie sich einen Timer, der jede Minute einmal piept. Viele Freizeitreiter sind überrascht, wie lange ihnen eine Minute im Galopp anfangs vorkommt! Ganz nebenbei wird man im Reisegalopp auch als Reiter selbst fit und trainiert ebenfalls wichtige Muskulatur, die man zum dressurmäßigen Reiten brauchen wird.

Mithilfe einer Uhr trainiert man außerdem den Rechtsgalopp genauso lang wie den Linksgalopp, um das Pferd wirklich gleichmäßig zu belasten und damit der Geraderichtung einen großen Dienst zu erweisen. Nicht selten würde man ohne ein exaktes Zeitgefühl nämlich deutlich länger auf der Hand galoppieren, die einem leichter fällt. Oder man bliebe zu lange auf der Hand, mit der man begonnen hat und dann fehlt die Kondition für den zweiten Galopp, sodass man das Pferd auf der anderen Hand nur noch kurz galoppieren lässt. Steigern Sie also nach der Uhr gleichmäßig, nur jeweils um eine halbe Minute!

Trainingsplan Galoppminuten

Wenn Sie die Dauer des Reisegalopps allmählich verlängern möchten, empfehlen wir folgenden Plan:

Woche 1	
Tag 1	Zusätzlich zum Schritt- und Trabprogramm 2 Minuten Rechts- und 2 Minuten Linksgalopp in der Dauermethode
Tag 2	Schrittprogramm oder leichte Bewegung im Schritt und Trab (aktive Pause)
Tag 3	Zusätzlich zum Schritt- und Trabprogramm 2 Minuten Rechts- und 2 Minuten Linksgalopp in der Dauermethode
Tag 4	Pausentag
Tag 5	Zusätzlich zum Schritt- und Trabprogramm 2 Minuten Rechts- und 2 Minuten Linksgalopp in der Dauermethode
Tag 6	Schrittprogramm oder leichte Bewegung im Schritt und Trab (aktive Pause)
Tag 7	Zusätzlich zum Schritt- und Trabprogramm 2 Minuten Rechts- und 2 Minuten Linksgalopp in der Dauermethode

Woche 2	
Tag 1	Pausentag
Tag 2	Zusätzlich zum Schritt- und Trabprogramm 2,5 Minuten Rechts- und 2,5 Minuten Linksgalopp in der Dauermethode
Tag 3	Schrittprogramm oder leichte Bewegung im Schritt und Trab (aktive Pause)
Tag 4	Zusätzlich zum Schritt- und Trabprogramm 2,5 Minuten Rechts- und 2,5 Minuten Linksgalopp in der Dauermethode
Tag 5	Pausentag
Tag 6	Zusätzlich zum Schritt- und Trabprogramm 2,5 Minuten Rechts- und 2,5 Minuten Linksgalopp in der
Tag 7	Schrittprogramm oder leichte Bewegung im Schritt und Trab (aktive Pause)

Woche 3	
Tag 1	Zusätzlich zum Schritt- und Trabprogramm 3 Minuten Rechts- und 3 Minuten Linksgalopp in der Dauermethode
Tag 2	Pausentag
Tag 3	Schrittprogramm oder leichte Bewegung im Schritt und Trab (aktive Pause)
Tag 4	Zusätzlich zum Schritt- und Trabprogramm 3 Minuten Rechts- und 3 Minuten Linksgalopp in der Dauermethode
Tag 5	Pausentag
Tag 6	Schrittprogramm oder leichte Bewegung im Schritt und Trab (aktive Pause)
Tag 7	Zusätzlich zum Schritt- und Trabprogramm 3 Minuten Rechts- und 3 Minuten Linksgalopp in der Dauermethode

Woche 4	Alles wie Woche 2: In Woche 4 finden wichtige Anpassungsprozesse statt, es werden deshalb wieder weniger überschwellige Reize gesetzt
Tag 1	Pausentag
Tag 2	Zusätzlich zum Schritt- und Trabprogramm 2,5 Minuten Rechts- und 2,5 Minuten Linksgalopp in der Dauermethode
Tag 3	Schrittprogramm oder leichte Bewegung im Schritt und Trab (aktive Pause)
Tag 4	Zusätzlich zum Schritt- und Trabprogramm 2,5 Minuten Rechts- und 2,5 Minuten Linksgalopp in der Dauermethode
Tag 5	Pausentag
Tag 6	Zusätzlich zum Schritt- und Trabprogramm 2,5 Minuten Rechts- und 2,5 Minuten Linksgalopp in der
Tag 7	Schrittprogramm oder leichte Bewegung im Schritt und Trab (aktive Pause)

Woche 5	
Tag 1	Zusätzlich zum Schritt- und Trabprogramm 3,5 Minuten Rechts- und 3,5 Minuten Linksgalopp in der Dauermethode
Tag 2	Pausentag
Tag 3	Schrittprogramm oder leichte Bewegung im Schritt und Trab (aktive Pause)
Tag 4	Zusätzlich zum Schritt- und Trabprogramm 3 Minuten Rechts- und 3 Minuten Linksgalopp in der Dauermethode
Tag 5	Pausentag
Tag 6	Schrittprogramm oder leichte Bewegung im Schritt und Trab (aktive Pause)
Tag 7	Zusätzlich zum Schritt- und Trabprogramm 3 Minuten Rechts- und 3 Minuten Linksgalopp in der Dauermethode

Woche 6	
Tag 1	Pausentag
Tag 2	Schrittprogramm oder leichte Bewegung im Schritt und Trab (aktive Pause)
Tag 3	Zusätzlich zum Schritt- und Trabprogramm 4 Minuten Rechts- und 4 Minuten Linksgalopp in der Dauermethode
Tag 4	Pausentag
Tag 5	Schrittprogramm oder leichte Bewegung im Schritt und Trab (aktive Pause)
Tag 6	Zusätzlich zum Schritt- und Trabprogramm 4 Minuten Rechts- und 4 Minuten Linksgalopp in der Dauermethode
Tag 7	Pausentag

Woche 7	
Tag 1	Schrittprogramm oder leichte Bewegung im Schritt und Trab (aktive Pause)
Tag 2	Zusätzlich zum Schritt- und Trabprogramm 4,5 Minuten Rechts- und 3 Minuten Linksgalopp in der Dauermethode
Tag 3	Pausentag
Tag 4	Schrittprogramm oder leichte Bewegung im Schritt und Trab (aktive Pause)
Tag 5	Zusätzlich zum Schritt- und Trabprogramm 4,5 Minuten Rechts- und 3 Minuten Linksgalopp in der Dauermethode
Tag 6	Pausentag
Tag 7	Schrittprogramm oder leichte Bewegung im Schritt und Trab (aktive Pause)

Dieser Trainingsplan bezieht sich rein auf die sinnvolle Steigerung der Galoppminuten und die entsprechenden Regenerationspausen. Koordinations- und Grundlagenausdauertraining werden nicht explizit hier ausgeführt. Mehr Informationen zur Trainingsplanung gibt es in unserem Onlineseminar Trainingsplanung und Exterieur. (Siehe QR-Code)
Im Reisegalopp soll und darf dann tatsächlich die Ermüdung einsetzen.

Es handelt sich dabei (zumindest für die typischen Freizeit- und Dressurpferde) um einen überschwelligen Trainingsreiz. Um den beanspruchten Strukturen wie etwa den Sehnen und Bändern genügend Zeit zur Regeneration zu geben, sollte das Galopptraining nur jeden dritten Tag ausgeführt werden. In den Tagen dazwischen können Sie je nach Ausbildungs- und Trainingszustand Ihr Pferd natürlich auch reiten oder longieren, aber dann entweder ohne Galopp oder allenfalls mit einzelnen Galoppübergängen. Hinsichtlich der Trainingsplanung ist außerdem wichtig zu wissen: Um einen Fortschritt zu erzielen, muss das Galopptraining mindestens zweimal pro Woche stattfinden.

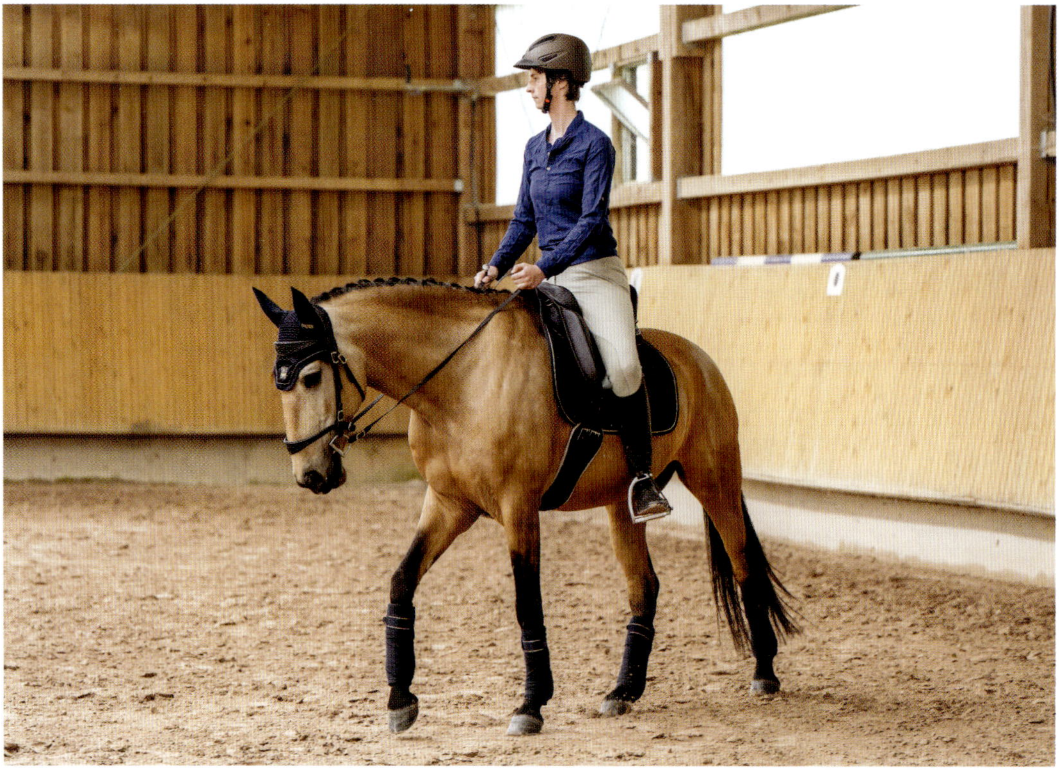

Schrittpausen sind ideal zwischen den Galoppreprisen.

Gehen Sie beispielsweise mittwochs auf den Springplatz und galoppieren Sie Samstag oder Sonntag im Gelände. Wer nur einmal pro Woche galoppieren geht, wird keinen merklichen Fortschritt erzielen.

Pause im Schritt oder Halten

Wie wir im letzten Kapitel beschrieben haben, ist in jeder Phase des Galoppsprungs der *M. quadriceps femoris* aktiv, außerdem werden die Hosenmuskeln beansprucht. Die Oberschenkel des Pferdes werden also während des Reisegalopps hervorragend trainiert, benötigen nach einer längeren Galoppreprise aber eben auch eine Pause.

Diese Pause präferieren manche Pferde im Schritt, andere erholen sich sogar besser im Stand. Die Erklärung ist simpel: Im Schritt beruhigt sich nach anstrengender Arbeit die Atmung besser und der Kreislauf kommt physiologischer „runter“.

Im Stand kann das Pferd im Gegensatz zu uns Menschen den passiven Stehmechanismus der Hinterbeine nutzen: Dabei wird die Kniescheibe über den mittleren Rollkamm des Oberschenkelknochens gezogen und das Hinterbein arretiert sich in einer ermüdungsfreien Streckung – die

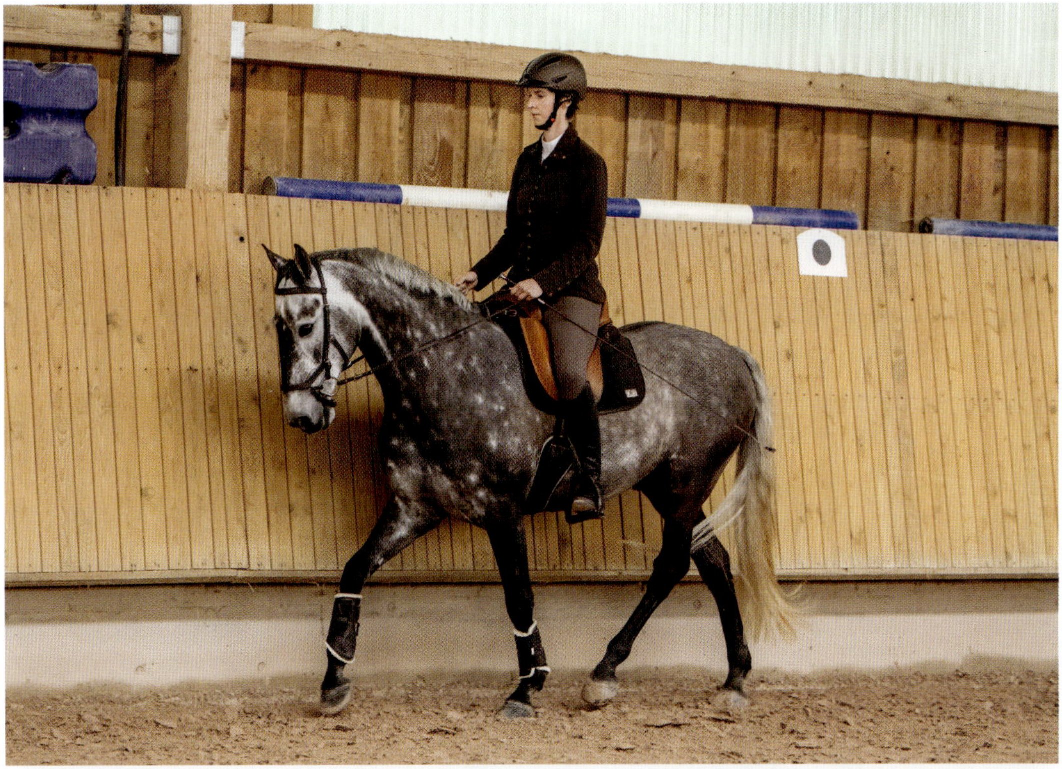

Die Losgelassenheit des Arbeitstrabs vor dem Galopp ist entscheidend für einen guten Übergang.

Hosen und der Quadrizeps haben „Pause“, das andere Hinterbein wird gegebenenfalls entlastet wie in der Ruhehaltung. Sinnvoll ist, den Puls zu überprüfen – je schneller die Herzfrequenz sinkt, desto weniger anstrengend war der Reiz und/oder desto fitter ist das Pferd.

Übungen für und mit Galopp in der Grundausbildung

Sobald ein Pferd in der Praxis grundsätzlich mit Reiter im Sattel in natürlicher Haltung galoppieren kann, kann der Reiter nun beginnen, auf den Galopp auch tatsächlich einzuwirken. Das Pferd hat durch die vorangegangene Arbeit ein wenig Übung im Tragen eines passiv und entlastend sitzenden Reiters im Galopp und die entsprechenden Strukturen dafür bereits etwas trainiert.

Im Rahmen der klassischen Grundausbildung erarbeiten wir nun Übergänge und einfache Tempounterschiede im Galopp sowie Wendungen und Kombinationen zwischen Galoppreprisen und weiteren lösenden Lektionen. Im Folgenden stellen wir Ihnen aufeinander aufbauende Übungen für die Praxis vor.

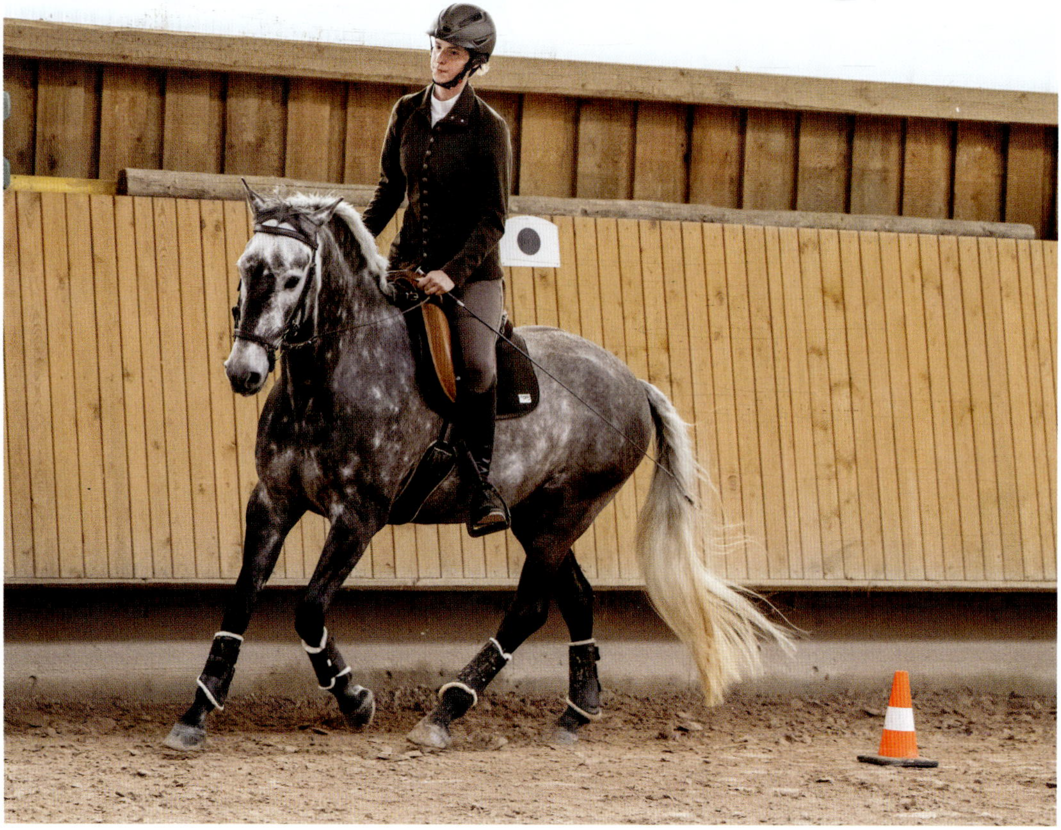

Die Trab-Galopp-Übergänge werden genau an den Pylonen geritten.

Trab-Galopp-Übergänge

Dressurmäßig korrekte Übergänge zwischen den Gangarten Trab und Galopp erfordern sowohl vom Pferd als auch vom Reiter bereits ein erhöhtes Maß an myofaszialer Koordination (das Zusammenspiel zwischen Muskulatur und Sehnen/Bindegewebe) und stellen gleichzeitig ein ideales Training derselben dar.

Bevor man gezielte Übergänge trainieren kann, ist es deswegen also wichtig, die Gangarten an sich bereits so sicher zu beherrschen, dass Takt, Losgelassenheit und auch die Anlehnung zwischen den Übergängen zumindest hinreichend vorhanden sind.

Aus demselben Grund folgt die Erarbeitung dressurmäßiger Trab-Galopp-Übergänge in der Trainingsreihenfolge auch nach dem Reisegalopp. In diesen durfte das Pferd ja mittels Stimmhilfe ganz unspektakulär hineinfallen, während der Reiter im leichten Sitz nicht gestört hat –

und danach durfte es gänzlich unversammelt wieder zurück in den Trab kommen. In der weiteren Grundausbildung möchten wir nun aber im Dressursitz und gezielt am Punkt angaloppieren und möglichst geschlossen wieder bewusst in den Trab parieren. Mehrfach hintereinander ausgeführt wirken Trab-Galopp-Trab-Übergänge in der Praxis bei vielen Pferden sehr schön lösend, sodass sich im Laufe mehrerer Wiederholungen die Rückentätigkeit und die Anlehnung immer weiter verbessern.

Übergänge auf dem Zirkel

Wir beginnen auf dem Zirkel (20 Meter Durchmesser) im Leichttraben. Die sanft gebogene Linie des Zirkels erfordert korrekt geritten ja bereits einen leichten Drehsitz: Einen imaginären Strahler, der aus Ihrem Bauchnabel leuchtet, richten Sie immer eine Viertel-Zirkelrunde voraus auf den Weg, den Sie gleich reiten werden. Ihr innerer Schenkel liegt bei korrekter Drehung mit senkrechtem Unterschenkel vorne am Gurt, der äußere ist aus der Hüfte heraus wenige Zentimeter zurückgenommen und liegt eine Handbreit hinter dem Gurt. Die Schenkellage im Drehsitz und zum Angaloppieren ist dieselbe, deswegen ist der Zirkel die optimale Vorbereitung, um sich selbst richtig zu platzieren.

Zur Vorbereitung des Angaloppierens sitzen Sie an jedem der vier Zirkelpunkte (bei C, bei X und jeweils bei den beiden Punkten) für einige Trabtritte aus, um danach wieder ins Leichttraben zu wechseln. Durch korrekt ausgeführte Wechsel der Sitzformen wird sich Ihr Pferd im ausgesessenen Trab bereits ein wenig aufrichten und Sie bereiten sich beide auf den Galopp vor.

Lässt Ihr Pferd Sie in diesen wenigen ausgesessenen Trabtritte gut sitzen, strecken Sie Ihren Sitz bewusst durch, ohne mit den Beinen zu klemmen (siehe Sitzübung „Schenkelerneuern“ in Teil II) und geben Sie danach die Galopphilfe.

Atmen Sie bewusst ein, wobei sich Ihr Brustbein nach vorne-oben anheben soll. Lassen Sie Ihren inneren Schenkel bewusst nach vorne-unten durchfedern (vielleicht spüren Sie sogar, wie Ihre flache Wade gegen den Strich des Pferdefells gleitet) und treiben Sie in dem Moment des abfußenden äußeren Hinterbeins. Ihre Hüften vollziehen dabei eine Bewegung wie im „Pferdchensprung“ (siehe Übung in Teil II).

Geben Sie im ersten Galoppsprung mit dem inneren Zügel nach, um das innere Beinpaar des Pferdes ungehindert nach vorne greifen zu lassen und halten Sie konstante, weiche Führung am äußeren Zügel. Der Pferdehals soll dabei vor allem im Bereich des Halsansatzes annähernd gerade bleiben. Eine leichte Genickstellung nach innen ist korrekt, aber ein zu weit nach innen gezogener

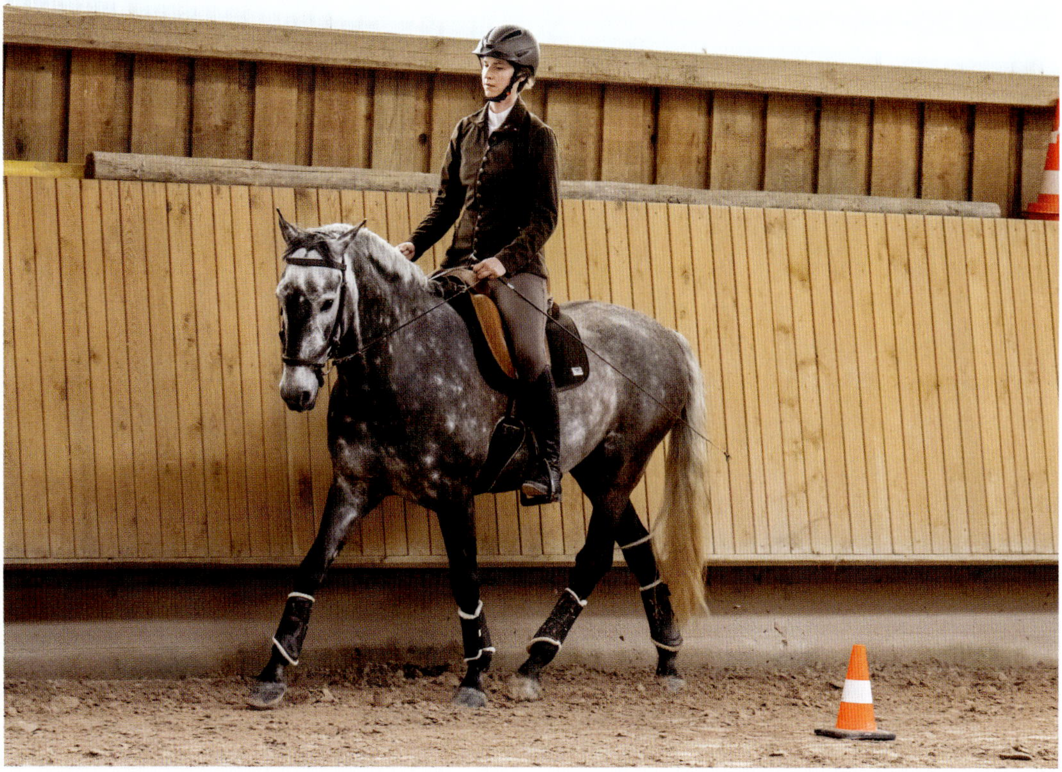

Denken Sie an der Pylone daran, den Trab zu beginnen, nicht den Galopp zu beenden.

Pferdehals würde das korrekte Angaloppieren verhindern (mehr dazu in unserem Buch „Biegung").

Hilfengebung

Bleiben Sie zunächst so lange im Galopp, bis Takt, Losgelassenheit und Anlehnung so gut sind, wie es Ihrem aktuellen Ausbildungsstand entspricht und bereiten Sie dann die Parade in den Trab vor. Losgelassen in den Trab wechseln zu können, ist, wie bei allen Übergängen, eine Frage des Sitzes. Strecken Sie diesen vor dem Übergang noch einmal durch (siehe Sitzübung „Schenkelerneuern" in Teil II), atmen Sie dann bewusst aus und lassen Sie Ihr Kreuzbein nach hinten-unten sinken (wie in der Sitzübung „Kameltreibersitz" aus Teil II). Diese Gewichtshilfe bildet den Hauptbestandteil der Parade. Schließen Sie die Daumen Ihrer aufrecht getragenen Zügelfäuste, ohne die Hand als solche zu bewegen. Drücken Sie dazu also Ihre Daumen jeweils auf das erste Zeigefingerglied Ihrer Faust. Sobald Sie spüren, dass Ihr Pferd in den Trab wechseln wird, entspannen Sie Ihre Daumen und damit die Muskeln in Ihren Unterarmen wieder. Geben Sie dadurch während des Übergangs in den Trab bereits nach und strecken Sie auch im Trab Ihren Sitz nochmals bewusst durch. Umrahmen Sie Ihr Pferd mit langen Beinen und flachen Waden und reiten Sie es auf diese Art ohne ausdrücklichen Schenkel*druck*, aber eben doch mit einem weich federnden Impuls in den Trab hinein. Oft hilft auch die Bewegungsvorstellung, in der Parade mit dem Trab zu beginnen (nicht den Galopp zu bremsen). Sitzen Sie also bewusst „für Trab", stellen Sie sich die Trabbewegung in Ihrem Becken vor und nehmen Sie das Pferd so über Ihren Sitz mit in die neue Gangart.

Übergänge am Punkt

Erfahrungsgemäß ist das Angaloppieren anfangs am leichtesten zur geschlossenen Zirkelseite, also zwischen X und dem Zirkelpunkt an der Bande. Mit etwas Übung sollte es jedoch an jedem beliebigen Punkt des Zirkels gelingen, sodass Sie die Übung A reiten können: Dazu galoppieren Sie jeweils genau eine halbe Zirkelrunde, um anschließend eine Dreiviertel-Zirkelrunde zu traben und wieder eine halbe Runde zu galoppieren. Dadurch verschiebt sich der Punkt des Angaloppierens jedes Mal, sodass das

ÜBUNG A:
Halbe-Dreiviertel-Runde

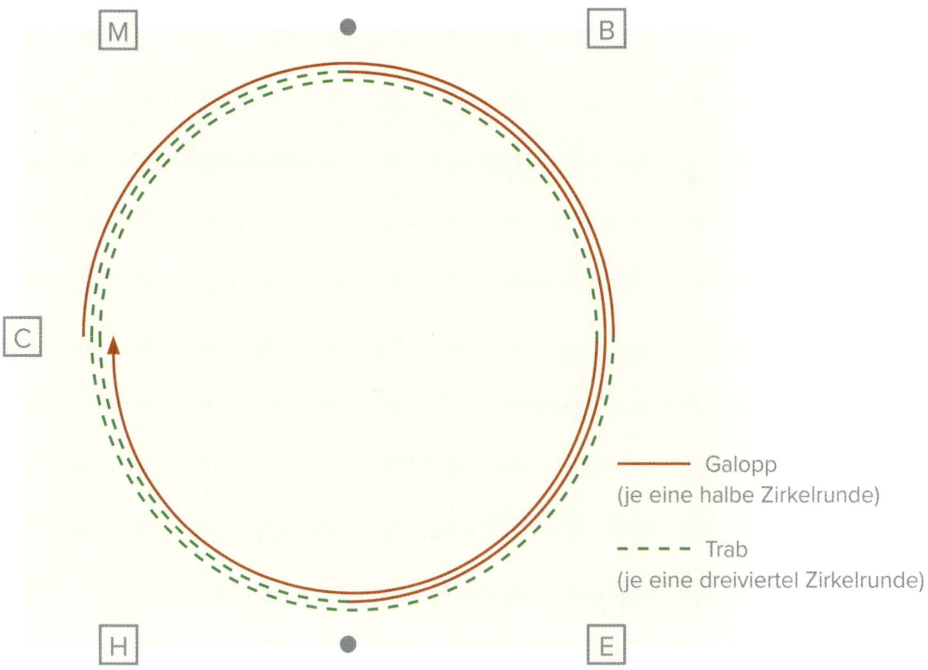

Pferd keine Hilfen vorwegnehmen kann und die Trabdauer bleibt höher als die Galoppdauer, was einem möglichen „Heißwerden“ vorbeugt.

Ziel ist es, immer dann in der neuen Gangart angekommen zu sein, wenn Ihr Knie neben dem geplanten Punkt ist. Damit das klappt, müssen Sie die Übergänge jeweils ein klein wenig vorher vorbereiten. Das schult vor allem Ihr reiterliches Gefühl, also Ihr Gespür dafür, in welcher Dosierung und mit welchem Timing Sie Ihre Hilfen geben müssen und wie viel Zeit das individuelle Pferd dann für die Umsetzung benötigt, um wirklich am geplanten Punkt die Gangart zu wechseln.

Dieses reiterliche Gefühl bildet sich in der Praxis im Laufe zahlreicher Wiederholungen. Je nach Pferd, Ausbildungsstand, Tagesform und Durchlässigkeit des Pferdes kann es sein, dass Sie bereits drei Meter vor der gewünschten Stelle den Übergang vorbereiten müssen, damit er am Punkt klappt. Je gekonnter Sie einwirken und je weiter Ihr Pferd ausgebildet ist, desto kürzer die Vorbereitungszeit. Irgendwann reicht Ihnen ein Meter Vorbereitung, irgendwann nur noch das bewusste Ein- oder Ausatmen für den Übergang.

Auslösende Schenkelhilfe innen oder außen?

Ob und warum man den ersten Galoppsprung mit dem inneren oder äußeren Schenkel auslösen sollte, ist eine strittige Frage. Je nach Reitweise und angestrebtem Ziel kann das variieren.

Die wichtigste Hilfe ist auch beim Angaloppieren wie immer die Gewichtshilfe. An der Stellung des eigenen Beckens hängt unter anderem auch die Schenkellage: Der innere Schenkel gehört mit senkrechtem Unterschenkel vorne an den Gurt, der äußere (Ober-) Schenkel aus der Hüfte heraus zurückgenommen eine Handbreit hinter den Gurt in verwahrende Position. Und welches Bein treibt nun?

Für das Auslösen des Galopps mit dem äußeren Schenkel spricht die Tatsache, dass das Pferd den Galoppsprung ja auch mit dem abschiebenden äußeren Hinterbein beginnt – also warum nicht folgerichtig diesem sagen, dass es in den Galopp anspringen soll. In vielen Arbeitsreitweisen wird das in der Praxis auch so ausgebildet. Doch das Angaloppieren rein über ein „Antippen“ mit dem äußeren Schenkel hat auch Nachteile:

Diese kann nämlich – gerade bei gut ausgebildeten Pferden – dazu führen, dass das Pferd die Kruppe hereinnimmt und dann in einer Art Traversgalopp angaloppiert. Zunächst ist das auch nichts Schlimmes, denn aus dem Travers findet ein Pferd sogar umso leichter den gewünschten Handgalopp, also wird auch das traversartige Anspringen in vielen Arbeitsreitweisen toleriert oder sogar forciert.

Gemäß der klassischen Lehre ist das aber falsch. Wir wünschen uns ein Pferd, welches „auf Linie", in sich gerade und eben **nicht** kruppehereinartig anspringt. Fußen die Hinterbeine gerade in Bewegungsrichtung, ist das Angaloppieren trainingsphysiologisch nämlich deutlich gewinnbringender hinsichtlich Schub- und Tragkraft, die dann „in Richtung des Schwerpunkts" fließen statt daran vorbei. Eine Traversstellung im Zusammenhang mit vorwärtstreibenden Hilfen wäre ein fälschliches Schiefwerden, als Ausweichbewegung zu werten und eben nicht geraderichtend.

Auch im Hinblick auf die weitere Ausbildung bezüglich fliegender Galoppwechsel ist es ungünstig, eine traversartige Galopphilfe zu etablieren. Damit kann man Pferde zwar rein funktional relativ einfach Umspringen lassen, in dem man die Hinterhand herumwirft, aber aus diesem Bewegungsmuster werden keine klassischen, geraden, durchgesprungenen fliegenden Wechsel werden.

Als Gegenspieler für den äußeren Schenkel benötigen wir also unbedingt auch den inneren Schenkel, der das Pferd gerade und vor dem Reiter behält. Nach deutscher Reitlehre ist der Auslöser des Galopps der innere Schenkel, während der äußere nur zurückgelegt wird, aber eben nicht aktiv treibt.

Und in der Praxis? Da ist es vor allem eine Frage des Timings. Ich lege meinen äußeren Schenkel kurz vor dem Abfußen des äußeren Hinterbeins zurück – und zwar je nach Pferd mehr oder weniger aktiv, und treibe dann einen Moment später deutlich mit dem inneren Schenkel als Auslöser des Galopps. Dieser vorwärtstreibende Impuls innen mindert ein etwaiges Schiefwerden des Pferdes durch den äußeren Schenkel ab.

Und dann zählt das Ergebnis: Springt ein Pferd gerade, aber etwas schleppend an, darf es ein Hauch mehr vom äußeren Schenkel sein, und zwar im besagten Moment des Abfußens, also in der hinteren Stützbeinphase. Wird ein Pferd aber auch nur ansatzweise schief, dann muss sich der äußere Schenkel zurückhalten und der innere deutlicher treiben. Stellen Sie sich vor, Ihr äußerer, zurückgelegter Schenkel macht keinen Druck, sondern sogar Sog – und zieht damit die Hinterhand geradeaus unter sich, nicht ins Bahninnere.

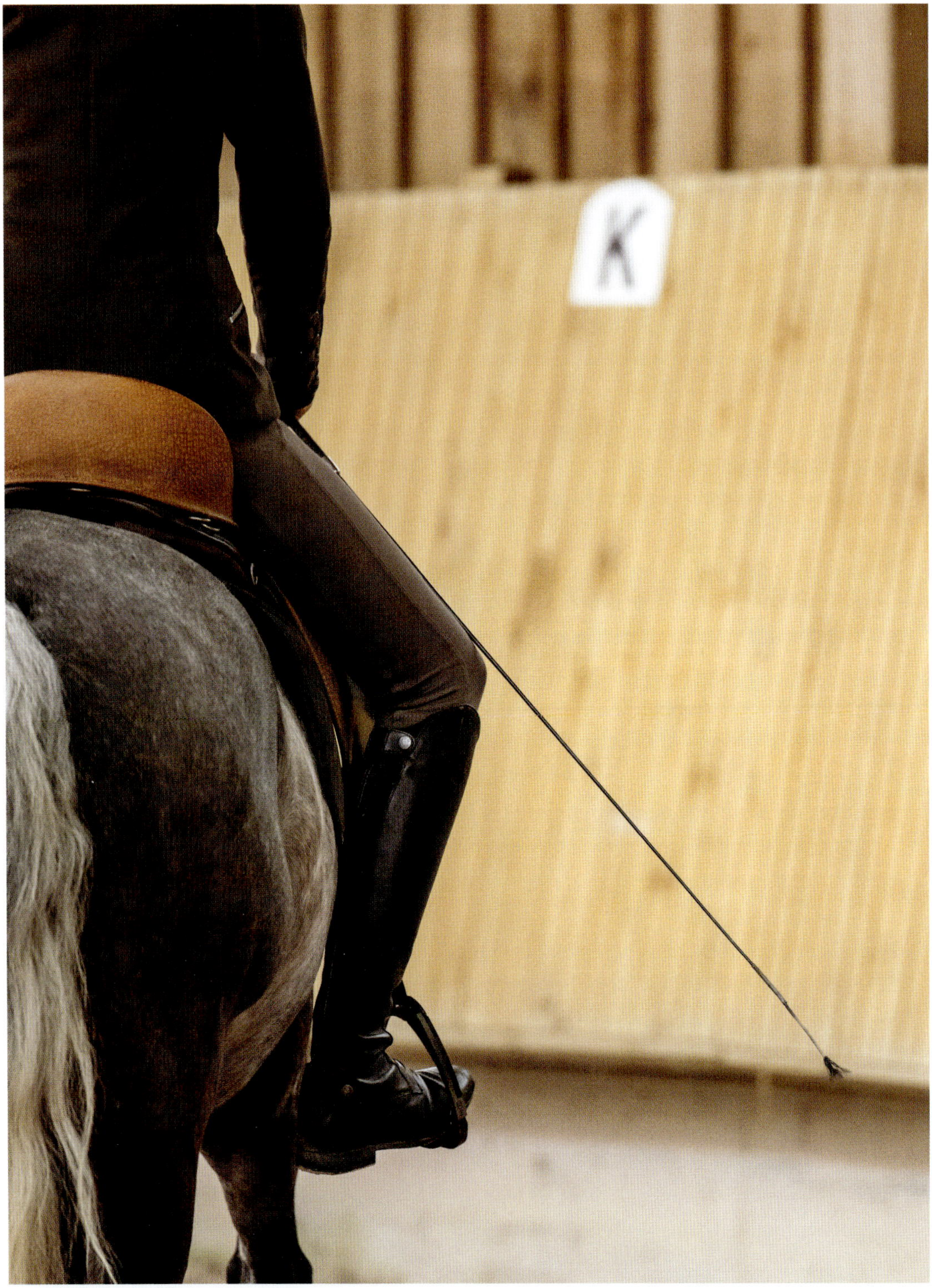

Durch die ganze Bahn wechseln: Das Pferd soll am Hufschlag ankommen, sobald das Knie des Reiters sich auf Höhe des Wechselpunkts (in diesem Fall K) befindet.

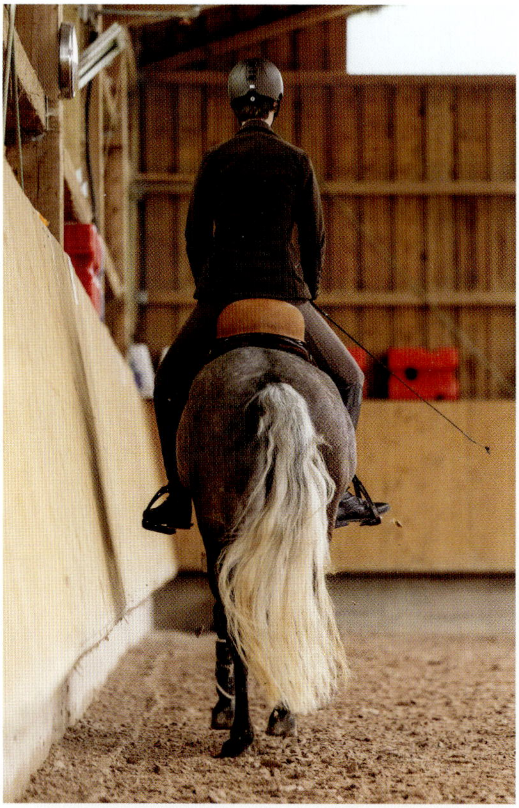

An der langen Seite sollte das Pferd in sich gerade galoppieren, nicht traversartig.

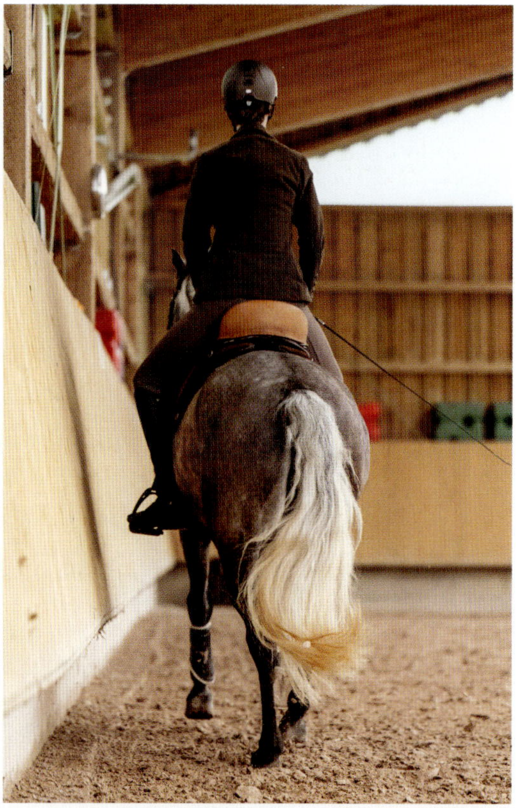

Traversartiger Galopp – so nicht.

Durch die ganze Bahn wechseln und Galopp-Trab-Übergänge

Gelingt die Übung A (Galopp-Trab-Übergänge auf der Zirkellinie), bietet sich als nächste Übung das fortlaufende Durch-die-ganze-Bahn-Wechseln mit Übergängen auf der Wechsellinie an. Reiten Sie dazu zunächst die bekannte Hufschlagfigur „Durch die ganze Bahn wechseln" im Trab mehrfach hintereinander und achten Sie darauf, die Ecken wirklich auszureiten und die Wechselpunkte exakt zu treffen. Es gilt als richtig und ist für die folgende Übung wichtig, dass Sie den ersten Wechselpunkt, beispielsweise K, genau dann verlassen, wenn Ihr Knie sich neben dem Punkt befindet. Ihr Pferd sollte am gegenüberliegenden Wechselpunkt wieder auf dem Hufschlag sein, wenn sich Ihr anderes Knie neben dem Buchstaben, in unserem Beispiel M, befindet. Dazu müssen Sie zwischen den Ohren des Pferdes hindurch die Bande etwa ein bis zwei Meter vor dem gewünschten Punkt anpeilen, sodass Sie wirklich früh genug an der Bande sind und neben dem Wechselpunkt dann schon wieder geradeaus in die folgende Ecke hineinreiten. Das ist wichtig, damit Sie nachher genü-

ÜBUNG B:
Durch die ganze Bahn wechseln mit Pylonen an den Wechselpunkten und Trab auf der Diagonalen.

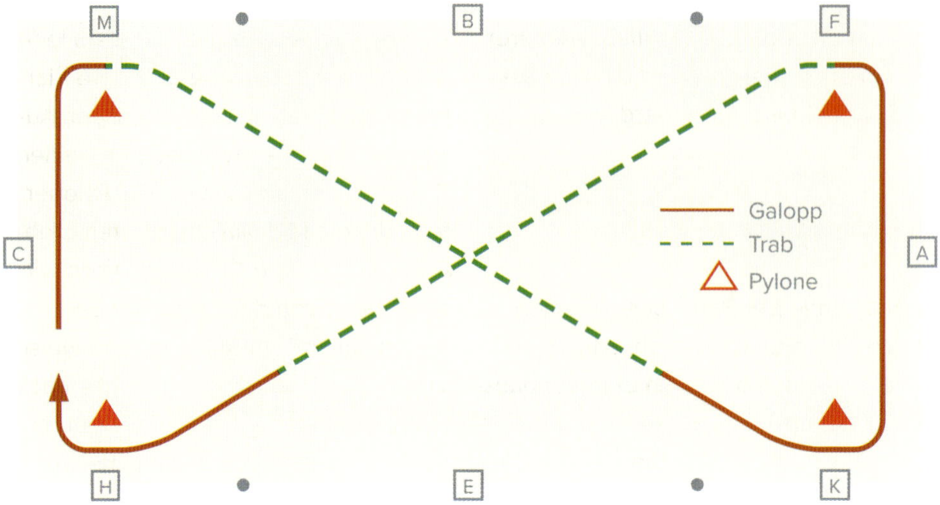

gend Zeit für eine sinnvolle Vorbereitung der Galoppübergänge haben.

Stellen Sie sich zur optischen Unterstützung vier Pylonen jeweils neben die Wechselpunkte M, K, H und F, sodass Sie tatsächlich exakt zwischen Pylone und Wand entlangreiten (siehe Grafik der Übung B). Kommen Sie lieber etwas vor dem Wechselpunkt an der Bande an als danach. Nun nehmen wir den Galopp dazu: Galoppieren Sie Ihr Pferd auf der Wechsellinie, kurz vor Erreichen des Hufschlags an und galoppieren Sie es um die kurze Seite herum bis kurz vor den nächsten Wechselpunkt, wo Sie zum Trab parieren und dann direkt mittels äußerer Hilfen den Hufschlag wieder verlassen und auf die Wechsellinie abwenden. Machen Sie Ihr Pferd bewusst gerade und stellen Sie es zwischen X und dem nächsten Wechselpunkt um, um dann bereits vor Erreichen der Bande wieder im neuen Handgalopp anzugaloppieren. Letztlich traben Sie immer die Diagonale und galoppieren die kurzen Seiten der Reitbahn.

Bei dieser Übung wechselt man nicht nur fortlaufend die Hand, sondern auch ständig zwischen Trab und Rechts- sowie Linksgalopp. Dadurch ist die Übung bereits deutlich anspruchsvoller zu reiten als die vorherige, da der Reiter immer wieder aus dem Sitz heraus umstellen und die Schenkel umlegen muss. Die Übung hat das Geraderichten sowohl des Reiters als auch des Pferds zum Ziel und wirkt typischen Fehlern wie dem Einknicken in der inneren Hüfte und dem Ausfallen über die äußere Schulter entgegen. Das Timing der Hilfen wird zunehmend verbessert und etwas gemütlichere Charaktere werden von dieser Übung meist deutlich munterer. Diese Übung fördert daher die Losgelassenheit von Mensch und Pferd.

Durch die Länge der Bahn

Auch die Länge der Bahn ist eine schöne, oft zu wenig genutzte Hufschlagfigur, anhand derer man bereits in der Grundausbildung abwechslungsreiche Übungen für und mit Galopp gestalten kann. Reiten Sie zunächst fortlaufend Wechsel durch die Länge der Bahn, also eine schöne gerade Linie zwischen A und C, und wenden Sie bei C mal auf die linke und mal auf die rechte Hand ab. Diese Übung eignet sich übrigens auch gut für Gruppenreitstunden mit bis zu vier Teilnehmern, da sich die Gruppe gut verteilen kann, indem jeder bei A immer in die jeweils andere Richtung abwendet, als der Vorgänger. Auf die Verbindungslinie zwischen den beiden Zirkelpunkten stellen wir zwei Pylonentore, die die Mittellinie flankieren (siehe Grafik von Übung C). Nun nehmen wir ausgehend von der Länge der Bahn Volten hinzu: Reiten Sie beispielsweise vom ersten Pylonentor eine Volte nach links zwischen Pylone und Zirkelpunkt, dann weiter geradeaus die Mittellinie entlang. Am zweiten Pylonentor reiten Sie eine Volte nach rechts zwischen Pylone und Zirkelpunkt und dann weiter die Mittellinie entlang. Nach dem Abwenden

ÜBUNG C:
Mittellinie mit Volten und Galopp an den langen Seiten

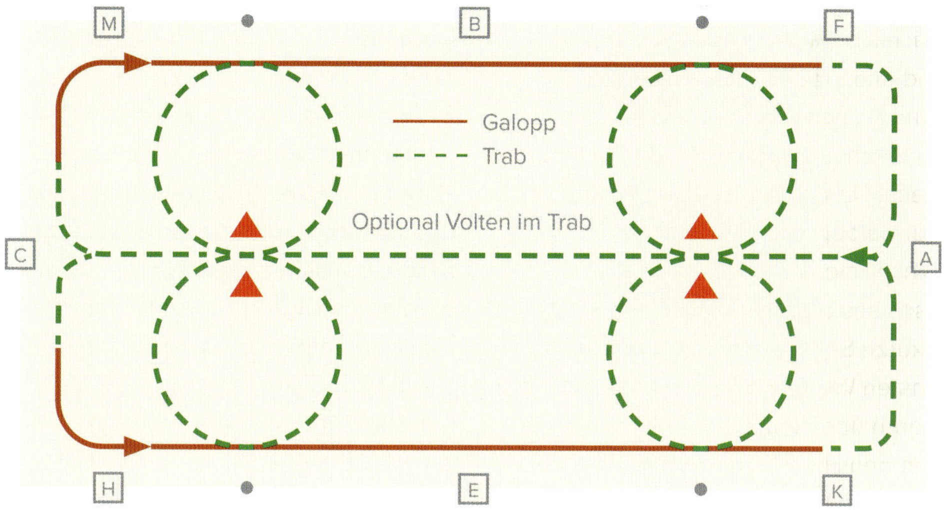

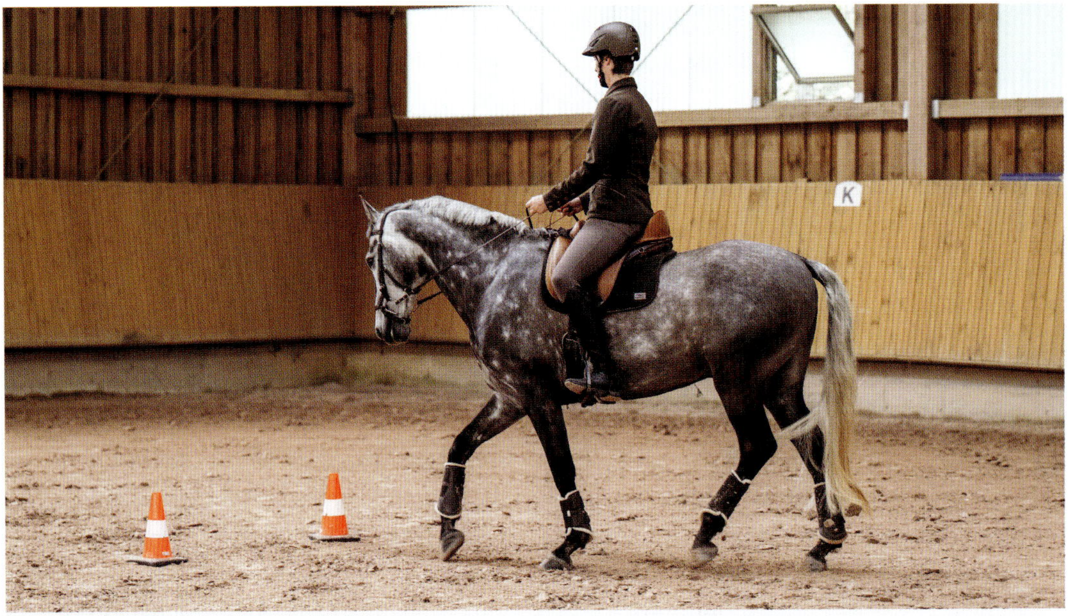

Das Pylonentor markiert die Mittellinie.

galoppieren Sie in der Ecke nach C jeweils im Handgalopp an und galoppieren die lange Seite zurück in Richtung A. Parieren Sie vor der nächsten Ecke wieder in den Trab und reiten Sie die Ecke besonders gut aus, bevor Sie bei A direkt wieder auf die Mittellinie abwenden und erneut mit den Volten beginnen und bei Erreichen der kurzen Seite dann in die andere Richtung abwenden, um wiederum in der Ecke anzugaloppieren. So wechseln Sie jedes Mal zwischen Trab und Rechtsgalopp und Trab und Linksgalopp.

Die Hauptgangart in dieser Übung ist der Trab. Reiten Sie ganz gezielt wirklich runde Volten im Wechsel mit kerzengeraden Strecken auf der Mittellinie. Der Wechsel zwischen gebogenen und geraden Linien trainiert und verbessert nämlich auch hier einerseits die Hilfengebung des Reiters, aber auch das Wechselspiel zwischen ventraler und dorsaler Muskelkette* des Pferdes und bildet damit die ideale Vorbereitung für ein gutes, geschlossenes Angaloppieren. Gelingen Ihnen einzelne Volten, können Sie bei den beiden Pylonentoren auch zwei Volten hintereinander hängen und so jeweils eine Acht zwischen den beiden Zirkelpunkten reiten. Das hilft, Ihr Pferd noch besser zu schließen und das Zusammenspiel zwischen Ihren inneren und äußeren Hilfen zu verbessern. Beides sind wichtige Voraussetzungen für einen guten Galopp.

* Die ventrale Muskelkette beugt die Wirbelsäule: dazu zählen unter anderem die Bauchmuskeln und der *M. longus colli* unterhalb der Halswirbelsäule. Die dorsale Muskelkette streckt die Wirbelsäule. Dazu zählen die Muskeln der Oberlinie (Oberhals- und Rückenmuskeln).

Sprünge verlängern

In der nächsten Übung wollen wir nun die Galoppsprünge ausgehend von dem bisher gerittenen Arbeitstempo ein wenig verlängern. Dabei geht es in der Grundausbildung noch nicht um eine imposante Tempoverstärkung, sondern zunächst einmal nur um das willige Annehmen der vorwärtstreibenden Hilfen. Als Hufschlagfigur wählen wir den Mittelzirkel. Galoppieren Sie zunächst einen runden Zirkel und orientieren Sie sich dabei an den vier Punkten: B, E und jeweils der Verbindungslinie zwischen den beiden Zirkelpunkten. Markieren Sie sich den Mittelzirkel ruhig auch einmal mit vier Pylonen wie in der Abbildung ersichtlich, um sich selbst zu kontrollieren und die Linie korrekt einzuhalten.

Der geraderichtende Aspekt der folgenden Tempounterschiede basiert nämlich vor allem darauf, dass das Pferd dabei zu keiner Seite schief wird, also weder kruppehereinartig ins Zirkelinnere drängt, noch nach außen von der Linie wegdriftet. Wir verlängern die Galoppsprünge an allen vier Zirkelpunkten. Dazu atmen Sie kurz vor dem gewünschten Punkt (beispielsweise E) bewusst ein und bewegen Ihr Brustbein wenige Millimeter nach

Das Anheben des Brustbeins, hier deutlich fürs Foto demonstriert.

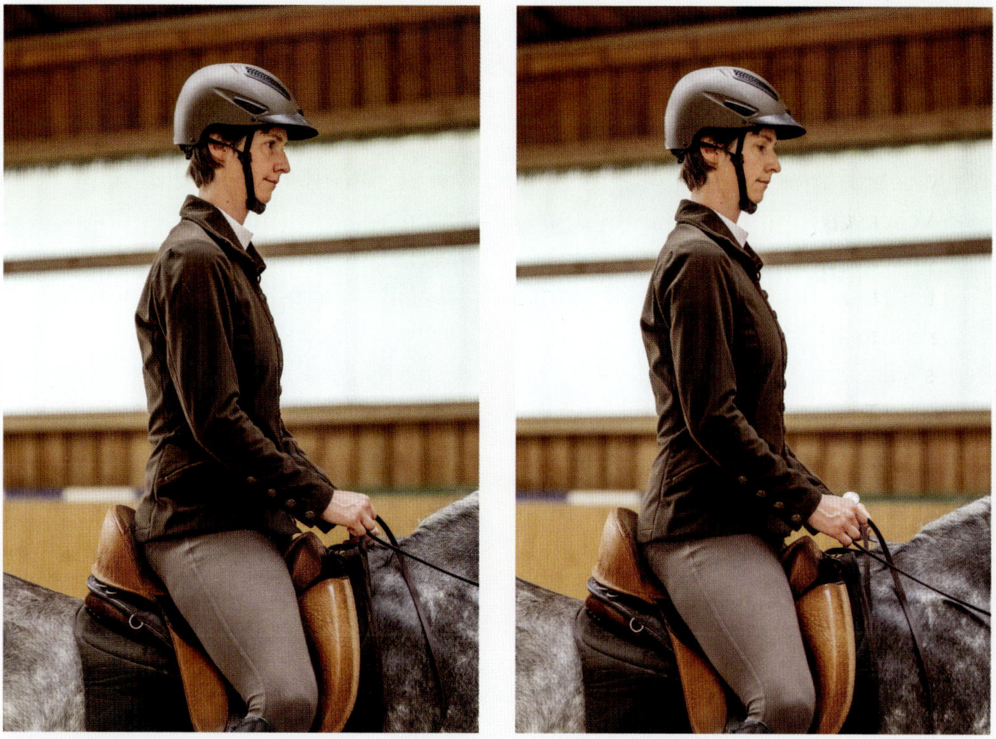

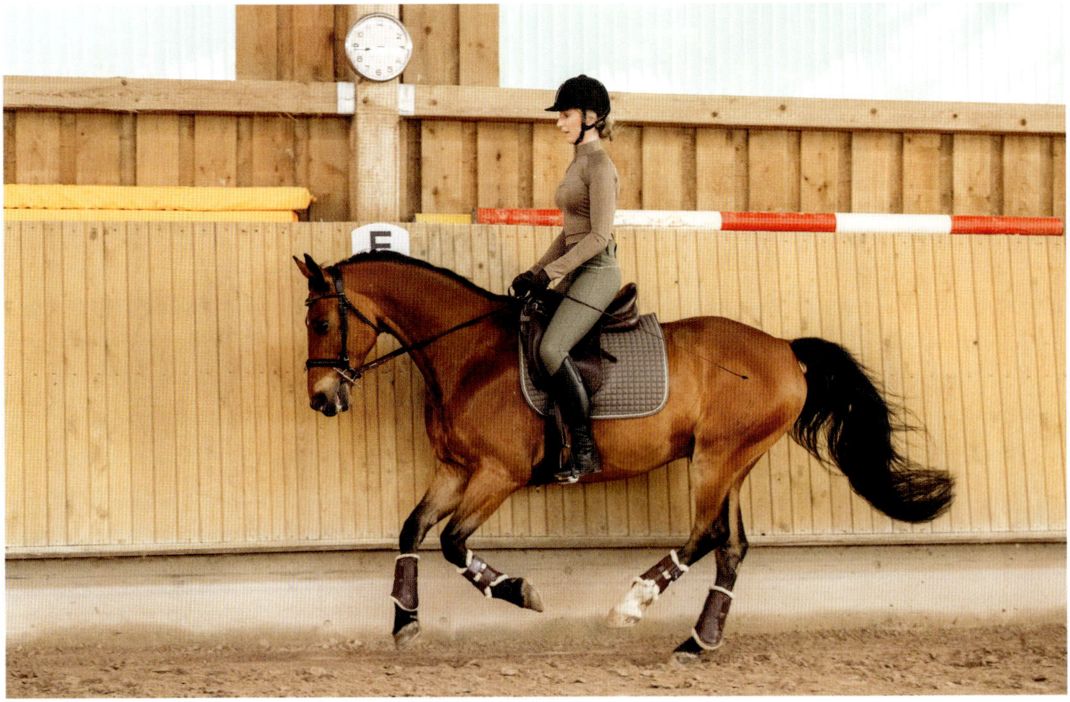

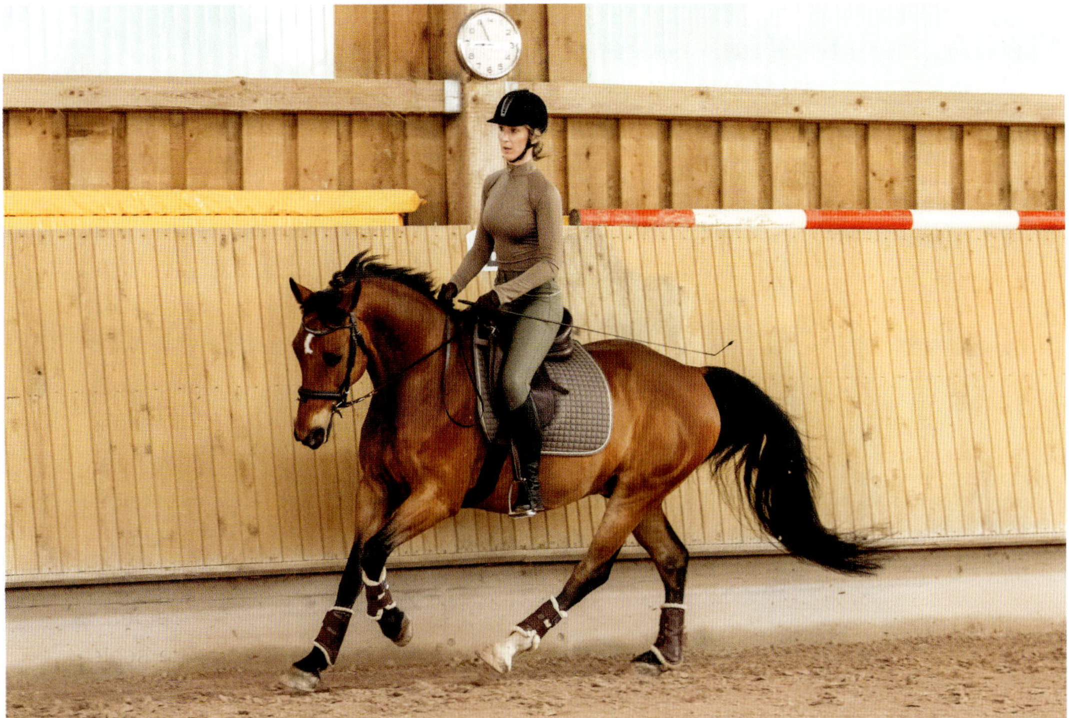

Die Galoppsprünge sollten unaufwändig zu verlängern sein.

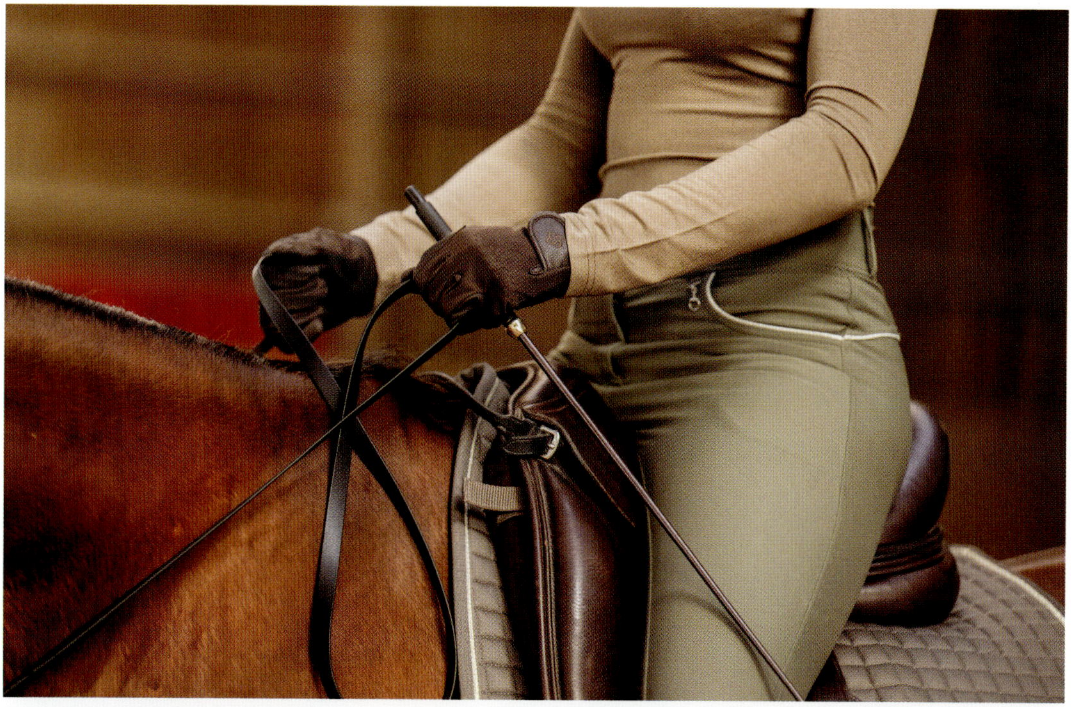

Nur bei korrekter Gertenhaltung kann die Gertenhilfe fein und zeitnah erfolgen.

vorne. Treiben Sie mit beiden Unterschenkeln, indem Sie den Schwung jedes Galoppsprungs etwas betonter durch Ihr Knie- und Fußgelenk nach unten herausfedern. Es ist richtig, wenn Sie dabei eine ganz leichte Tendenz in Richtung Entlastungssitz entwickeln, also bewusst nach vorne mit in die Bewegung sitzen. Ihr Oberkörper darf bei der nun folgenden Vorwärtsreaktion des Pferdes nämlich keinesfalls hinter die Senkrechte kommen, denn damit würden Sie hinter der Bewegung sitzen und die Rückentätigkeit des Pferdes stören.

Sobald Sie spüren, dass Ihr Pferd einen Galoppsprung vergrößert, also die treibende Sitz- und Schenkelhilfe annimmt, sitzen Sie sofort wieder passiv, das heißt „normal", ohne noch mal explizit zu treiben. Ihr Pferd wird daraufhin die Galoppsprünge ganz entspannt wieder etwas verkleinern, da der Vorwärtsimpuls sozusagen langsam verebbt. Bereits eine Viertelzirkelrunde später lösen Sie jedoch erneut das Zulegen, also ein bis zwei verlängerte Galoppsprünge, aus. So fragen Sie pro Zirkelrunde viermal das vermehrte, große Durchspringen Ihres Pferdes an und lassen es bei korrekter Reaktion aber sofort wieder in Ruhe. Durch den Wechsel zwischen Treiben und dann wieder betontem Nicht-Treiben erreichen Sie sanfte Tempounterschiede, ohne das Grundtempo insgesamt anzuheben. Der Fleiß des Pferdes wird verbessert, der Galopp nach und nach immer besser durchgesprungen und die Durchlässigkeit auf die treibenden Hilfen immer positiver.

Das Pferd verlängert die Galoppsprünge nicht

Und was, wenn Ihr Pferd auf das beschriebene Vorwärts-Sitzen und das vermehrte Durchfedern mit den Beinen nicht vorwärts reagiert? Dann touchieren Sie es zeitnah, also spätestens zwei Galoppsprünge nach Ihrer Hilfe, mit der Gerte. Um im Galopp zuzulegen, sollten Sie aus biomechanischen Gründen folgerichtig den Oberschenkel des Pferdes treffen, denn die Muskeln des Quadrizeps sind am Vorschub und Durchsprung beteiligt. Touchieren Sie für ein vermehrtes Vorwärts nicht die Bauchdecke oder Flanke, denn mit vermehrter Bauchmuskelaktivität geht kein längerer, sondern in der Praxis meist ein kürzerer Galoppsprung einher. Wenn Pferde „klemmen" und man die Vorwärtsreaktion verbessern möchte, ist das wichtigste Element das anschließende Aussetzen der Schenkelhilfe. Sobald Ihr Pferd vorwärts reagiert – und das muss ja keine spektakuläre, aber doch eine für Sie als Reiter fühlbare Reaktion sein – öffnen Sie Ihre Beine ganz bewusst und bauen sogar ein Schenkelerneuern (siehe Teil II bei den Sitzübungen) ein, sodass Ihr Pferd für ein oder zwei Galoppsprünge ohne jeden Schenkeldruck zwischen Ihren lockeren Beinen hindurch galoppiert, bevor Sie dann ja eh schon wieder am nächsten Viertelpunkt angelangt sind und das nächste Zulegen auslösen.

Mit den Zügeln machen Sie derweil nichts: Halten Sie mit geschlossenen Fäusten und lockeren Armen einfach nur die Zügelverbindung aufrecht. Geben Sie nicht betont nach (was häufig zu fälschlich springendem Zügel und damit Unruhe im Maul führt), aber ziehen Sie natürlich auch keinesfalls an den Zügeln, sondern halten Sie mit möglichst entspannten Muskeln einfach nur passiv den Kontakt. Vergrößert das Pferd den Galoppsprung korrekt über den Rücken, wird physiologischerweise auch der Hals etwas länger, sodass Sie spüren, wie Ihr Pferd Ihre Ellbogen wenige Millimeter mehr mit nach vorne nimmt. Folgen Sie dieser Bewegung ohne sie zu übertreiben. Gerade in dieser Übung werden die nächsten Galoppsprünge ja bereits wieder kleiner.

Das Pferd wird heiß

Was, wenn Ihr Pferd ins Laufen kommt und nach dem Zulegen gar nicht mehr entspannt von selbst ins Arbeitstempo zurückfällt? Beruhigen Sie es über Ihren Sitz: Atmen Sie aus und lassen Sie Ihr Kreuzbein betont nach hinten-unten sinken. Eine oft hilfreiche Vorstellung ist, sich auf die Gesäßtaschen einer (imaginären) Jeanshose setzen zu wollen. Ihr Oberkörper sollte beim Parieren wieder senkrecht sein. Damit kommen automatisch auch Ihre beiden Zügelfäuste wieder wenige Millimeter mit zurück, aber erliegen Sie – außer im Notfall, wenn das Pferd wirklich durchgehen sollte! – nicht der Versuchung, mithilfe aktiv rückwärts-

ÜBUNG D:
Mittelzirkel mit Galoppsprung verlängern

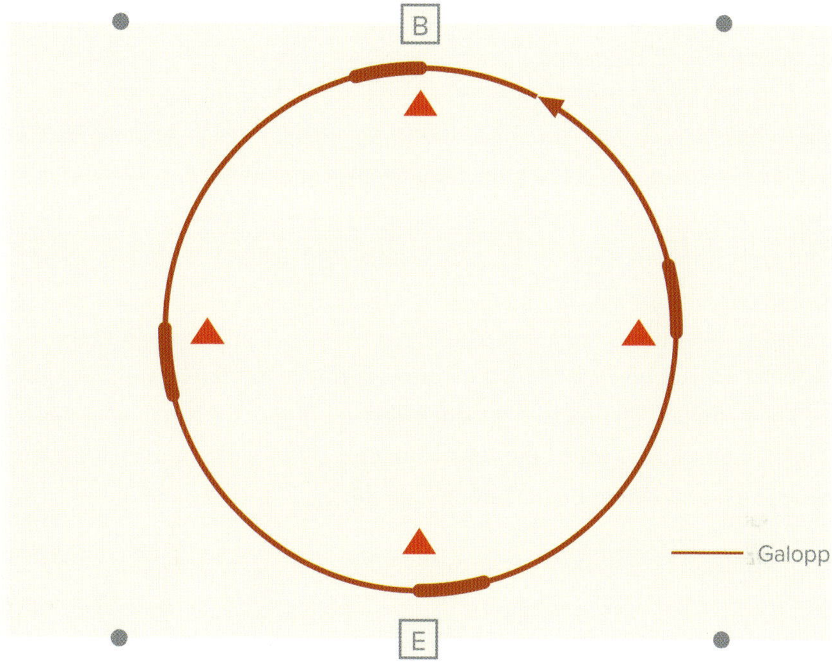

An jedem Zirkelpunkt kurz Galoppsprünge verlängern auslösen.

wirkender Zügel zu bremsen. Eine sinnvolle Zügelhilfe wäre allenfalls die aushaltende: Drücken Sie dazu Ihre Daumen, vor allem den der äußeren Hand, im Rhythmus des Galopps etwas vermehrt von oben auf Ihre aufrecht getragene Zügelfaust, ohne diese sichtbar zu bewegen. Kommt Ihr Pferd anfangs vielleicht nicht schnell genug im Tempo zurück, um bereits nach einer Viertelrunde erneut zulegen zu können, dann legen Sie eben nur jede halbe Mittelzirkelrunde (etwa bei E und B) zu.

Nach einigen Wiederholungen sollte diese Übung die Losgelassenheit des Pferdes deutlich verbessern. Oft schnauben Pferde dabei ab, dehnen sich immer besser an die Hand heran und synchronisieren ihre Atmung mit dem Galopprhythmus. Dieser sollte in seiner Frequenz immer gleich bleiben: Bei klassisch korrektem Zulegen wird das Pferd ja nicht eiliger, sondern galoppiert raumgreifender!

Das Zulegen im Galopp klappt nicht?

Ihr Pferd wird beim Zulegen schiefer statt gerader (galoppiert auf drei Hufschlägen mit zur Seite versetzter Kruppe)? Oder es wird wehrig mit Kopfschlagen, Ohrenanlegen oder In-den Zirkel-Stürmen?

Oder klappen das Zulegen und Einfangen des Galopptempos aus gegenteiligem Grund nicht, weil Ihr Pferd nämlich einfach immer (gleich) schnell rennt?

Beides können Hinweise auf eine versteckte Schmerzproblematik und/oder bisher unbekannte Lahmheit sein!

Um Reiterfehler auszuschließen oder zu verbessern, fragen Sie Ihren Ausbilder um Rat oder lassen Ihr Pferd einmal von einem erfahrenen Bereiter reiten. Gelingen auch dann keine reellen Tempounterschiede, wäre eine Vorstellung bei einem guten osteopathischen Pferdetherapeuten und einem Pferdetierarzt sinnvoll.

Galopp und Schenkelweichen

Was den Galopp ebenfalls bereits in der Grundausbildung schön schließt und die weitere Dressurausbildung vorbereitet, ist die Kombination zwischen Galopp und Schenkelweichen.

Dabei werden über die Bauchmuskeln, den *M. pectineus* und die Adduktoren wichtige Strukturen trainiert, die für die zukünftige, schrittweise erfolgende Versammlung wichtig sind. Zudem wird das Pferd mobilisiert. Wir beginnen von der Viertellinie aus: Falls Ihnen die folgende Übung noch nicht geläufig ist, reiten Sie sie zunächst einige Male im Schritt, nachher dann im Trab: Wenden Sie Ihr Pferd nach A oder C auf die Viertellinie ab und reiten Sie diese zunächst geradeaus bis zum Erreichen der gegenüberliegenden langen Seite. Achten Sie dabei darauf, Ihr Pferd mit beiden Schenkeln und Zügeln seitlich gut einzurahmen, sodass es nicht schwankt. Dagegen würde auch ein Zulegen helfen. Im nächsten Schritt wenden Sie wieder auf die Viertellinie ab und lassen das Pferd dann Ihrem Schenkel weichen bis zum Erreichen der langen Seite. Kommen Sie von der rechten Hand, lassen Sie es dem rechten Schenkel weichen nach links Richtung Bande. Kommen Sie von der linken Hand, lassen Sie es dem linken Schenkel weichen nach rechts zur Bande. Achten Sie dabei darauf, dass Ihr Pferd in

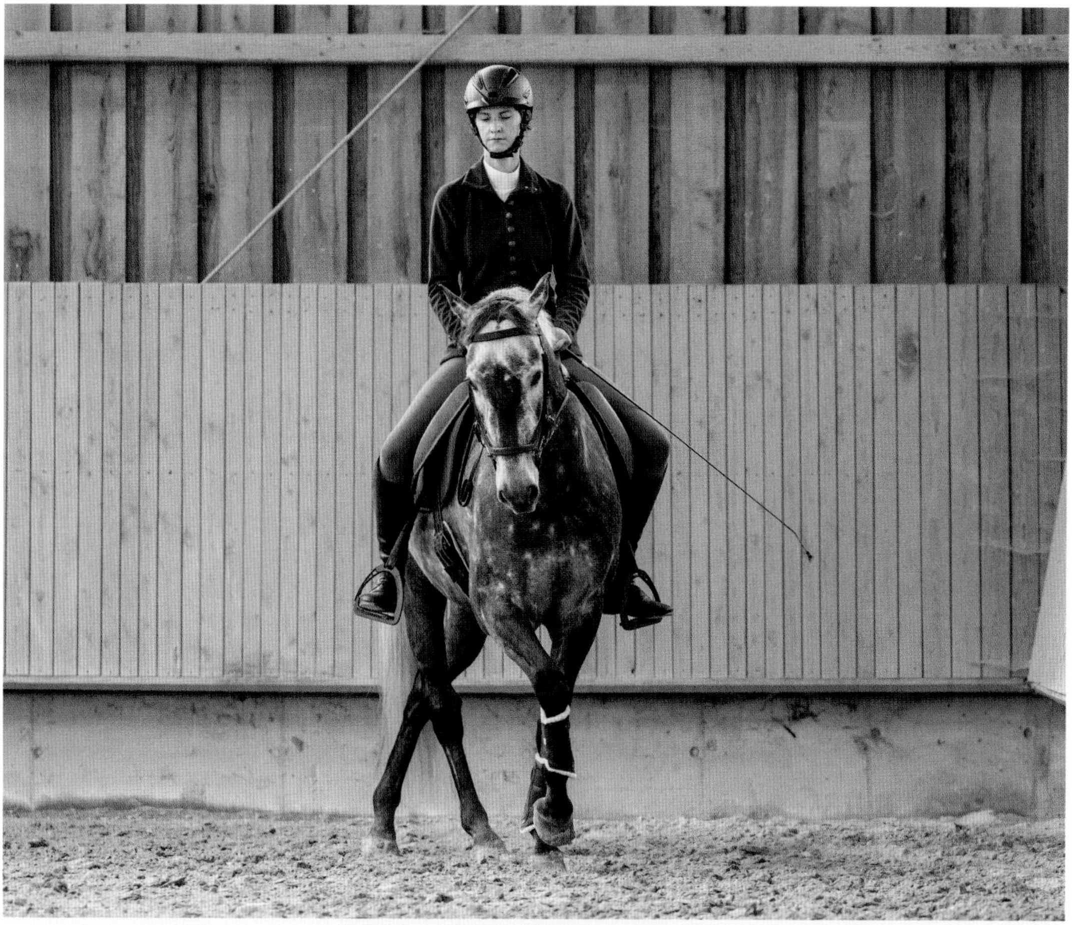

Mithilfe des Schenkelweichens lässt sich der Galopp vorbereiten und verbessern.

sich selbst ganz gerade bleibt. Eine leichte Genickstellung entgegen der Bewegungsrichtung gehört zum Schenkelweichen, aber der Halsansatz sollte dabei unbedingt stabil mittig vor dem Rumpf bleiben und das Pferd im Ganzen jederzeit parallel zur langen Seite bleiben. Achten Sie darauf, mit dem vorwärts-seitwärts treibenden Schenkel unbedingt rhythmisch im Takt des Pferdes einzuwirken (kein Dauer-Quetschen!) und die flache Wade zu benutzen (nicht den Absatz). Die Oberarme müssen beide geschlossen am Oberkörper herunterhängen, beide Ellbogenlenke gleichmäßig gewinkelt.

Je nach Zweck und Ausbildungsstand von Pferd und Reiter kann das Schenkelweichen steiler oder flacher ausfallen. Wenn Sie steiler, also vermehrt seitwärts, zur Bande reiten und dann etwa Mitte der langen Seite bereits am Hufschlag ankommen, wirkt das Schenkelweichen durch das deutliche Kreuzen besonders mobilisierend. Sie können es aber gerade

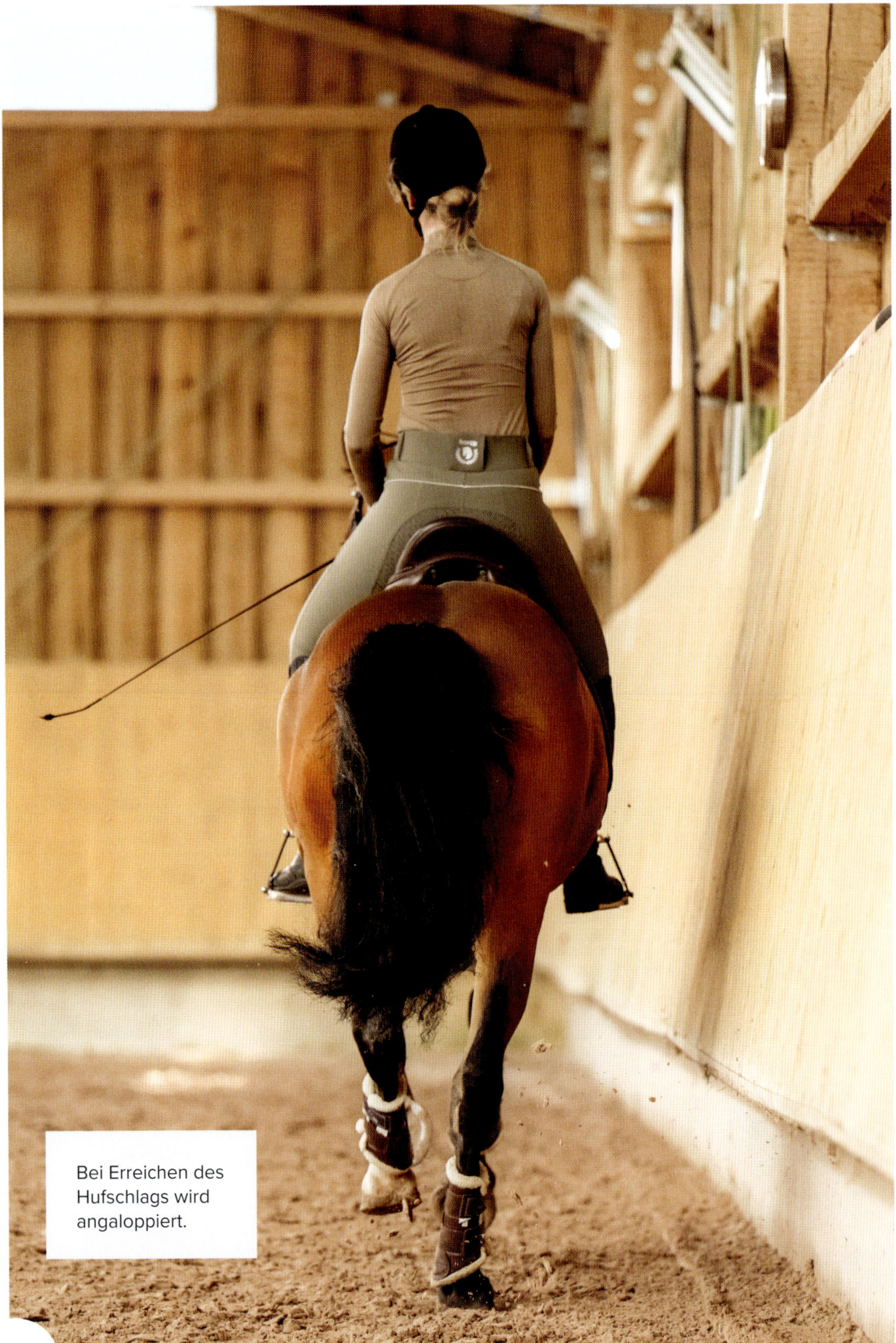

Bei Erreichen des Hufschlags wird angaloppiert.

mit jungen Pferden auch flacher anlegen und die lange Seite dann erst an ihrem Ende kurz vor der zweiten Ecke treffen. Dabei kreuzt das Pferd noch nicht so sehr und bleibt dabei leichter gerade, im Fluss und vor den Hilfen.

Klappt das auf beiden Händen im Trab, nehmen wir nun den Galopp dazu. Galoppieren Sie direkt nach dem Schenkelweichen, jeweils beim Erreichen des Hufschlags, sozusagen aus der Seitwärtsbewegung heraus nach vorne an. Achten Sie darauf, Ihren inneren Schenkel für die Galopphilfe gut nach vorne gleiten zu lassen, falls Sie ihn im Schenkelweichen leicht zurückgenommen hatten. Geben Sie im Angaloppieren mit dem inneren Zügel weich nach und lassen Sie gerne an der folgenden langen Seite im Galopp die Zügel aus der Hand kauen. Wechseln Sie ruhig auch die Sitzformen: Schenkelweichen im Leichttraben oder sobald möglich dann im Aussitzen im Trab, Galopp im leichten Sitz. Parieren Sie Ende der nächsten langen Seite wieder in den Trab (wie in der Abbildung dargestellt) und wiederholen Sie die Übung einige Male. Das Anspringen sollte immer flüssiger und mit immer aktiverem Hinterbein erfolgen. Reiten Sie die Übung gleichmäßig oft auf beiden Händen.

ÜBUNG E:
Schenkelweichen von der Mittellinie, am Hufschlag angaloppieren

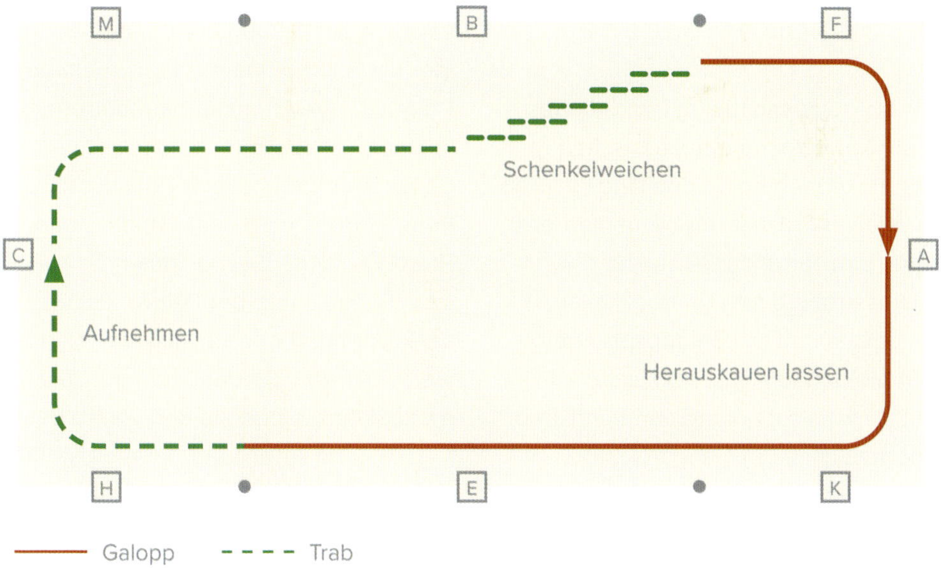

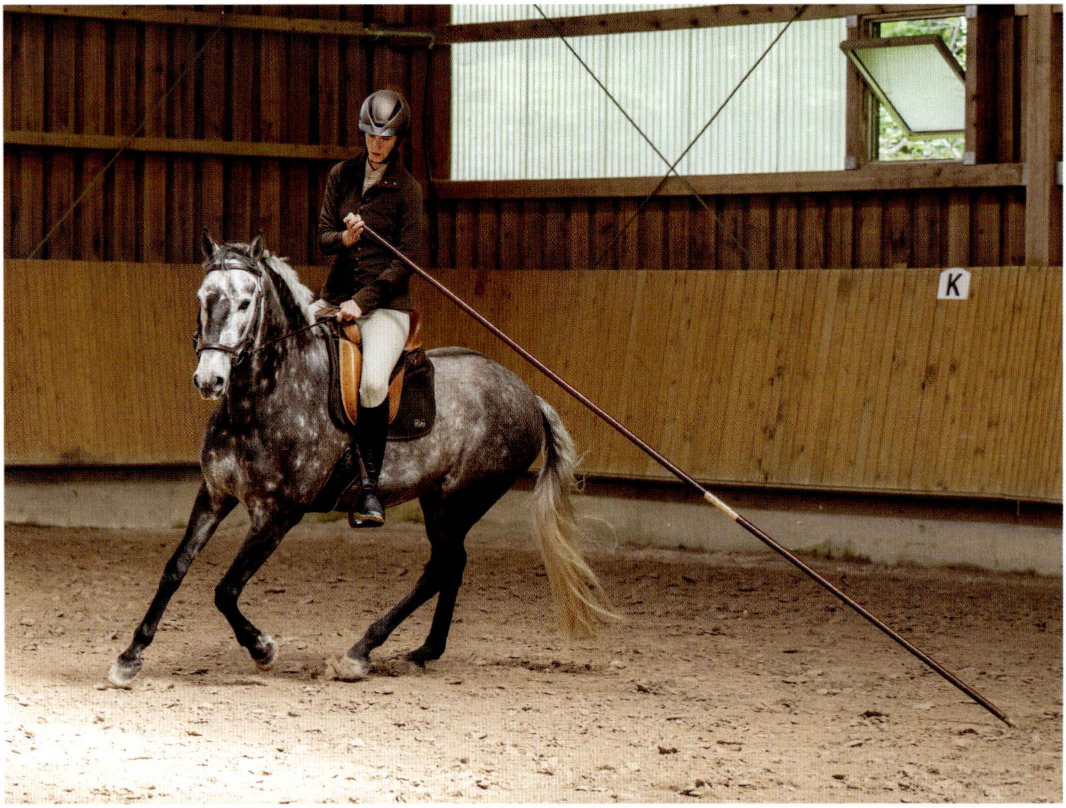

Die Arbeit mit der Garrocha hilft, den Galopp zu versammeln.

Den Galopp versammeln

Die weitere Versammlung des Galopps und die Entwicklung der klassischen Dressurlektionen im Galopp sind ein schrittweiser Prozess. Im Laufe mehrerer Monate und Jahre der Ausbildung wird das Dressurpferd sich graduell immer mehr setzen und die Galoppsprünge bei gleich bleibendem Takt verkürzen können. Es wird nicht nur in Schritt und Trab, sondern auch in der Gangart Galopp immer geschickter und wendiger werden. Mit zunehmender Durchlässigkeit wird sukzessive nicht nur „der Bremsweg kürzer" und „der Wendekreis kleiner", sondern der Galopp auch immer bequemer und die Kommunikation zwischen Pferd und Reiter immer harmonischer und leichter. Kennzeichen dafür, dass es gesundheitlich und in der Ausbildung Ihres Pferdes rund läuft, ist, dass das Pferd Sie immer besser sitzen lässt, also dass Sie im Laufe der Zeit wirklich senkrecht und optisch stillsitzen können, weil das Pferd Sie durch die gut zusammenspielende dorsale und ventrale Muskelkette stabil trägt. Vom Sitzgefühl her fühlt sich der einzelne Galoppsprung dann mehr wie ein „von unten nach oben gehoben werden" und weniger wie eine „Welle nach vorne" an. Von Nuno Oliveira stammt das schöne innere Bild, sich seine eigene Taille wie eine Ziehharmonika vorzustellen, die im Takt der Bewegung mehr und wieder weniger komprimiert wird.

Wichtig beim Verkürzen ist, dass der Galopptakt erhalten bleibt. Der Rhythmus muss gleich bleiben, nicht etwa langsamer werden. Gefühlt wird das Pferd im korrekt versammelten Galopp sogar etwas fleißiger. Wenn Sie einwirken, denken Sie dabei an einen eher flotten, quirligen Rhythmus. Falsch wäre es, wenn der Galopp beim Versammeln vom Rhythmus her langsamer und schleppend werden würde. Laut Reitlehre soll der Dreitakt jederzeit erhalten bleiben. Nun wissen wir zwar, dass es sich nicht wirklich um einen exakten Dreitakt handelt, aber mit bloßem Auge betrachtet und vom reiterlichen Gefühl her sollte es auf jeden Fall so wirken! Wenn Sie im Laufe der folgenden versammelnden und versammelten Übungen beim Beobachten keine Schwebephase sehen können und mitsamt dem Sattel nicht wirklich auch nach oben gehoben werden, ist der Takt verloren gegangen. Legen Sie dann kurzfristig wieder zu (siehe Übung D: Galoppsprünge verlängern).

Angaloppieren aus dem Schritt

Sobald Ihr Pferd aus dem Trab sicher angaloppieren kann, können Sie auch das Angaloppieren aus dem Schritt üben, welches wir später für die einfachen Galoppwechsel sowie im Working- Equitation-Trail häufig brauchen werden. Die Hilfengebung funktioniert grundsätzlich genau wie aus dem Trab wie auf S. 66 beschrieben. Aus dem Schritt kommt jedoch sogar fast eher erleichternd hinzu, dass Sie als Reiter mehr Zeit haben, die passende Phase für die Hilfengebung zu erfühlen. Versammeln Sie zunächst den Schritt so gut, wie das auf dem aktuellen Ausbildungsstand des Pferdes schon möglich ist. Lassen Sie dazu innerhalb des Schrittreitens Ihr Kreuzbein vermehrt nach hinten-unten sinken und richten Sie währenddessen Ihr Brustbein bereits etwas mehr nach vorne-oben auf, mit Betonung auf „oben". Umrahmen Sie Ihr Pferd mit langen Beinen und flachen Waden, ohne aktiv zu treiben. Bremsen Sie keinesfalls aktiv durch rückwärtswirkende oder eingedrehte Hände, aber unterstützen Sie Ihre Gewichtshilfe gegebenenfalls dadurch, dass Sie die Größe der Nickbewegung verringern: In einem sehr raumgreifenden Mittelschritt ist es physiologisch, das Pferd mit seinem Hals auch eine deutliche Nickbewegung ausführen zu lassen, die Sie aus Ihrem Ellbogen- und Schultergelenk heraus begleiten. Wollen wir nun den Schritt versammeln und damit auch verkürzen, darf sukzessive auch die Nickbewegung kleiner werden. Lassen Sie Ihre Arme dabei immer noch im Takt der Schrittbewegung sanft nach vorne mitschwingen, aber nun nicht mehr die volle Strecke, die je nach

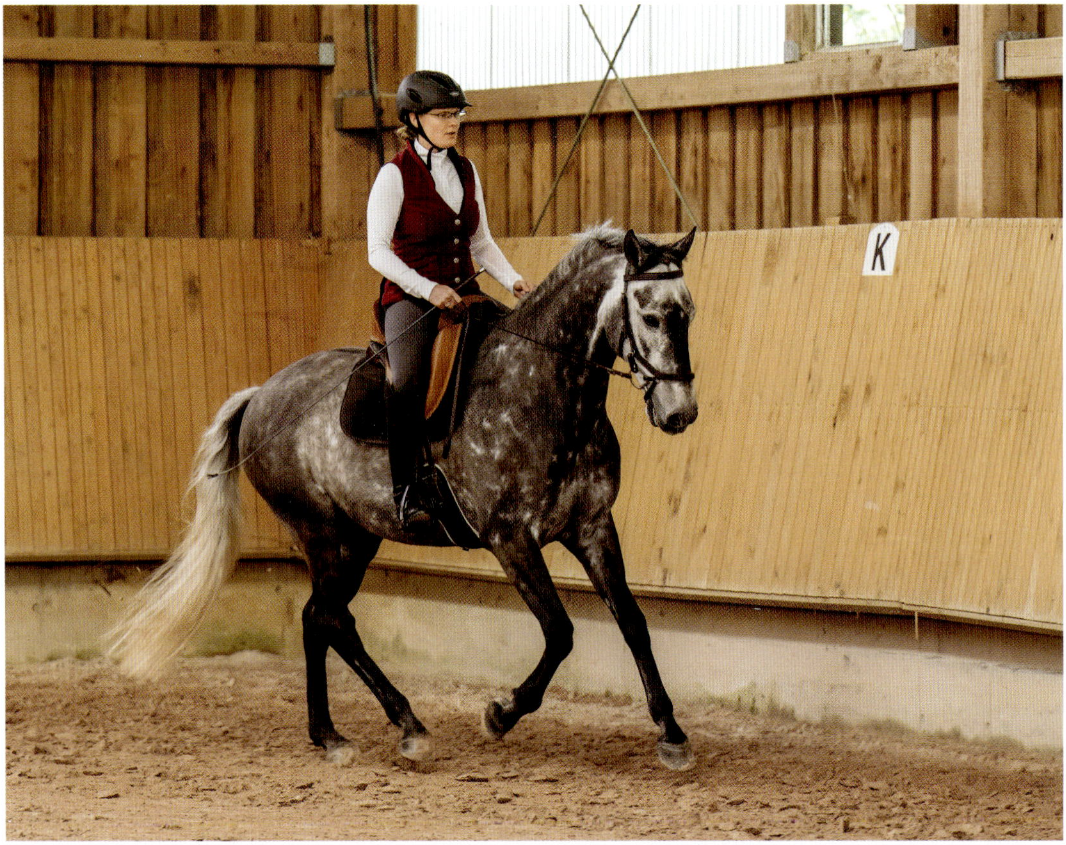

Auch bei den versammelnden Übungen muss der Durchsprung erhalten bleiben.

Pferdegröße und Bewegungsablauf mehrere Zentimeter groß war, sondern nun im versammelten Schritt etwas weniger, am Ende nur noch wenige Millimeter, die ein Beobachter von außen kaum mehr wahrnimmt. Durch das Verkleinern der Nickbewegung holt sich das Pferd die verhaltenden Hilfen sozusagen selbst ab, und zwar genau im Takt seiner eigenen Bewegung und ohne aktive Handeinwirkung des Menschen. Wenn Ihr Pferd sich aufgrund der beschriebenen Hilfengebung im Schritt etwas verkürzt und damit auch vermehrt aufrichtet, atmen Sie ein, heben Sie Ihr Brustbein nun für einen Augenblick nach vorne-oben, mit Betonung auf vorne, und galoppieren an.

Durchparieren zum Schritt

Das Angaloppieren aus dem Schritt ist sehr viel einfacher und in der Ausbildung früher möglich, als eine wirklich saubere Parade vom Galopp in den Schritt. Anfangs ist es also völlig legitim, zwar schon das exakte Anspringen aus dem Schritt zu üben, aber dann nach wie vor gelassen und etwas auslaufender erst in den Trab zu parieren und darauf erst nach einigen Metern Trab erneut zu parieren, um in den Schritt zu kommen.

Angaloppieren aus dem Konterschulterherein

Eine schöne Variante für Fortgeschrittene ist es, aus dem Konterschulterherein anzugaloppieren. Dazu gehen wir wieder auf den Mittelzirkel und entwickeln das Konterschulterherein. Wir beginnen beispielhaft auf der rechten Hand. Zunächst legen Sie den Mittelzirkel in einer sanften Rechtsbiegung an. Dazu hilft es, das innere Bild des „Bauchnabelstrahlers" zu benutzen. Ihr rechter Schenkel liegt senkrecht am Gurt, der linke ist aus der Hüfte heraus zurückgenommen. Eventuell haben Sie den inneren rechten Zügel wenige Zentimeter kürzer gegriffen als den äußeren linken. Um nun das Konterschulterherein zu entwickeln, drehen Sie langsam (quasi Millimeter für Millimeter, während mehrerer Schritte des Pferdes) Ihren imaginären „Bauchnabelstrahler" nach links, sodass er nicht mehr auf die Zirkellinie leuchtet, sondern sozusagen aus dem Zirkel heraus. Währenddessen legen Sie auch Ihre Schenkel um, indem Sie den linken nach vorne gleiten lassen, sodass dieser nun senkrecht am Gurt liegt, und den rechten zurücknehmen. Verlängern Sie eventuell leicht den früheren inneren, rechten Zügel – denn nun soll sich Ihr Pferd im Konterschulterherein ja nach links biegen, also seine rechte Körperhälfte verlängern. Eventuell können Sie den linken, also neuen inneren Zügel, im Anschluss auch noch um wenige Zentimeter verkürzen. Treiben Sie nötigenfalls ganz sanft mit dem neuen inneren, also linken Schenkel und zwar im Rhythmus des abfußenden linken Hinterbeins. Dieses soll in Richtung des rechten Vorderbeins schwingen, welches die Bewegung anführt. Das Pferd bewegt sich also auf drei Hufschlaglinien in sogenannter Konterstellung – es ist entgegen seiner Bewegungsrichtung (die ja auf der rechten Hand weiterhin nach rechts bleibt) gestellt (Stellung links). Die Vorderbeine des Pferdes sollen sich weiter sauber entlang der Mittelzirkellinie bewegen; die Hinterhand geht einen geringfügig kleineren Kreis.

„Innen" und „außen"

„Innen" und „außen" beziehen sich immer auf die Biegungsrichtung. Innen ist also immer die Seite, zu der hin das Pferd gestellt und/oder gebogen ist.

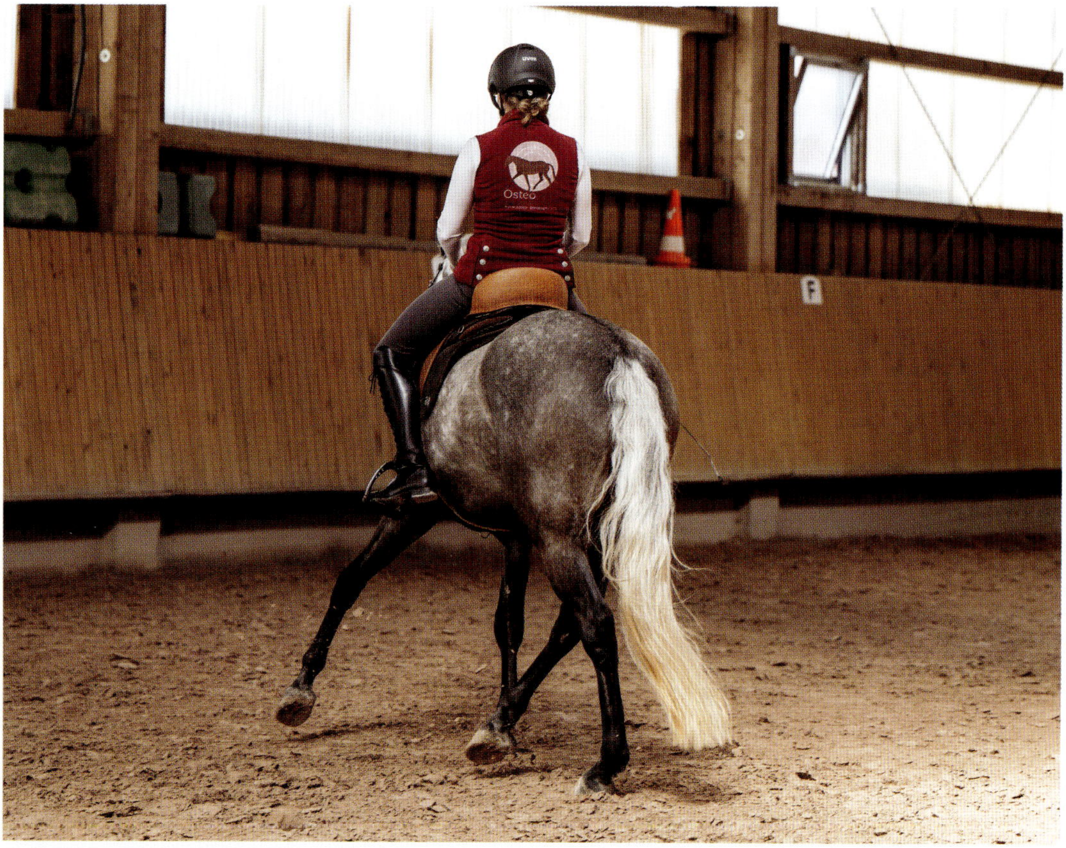

Im Konterschulterherein ist das Pferd entgegen der Bewegungsrichtung gebogen – hier auf der linken Hand mit deutlicher Abstellung.

Das Konterschulterherein bringt das linke Hinterbein nun gut „in Richtung unter den Schwerpunkt", wie man in der Reitersprache sagt. Heute ist die Vorstellung von einem „Schwerpunkt" zwar überholt, aber dennoch gilt es natürlich, das Hinterbein daran zu hindern, seitlich auszufallen und es dazu zu bringen, schmal zu fußen – was letztlich ein Merkmal der Versammlung und die ideale Vorbereitung für den folgenden Galopp ist.

Das rechte Vorderbein wird im Konterschulterherein nun „frei gemacht". Zum einen, da das Gewicht des Halses, welches das Vorderbein belastet (vgl. Buch „Biegung"), vor das andere Vorderbein genommen wird, und zum anderen, weil das Pferd in einem korrekt ausgeführten Konterschulterherein mit seinem Schultergelenk ja die – sonst von vielen Pferden weniger gut genutzte – Abduktion ausführt und damit die freie Beweglichkeit des Schultergelenks verbessert, welche ebenfalls dem folgenden Galopp zugutekommen wird.

Unmittelbar vor dem Angaloppieren richten Sie das Pferd ein, das bedeutet Sie drehen sich und Ihr Pferd aus dem

Sitz heraus wieder auf die Mittelzirkellinie und geben die Konterstellung auf. Lassen Sie Ihr rechtes Bein, welches im Konterschulterherein zurückgenommen war, nun nach vorne gleiten. Es wird wieder zum inneren Schenkel. Lösen Sie unmittelbar nach dem Einrichten den Rechtsgalopp aus und galoppieren Sie dann wie gewohnt in Innenstellung auf dem Mittelzirkel weiter.

Das Drehen, Umlegen der Beine und Angaloppieren erfordert eine gute Koordination des Reiters, aber diese sollte sich auf dem fortgeschrittenen Ausbildungsstand sowieso entwickeln. Wenn Sie sich also erst einmal seltsam dabei vorkommen, sofort nach dem Drehen anzugaloppieren, üben Sie das Umstellen, bis es geschmeidig geht.

Bei vielen Pferden führt das Angaloppieren aus dem Konterschulterherein zu sehr gesetzten ersten Galoppsprüngen und vermittelt Pferd und Reiter ein gutes erstes Gefühl für die Versammlung im Galopp.

Führen Sie die Übung unbedingt gleich häufig auf der rechten wie auf der linken Hand aus.

Übung F:
Konterschulterherein daraus angaloppieren

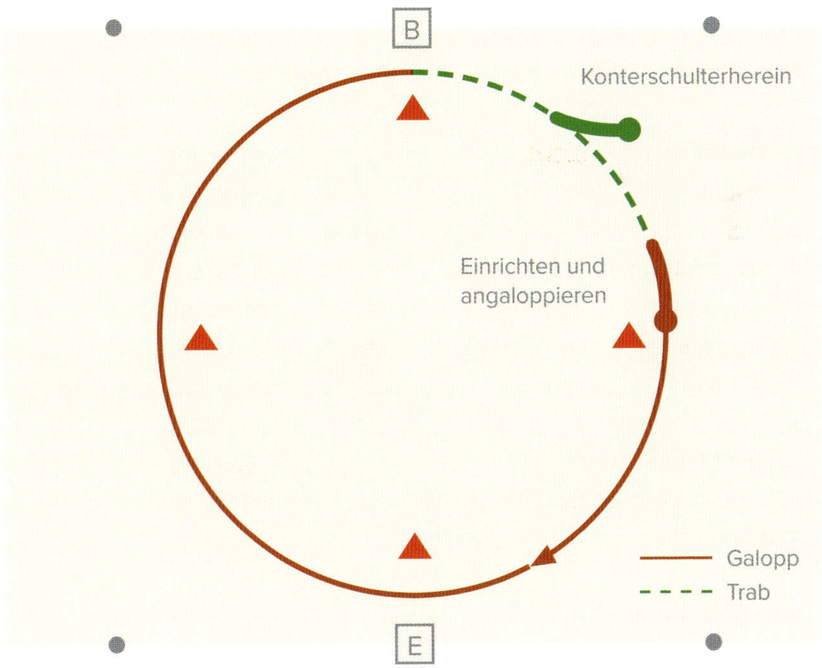

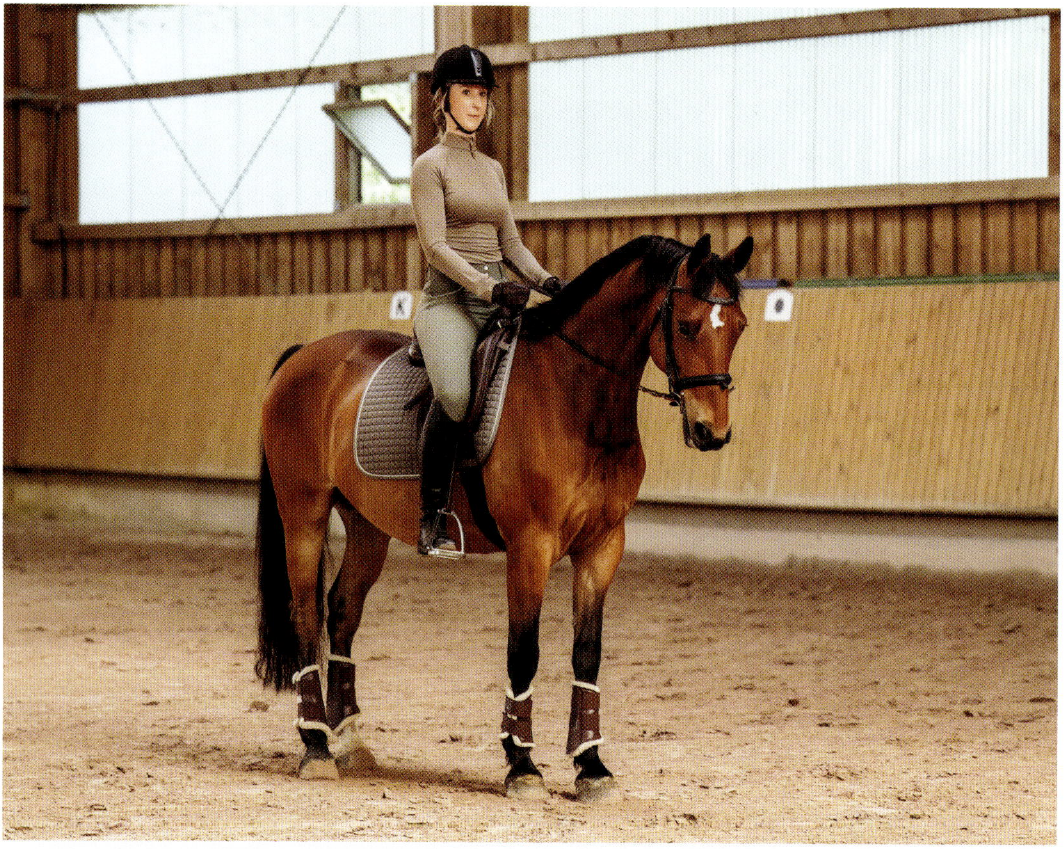

Die ganze Parade aus dem Trab sollte sitzen.

Paraden zum Schritt

Je besser Sie den Galopp Ihres Pferdes schon versammeln können, desto besser werden die Paraden in niedrigeren Gangarten ausfallen. Ist der Galopp selbst schon hinreichend geschlossen, können wir die Übergänge Galopp-Schritt angehen, deren Training wiederum dafür sorgen wird, dass sich das Pferd immer weiter, besser und länger versammeln lässt.

Eine Parade ist keine Zügelhilfe

Im Gegenteil: Je besser eine Parade aus dem Sitz heraus geritten wird, desto weniger Zügeleinwirkung ist notwendig. Und je weniger Zügeleinwirkung, desto versammelnder kann der Übergang wirken.

Drei Tipps für rückführende Übergänge

1. Versammeln Sie die Ausgangsgangart so weit wie möglich.
2. Atmen Sie in der Parade deutlich aus und geben Sie bereits beim Durchparieren mit der Hand nach.
3. Reiten Sie bewusst vorwärts in die Zielgangart hinein.

Grundsätzlich sollten vor der Erarbeitung der Galopp-Schritt-Übergänge natürlich die Trab-Schritt-Übergänge und auch die ganzen Paraden aus dem Trab zum Halten bereits durchlässig funktionieren, sodass wir davon ausgehen können, dass Pferd und Reiter grundsätzlich bereits ein Verständnis für Paraden haben. Wichtig

Die Pylone markiert den Mittelpunkt des Zirkels.

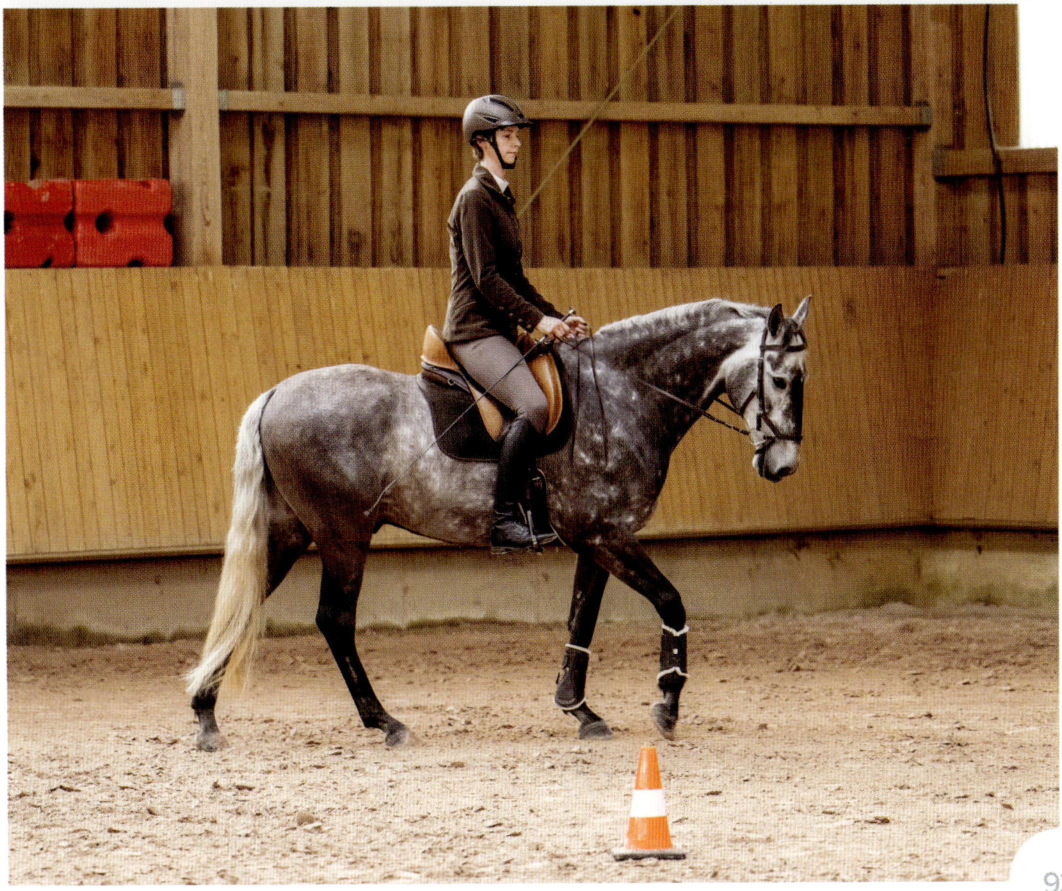

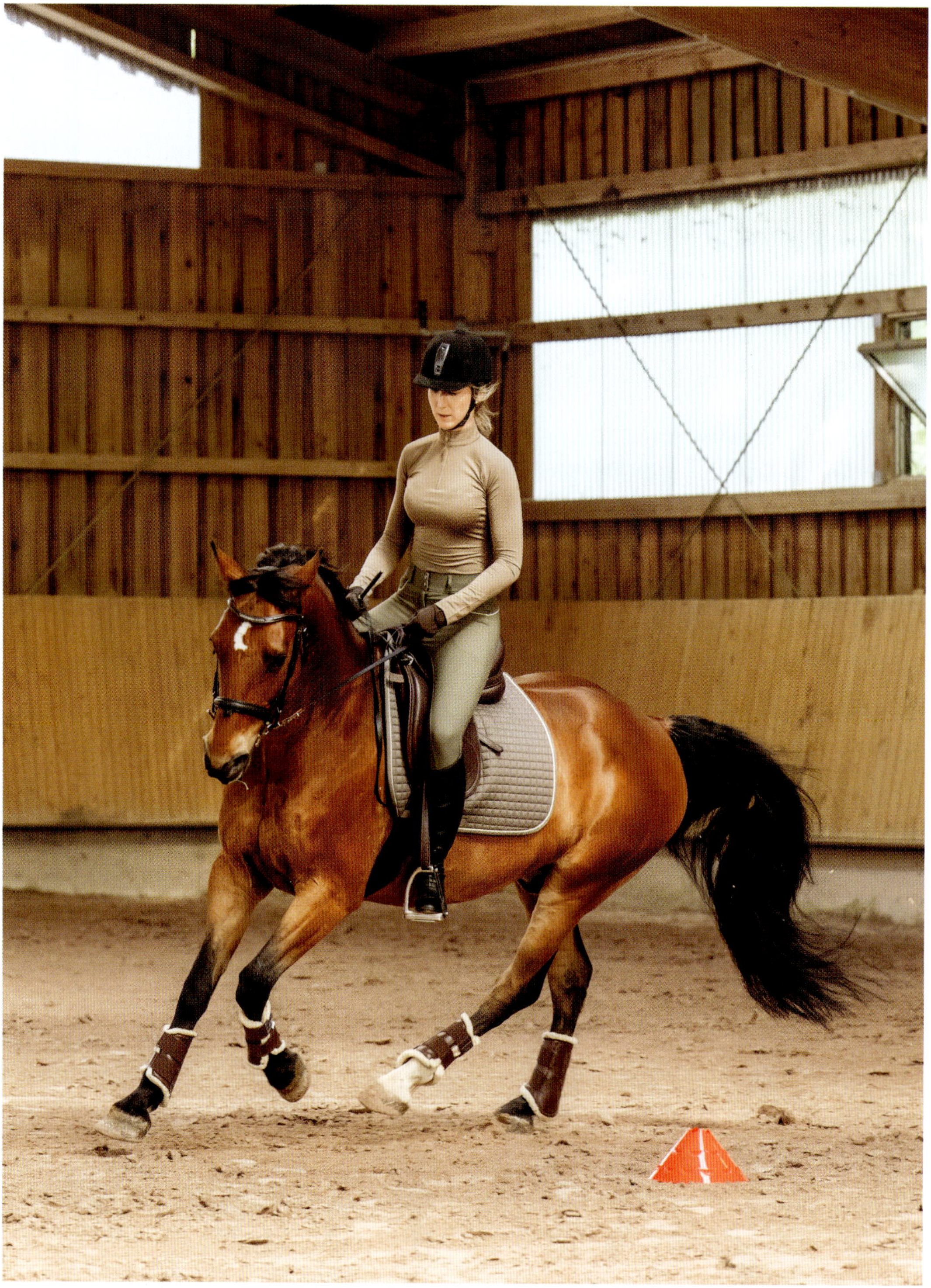

Das Zirkel verkleinern um die Pylone hilft, den Galopp zu setzen und den Übergang in den Schritt vorzubereiten.

für gelungene Übergänge ist nämlich, dass diese wirklich aus dem Sitz heraus ausgelöst und vom Pferd auch verstanden werden, sodass wir so wenig Handeinwirkung wie möglich benötigen.

Vorbereitung auf dem Pylonenkreis

Für einen gelungenen Übergang aus dem Galopp in den Schritt kommt es wie bei allen Übergängen auf die Vorbereitung an. Ziel ist es, die Ausgangsgangart Galopp so weit zu versammeln, wie das auf Ihrem aktuellen Ausbildungsstand möglich ist. Dazu wählen wir die Hufschlagfigur „Zirkel verkleinern". Galoppieren Sie zunächst einen wirklich runden 20-Meter-Zirkel. Dann verkleinern Sie den Zirkel spiralförmig und achten dabei darauf, dass er immer noch ganz gleichmäßig rund bleibt. Nutzen Sie dafür gerne immer wieder den Pylonenaufbau wie in der Abbildung dargestellt. Verkleinern Sie den Zirkel so weit, wie Sie den Durchsprung im Galopp noch erhalten können. Je nach Pferdegröße und Ausbildungsstand mag das dann ein Durchmesser von zwischen 15 und 10 Metern sein. Richten Sie Ihr Brustbein nach vorne-oben auf. Dabei werden die Galoppsprünge kürzer, das Genick soll und darf nach oben kommen. Treiben Sie gegebenenfalls mit weichen Beinen in kurzen, flotten Impulsen, um den Fleiß zu erhalten. Vergrößern Sie danach den Zirkel wieder und verlängern Sie dabei sukzessive auch die Galoppsprünge, Ihr Brustbein ist nun betont vorne-oben. Treiben Sie dabei eher langgezogen und in betont ruhigem Rhythmus, damit die Galoppsprünge eben nicht eiliger, sondern wirklich länger werden.

Danach verkleinern Sie den Zirkel wieder wie beschrieben – und gerade, wenn es wirklich langsam anstrengend wird, so versammelt auf dem kleinen Kreis zu galoppieren, bereiten wir die Parade vor: Sitzen Sie gefühlt senkrecht, Brustbein schwingt rein nach „oben", Sitz durchstrecken. Dann atmen Sie deutlich hörbar aus, lassen Ihr Kreuzbein nach hinten-unten sinken und sitzen in der Parade deutlich „von oben nach unten". Drücken Sie dabei Ihre Daumen etwas vermehrt von oben auf die Zügelfäuste, aber ohne diese rückwärts zu bewegen. Sowie Sie bemerken, dass Ihr Pferd auf den Sitz reagiert, geben Sie mit den Zügeln nach, indem Sie Ihre Arme bewusst entspannen. Ohne die Zügelverbindung aufzugeben, muss der Kontakt während der Parade leichter werden. Wichtig: Geben Sie nach, während das Pferd die Gangart wechselt – nicht erst, nachdem es schon im Schritt ist. Durch das Nachgeben im richtigen Moment können die Hinterbeine des Pferdes nämlich im Übergang unter den Körper schwingen und fließend in den Schritt wechseln, während die Losgelassenheit nicht gestört wird. Falls Sie überhaupt aktiv mittels Zügelhilfen das Pferd aufnehmen und das Tempo drosseln mussten, tun Sie das bereits

beim Verkleinern, also vor dem eigentlichen Übergang. Im Übergang müssen Sie bereits wieder beim Nachgeben angekommen sein.
Reiten Sie dann auf dem kleinstmöglichen Zirkel eine Runde Schritt und galoppieren Sie dann wieder an wie bei Übung G beschrieben. Beginnen Sie sofort wieder mit dem Vergrößern des Zirkels und verlängern Sie die Galoppsprünge dabei. Diese Übung hilft vor allem dem Reiter, das richtige Gefühl für gute Paraden zu erlangen: In der Ausgangsgangart wird versammelt bis zum Übergang, in der Zielgangart sofort wieder nach vorne geritten. Auf diese Art entwickeln Sie fließende, gymnastisch wertvolle Übergänge „über den Rücken“ mit aktiver Hinterhand. Reiten Sie die Übung mehrfach auf beiden Händen, bis Sie die Zügel wirklich nicht mehr brauchen. Übung macht den Meister!

Überstreichen

Beim Galopp auf dem verkleinerten Zirkel lässt sich auch das Überstreichen mit dem

Übung G:
Zirkel verkleinern mit Übergang zum Schritt

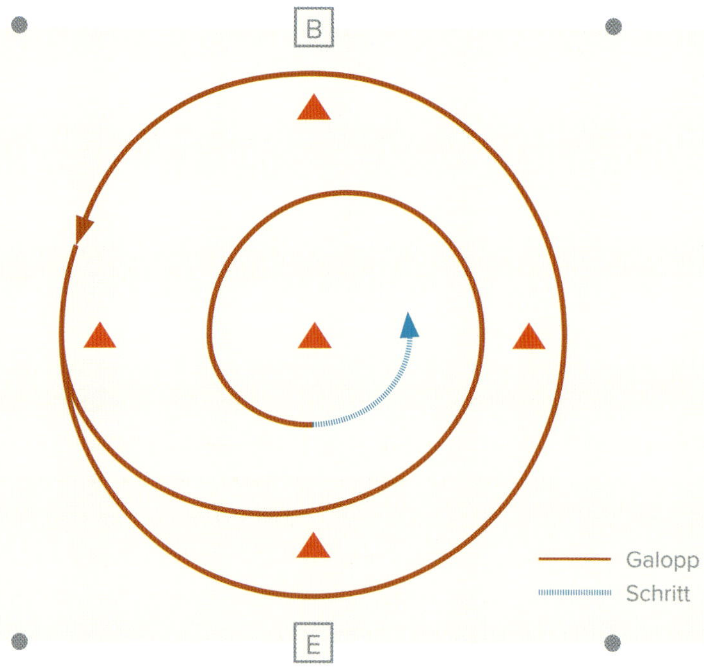

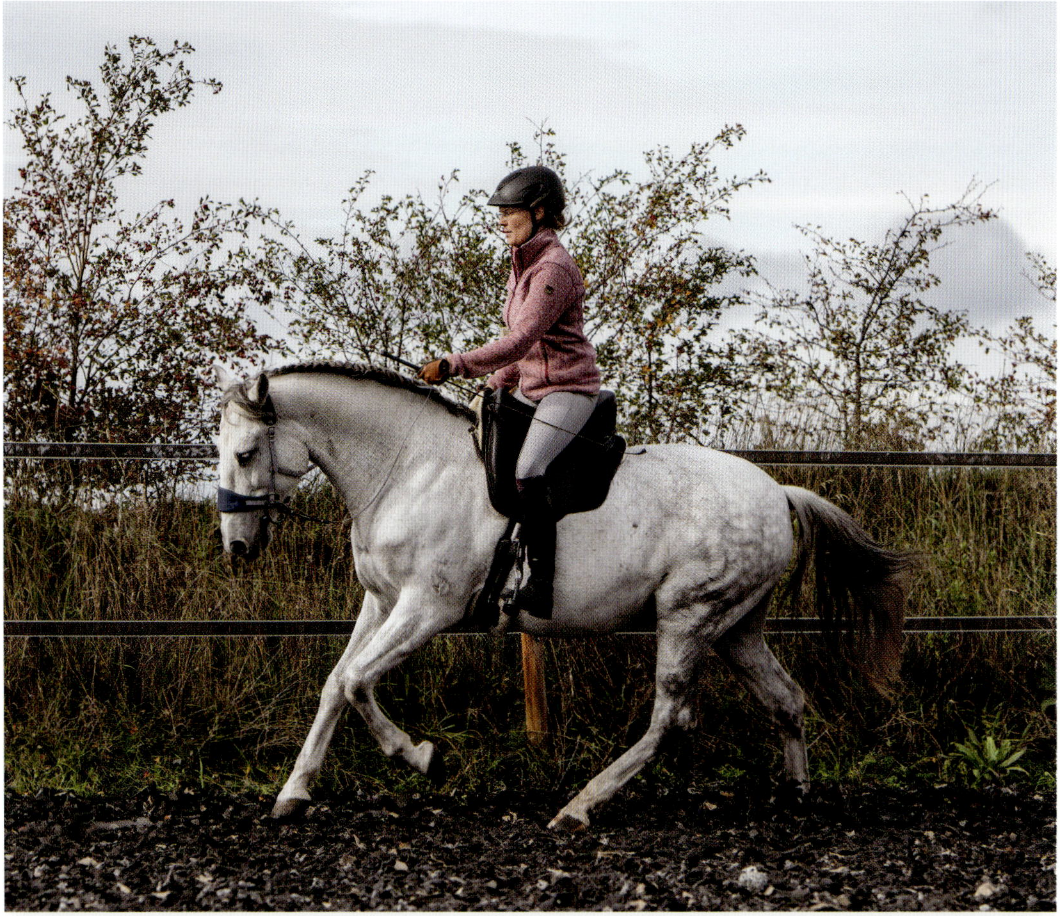

Beim Überstreichen wird der Kontakt am inneren Zügel für wenige Galoppsprünge aufgegeben.

inneren Zügel ideal einbauen: Wählen Sie einen Kreis um die vier Pylonen herum, etwa die „mittlere Spur". Bleiben Sie korrekt gedreht, sodass Ihr imaginärer Bauchnabelscheinwerfer weiterhin immer um die jeweils nächste Pylone leuchtet. Geben Sie nun für drei bis vier Galoppsprünge den Kontakt mit dem inneren Zügel auf, sodass dieser durchhängt und das Pferd rein am äußeren Zügel geführt wird. War es vorher korrekt gebogen und sitzen Sie stabil und korrekt im Drehsitz, bleibt das Pferd weiterhin auf exakt derselben Kreislinie (deswegen die Selbstkontrolle mit den Pylonen!) und konstant nach innen gestellt. (Sehen Sie noch immer den Rand der inneren Nüster und den Rand des inneren Auges? Bleiben beide Pferdeohren auf einer Höhe? Mehr dazu im Buch „Biegung".) Driftet Ihr Pferd im Überstreichen nach außen oder verliert die Innenbiegung, dann machen Sie entweder während des Überstreichens Fehler oder die Biegung hat eben noch nicht gestimmt. Achten Sie auf jeden Fall darauf, den äußeren

Ellbogen angewinkelt zu lassen, während Sie den inneren Arm strecken. Bleiben Sie auch bei der Aufgabe des Zügelkontakts gedreht sitzen und achten Sie darauf, auch Ihre Schenkel korrekt liegen zu lassen: den inneren vorne, den äußeren zurückgenommen.

Kontergalopp

Lässt sich der Galopp nun dank der vorhergehenden Übungen bereits hinreichend schließen, ist als Nächstes der Kontergalopp ein hervorragender Weg, das Pferd weiter geradezurichten und damit auch die Möglichkeit zu schaffen, es noch etwas weiter zu versammeln.

Um den Kontergalopp zu entwickeln, gibt es verschiedene Methoden. Manche Übungsansätze beruhen darauf, ein Pferd im Handgalopp anzugaloppieren und dann die Richtung zu wechseln und einfach weiter zu galoppieren, sodass das Pferd „mir nichts, dir nichts" eine Weile im Kontergalopp war. Diese Taktik funktioniert besonders dann gut, wenn es gelingt, in der gleichen Galoppreprise auch noch mal die Richtung zu wechseln, sodass man danach wieder im Handgalopp auflöst. In der Abbildung H zeigen wir einen möglichen Weg für diese Übung. Achten Sie dabei unbedingt von Anfang an darauf, das Pferd jederzeit mit von oben betrachtet geradem Halsansatz zu galoppieren. Eine leichte Genickstellung nach rechts im Rechtsgalopp ist

Übung H:
Aus der Ecke kehrt, dann durch die ganze Bahn wechseln, Jungpferdversion

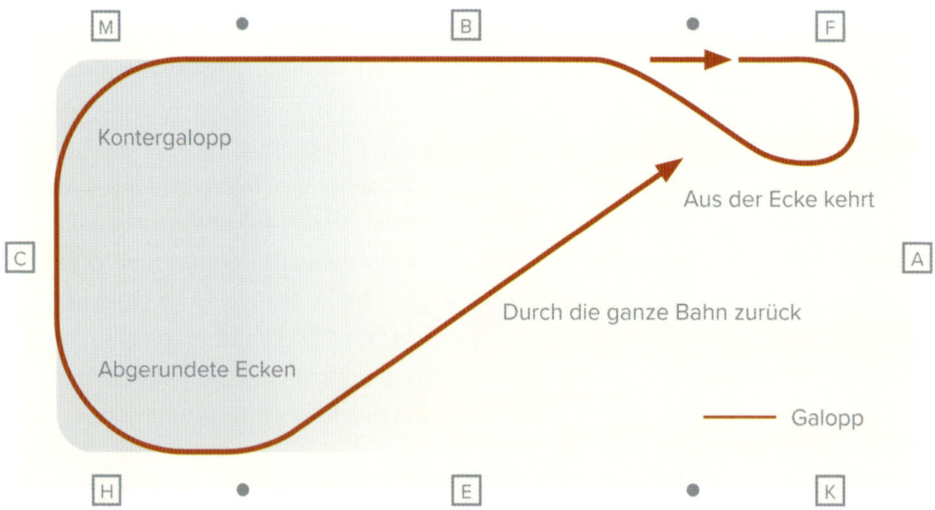

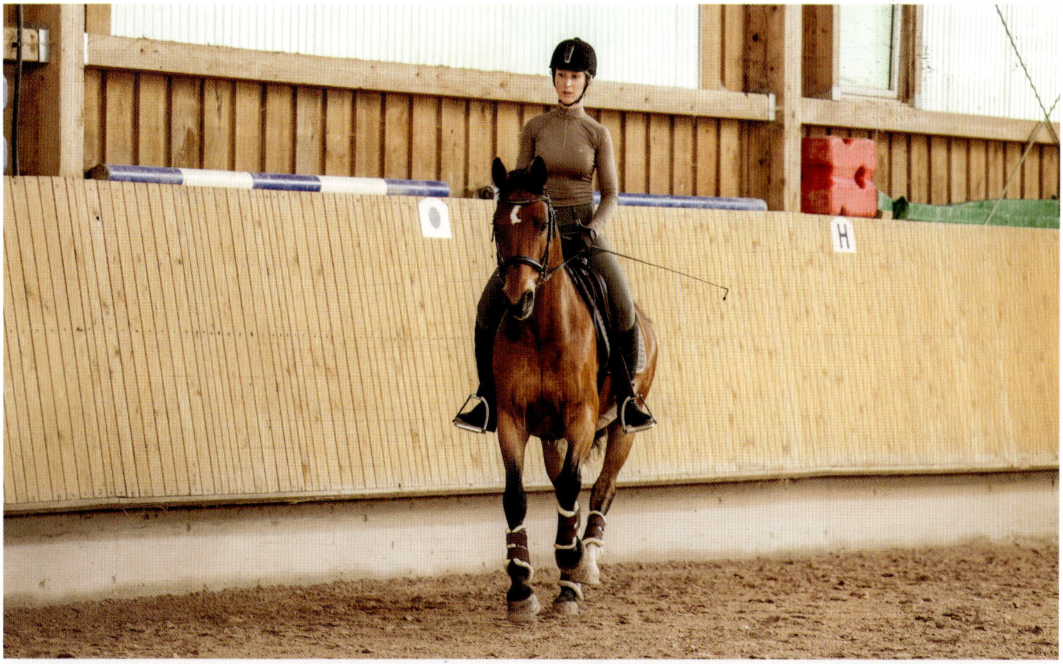

Mithilfe der Figur „Wechsel durch die ganze Bahn ohne Galoppwechsel“ kann man den Kontergalopp erarbeiten.

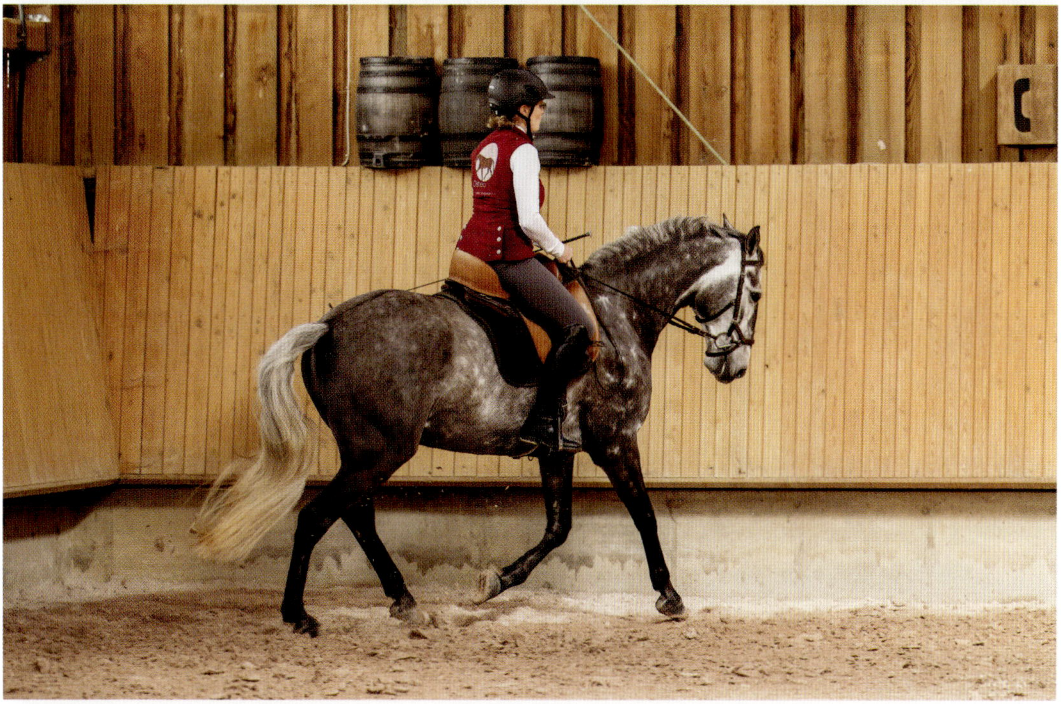

Kontergalopp in der Ecke sieht selten elegant aus, hilft aber hervorragend bei der Geraderichtung.

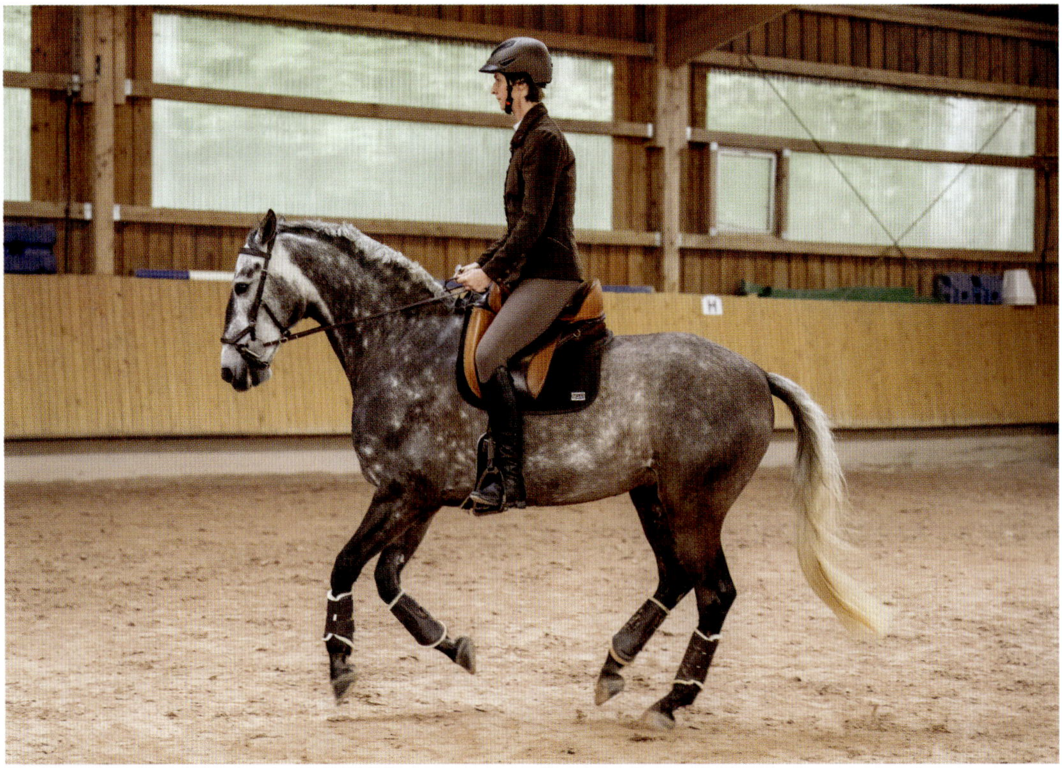

Durch die ganze Bahn wechseln im Galopp mit schöner Bergauf-Tendenz.

gemäß deutscher Reitlehre erwünscht, aber ziehen Sie keinesfalls den Halsansatz nach rechts. Besonders im Kontergalopp macht eine übertriebene Stellung dem Pferd die Aufgabe unnötig schwer und führt häufig zum Ausfallen in den Trab oder Umspringen in der Vorhand. Halten Sie den Hals mittig vor sich und rahmen Sie den Halsansatz durch beidseits passiv begleitende, nicht „formen wollende" Hände einfach ein. Zunächst muss der Galopp bei dieser Taktik auch nicht übermäßig versammelt sein, sondern nur geringfügig kürzer als im Arbeitstempo. Runden Sie die Ecken im Kontergalopp ab, sodass Sie zunächst nur flache Bögen reiten.

Neigt Ihr Pferd im ungewohnten Kontergalopp anfangs zum Ausfallen, dann bereiten Sie diesen vor, indem Sie unmittelbar vorher die Galoppsprünge verlängern wie in Übung D beschrieben. Vielleicht passt dann die folgende Variante besser für Sie: Wechseln Sie einfach fortwährend durch die ganze Bahn, und zwar in der „Jungpferdeversion", ohne die Ecken auszureiten von Zirkelpunkt zu Zirkelpunkt. Jeweils auf der Geraden verlängern Sie ganz sanft die Galoppsprünge. So kommen Sie mit etwas Schwung in die Kontergaloppsequenz hinein und reiten auch mit etwas neuem Schwung wieder heraus. Nach einigen Durchläufen verselbstständigt

Katharinas Tipp

Mein persönlicher Tipp für den Kontergalopp ist es, sich gar nichts dabei zu denken: Galoppieren Sie im Handgalopp an, wechseln Sie die Richtung und bleiben Sie dabei einfach ganz entspannt so sitzen, wie Sie sitzen. Stellen oder treiben Sie Ihr Pferd weder mehr noch weniger und verbreiten Sie über ein unaufwendiges Mitsitzen des Galopps das Gefühl von Normalität. Wer sein Pferd durch die vorangehenden Übungen so weit ausgebildet und am Sitz hat, dem gelingt auch der Kontergalopp. Jedes „Mehr" an Muskeltonus und Stress führt je nach Pferd oft zum Ausfallen oder ungewolltem Umspringen.

Stellen Sie sich beispielsweise vor, Sie galoppieren im Gelände einen Waldweg entlang und dieser beschreibt ab und zu ein paar Kurven. Dabei lassen Sie Ihr Pferd ja auch einfach gleichmäßig weitergaloppieren, ohne jedes Mal den Galopp zu wechseln. Durch das Ausreiten haben Sie vermutlich während der Grundausbildung schon immer mal ganz nebenbei auch ein paar Galoppsprünge unspektakulär im Kontergalopp praktiziert.

Übung I:
Wechsel durch die ganze Bahn ohne Galoppwechsel mit abgerundeten Ecken

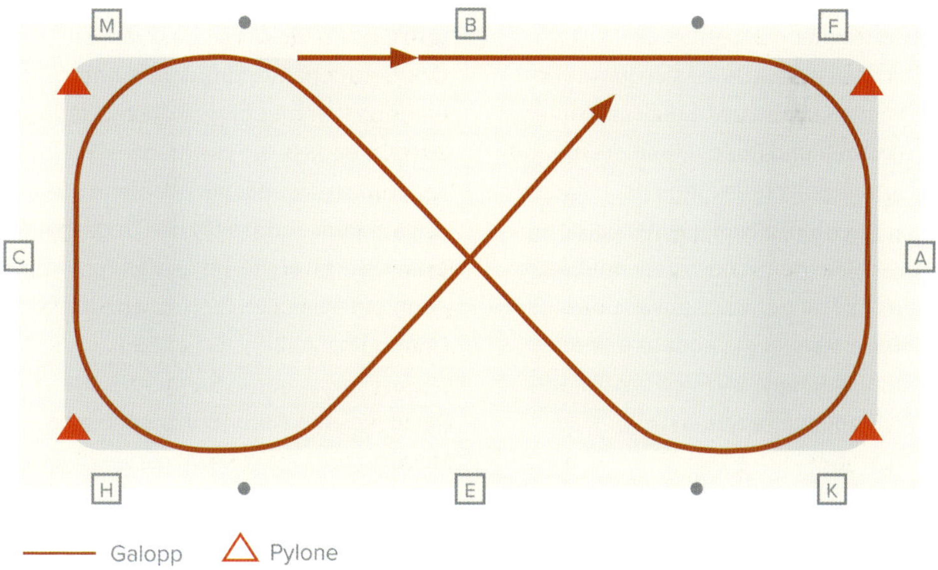

Übung J:
Einfache Schlangenlinie ohne Galoppwechsel

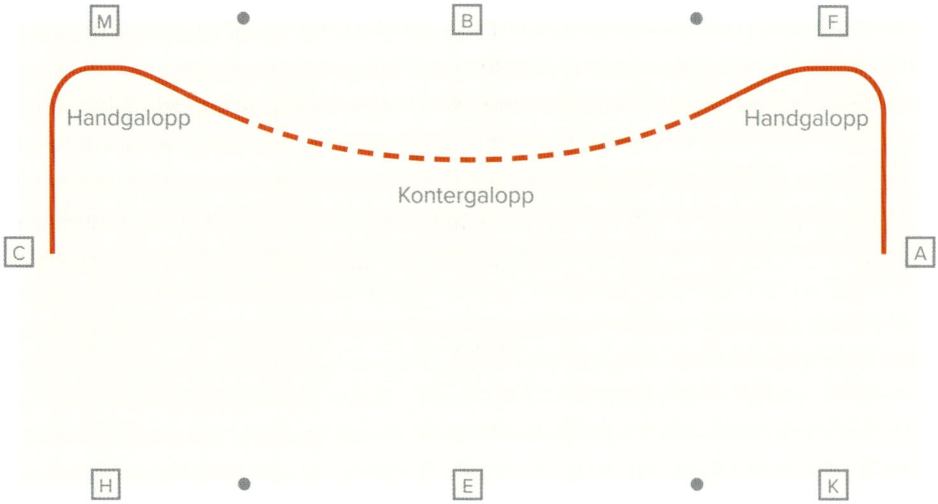

sich das womöglich, sodass Sie immer weniger zu treiben brauchen und Ihr Pferd das Tempo einfach hält.

Auch eine einfache Schlangenlinie an der langen Seite stellt eine Möglichkeit dar, den Kontergalopp zu entwickeln. Der Vorteil dabei ist, dass es sich ja wirklich nur um ein sehr kurzes Stück im Kontergalopp handelt und Sie den mittleren Bogen der Schlangenlinie anfangs noch flacher reiten (oder Ihre Schüler reiten lassen) können als eigentlich vorgeschrieben, sodass es fast gar nicht auffällt, dass Pferd und Reiter kurz in die andere Richtung wenden, bevor sie wie gewohnt wieder im Handgalopp weiterreiten.

Wenn Ihre Linienführung in den ersten Trainingssequenzen des Kontergalopps noch etwas ungenau werden, ist das völlig tolerabel. Sobald Sie und Ihr Pferd aber dann das Bewegungsgefühl für den Kontergalopp verinnerlicht haben, geht es natürlich auch dabei um das Reiten „auf Linie“, das heißt, dass Sie sich wirklich konkrete Hufschlagfiguren vornehmen und diese Linie dann auch wirklich treffen. Der geraderichtende Aspekt des Kontergalopps kommt unter anderem dadurch zustande, dass Sie die lange Seite exakt am Hufschlag entlangreiten ohne zu schwanken, sodass Sie die Begrenzung des äußeren Hinterbeins durch die Bande auch tatsächlich nutzen. (Siehe Kasten „Innen und Außen“, Seite 89.)

Auch was die Abrundung der Ecken betrifft, ist es ganz wichtig, diese auf einer geplanten Linie zu vollziehen – nicht etwa auf der einen Hand dann noch ein paar Meter mehr abgekürzt und auf der

Was, wenn das Pferd ungewollt den Galopp wechselt?

Bitte kommentieren Sie ein „falsches“ Umspringen Ihres Pferdes nicht weiter! Auf keinen Fall sollten Sie es in irgendeiner Weise strafen, denn die Idee, auch einen fliegenden Wechsel springen zu können, ist ja für den weiteren Ausbildungsweg eigentlich eine großartige.

Fragen Sie sich stattdessen selbst, was Sie womöglich in Ihrem Sitz für Ungenauigkeiten haben. Haben Sie vielleicht den Drehsitz nicht korrekt durchgehalten, sondern irgendwo „gewackelt“? Haben Sie vielleicht mit einer unbedarften Hand- oder Armbewegung oder auch nur einem scharfen Einatmen den Wechsel provoziert? Dann schauen Sie, wie Sie es schaffen, das Pferd mit Ihrem Sitz so ruhig und korrekt zu begleiten, dass es keinen Anlass für einen Wechsel sieht – bis zu dem Tag, an dem Sie gezielt mit den Galoppwechseln beginnen wollen.

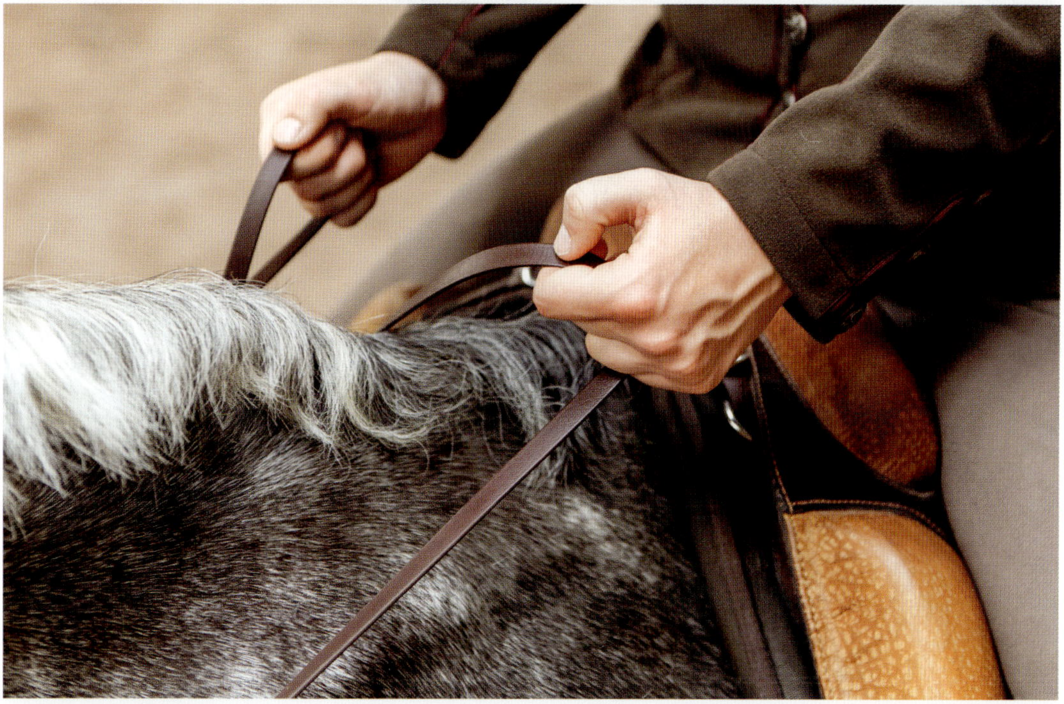

Besonders wichtig im Kontergalopp – die korrekt getragenen Zügelfäuste rahmen den Halsansatz seitlich ein, ohne ihn zu einer Seite zu ziehen.

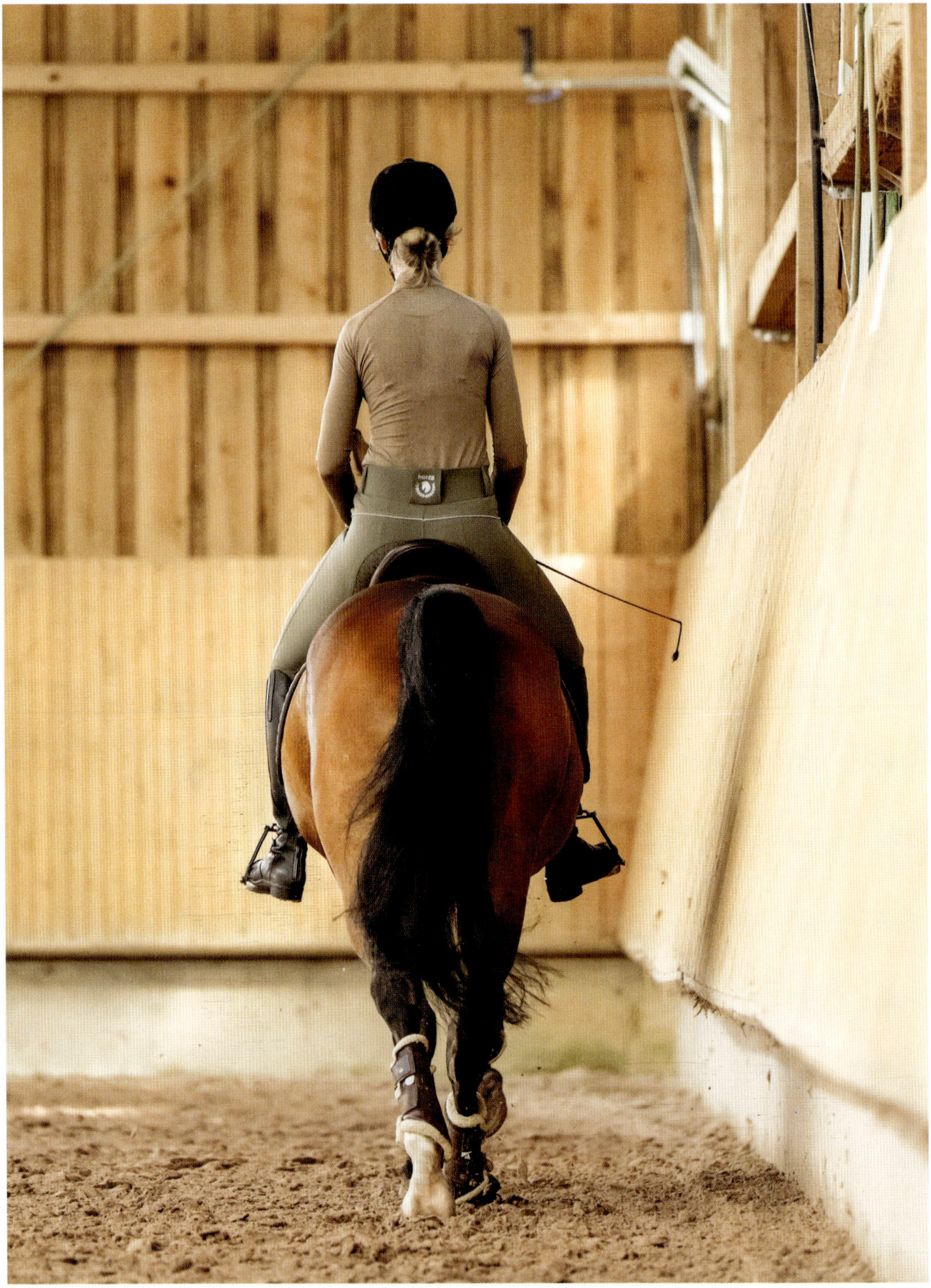

Rechtsgalopp auf der linken Hand: Auf gerader Linie macht das eigentlich keinen Unterschied, wo sich die Bande befindet.

anderen Hand doch knapp vor die Wand geritten! Markieren Sie sich auch hier gerne Ihre Linien mittels Pylonen, um sich selbst zu fordern und gleichzeitig auch zu kontrollieren, ob Sie eben immer gleich dicht an der Pylone vorbeireiten können (zum Beispiel in Übung I).

Die andere und letztlich auch für die weitere Ausbildung mindestens ebenso zielführende Methode ist es, ganz gezielt im Kontergalopp anzugaloppieren. Dazu bietet es sich an, zunächst ganze Bahn auf dem zweiten Hufschlag zu reiten. Üben Sie zunächst in Schritt und Trab, wirklich exakt ganze Bahn mit 1,5 Metern (so definiert sich die sogenannte „Hufschlagbreite“) Abstand zur Bande zu reiten und auf diese Weise auch exakte Ecken zu beschreiben, sodass Sie auch an der kurzen Seite wirklich gerade auf dem zweiten Hufschlag entlangreiten. Allein diese Vorübung in den niedrigeren Gangarten ist bereits sehr lehrreich bezüglich des seitlichen Einrahmens Ihres Pferdes, verbessert das Zusammenspiel der inneren und äußeren Hilfen und überprüft und verbessert die Geraderichtung.

Ein Tipp: Falls Ihr Pferd zum Schwanken in Richtung der Bande tendiert, üben Sie das Tritteverlängern auf dem zweiten Hufschlag. Wenn Sie es schaffen, beide Hinterbeine zu gleichmäßigem sanftem Schub zu animieren, wird Ihr Pferd sich in

Übung K 1:
Auf dem zweiten Hufschlag geritten

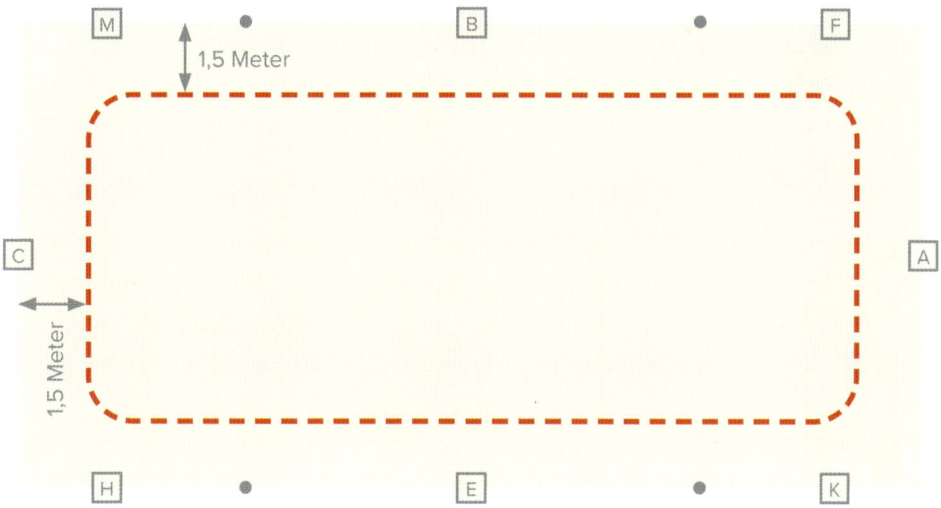

der Vorwärtsbewegung geradeziehen und gleichmäßig an beide Gebisshälften herantreten. Wenn es Ihnen nicht möglich ist, in Schritt und Trab geradeaus auf dem zweiten Hufschlag zu reiten, dann sind Sie und/oder Ihr Pferd noch nicht bereit für reell versammelten Kontergalopp. Stellen Sie am besten einmal eine Kamera auf einem Stativ in die Ecke und überprüfen Sie per Videokorrektur, ob Ihr Pferd weitestgehend eingespurt läuft, das heißt ob das rechte Hinterbein auf derselben Hufschlaglinie wie das rechte Vorderbein läuft und die beiden linken Beine sich ebenfalls auf einer Linie bewegen. Direkt von vorne oder hinten betrachtet sollten Sie also nur zwei Beine sehen.

Sollte Ihr Pferd auf dem mittlerweile erreichten Ausbildungsstand in der Hinterhand noch sichtlich breiter treten als in der Vorhand oder sogar ein bestimmtes Hinterbein immer leicht traversartig seitlich „am Schwerpunkt vorbei“ schwingen, dann überdenken Sie nicht nur Ihre bisherige Ausbildung und überprüfen Sie Ihre eigene Schiefe. Sind Ihre beiden Schultern und Hände auf einer Höhe? Blicken Sie wirklich geradeaus zwischen den Pferdeohren hindurch? Leuchtet der imaginäre „Bauchnabelstrahler“ wirklich geradeaus oder doch leicht verdreht zu einer Seite? Wenn davon etwas zutreffen sollte, ziehen ziehen Sie unbedingt auch ein bisher unerkanntes orthopädisches Problem in Betracht, das die Geraderichtung Ihres Pferdes verhindern könnte.

Schief oder lahm?

Am sogenannten „Schwerpunkt“ vorbeifußende oder einseitig nicht ganz so aktive Hinterbeine und verworfene Genicke werden landläufig gerne der „natürlichen Schiefe“ des Pferdes zugeschoben, die durch reiterliche Arbeit und gymnastizierendes Training geradegerichtet werden muss.

Bitte bedenken Sie, dass Schiefe nicht nur eines natürlichen Ursprungs sein muss: Wenn auf diesem nun doch schon fortgeschrittenen Ausbildungsstand noch eine deutliche Schiefe zu sehen und zu fühlen ist oder sich in anspruchsvoller werdenden Lektionen sogar deutlicher zeigt, ist das ein Hinweis auf eine bisher unentdeckte, unterschwellige Lahmheit.

Versucht das Pferd ein Hinterbein aufgrund eines Schmerzproblems zu schonen, sieht das genauso aus wie ein noch nicht geradegerichtetes oder schlecht gerittenes Pferd. Statt mehr Training benötigt Ihr Pferd in dem Fall aber einen fähigen Tierarzt!

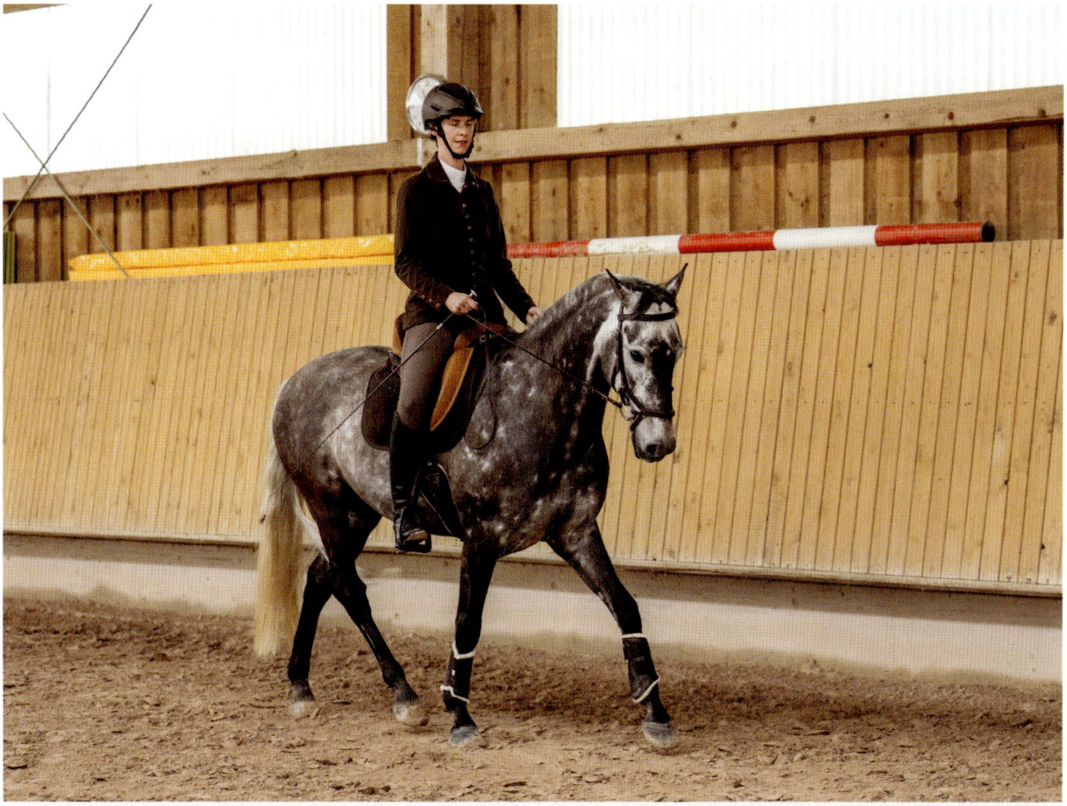

Reiten Sie in kerzengerader Linie auf dem zweiten Hufschlag im Schritt und Trab.

Übungen auf dem zweiten Hufschlag

Gelingt Ihnen das Reiten gerader Linien mit einem in sich geraden Pferd auf dem zweiten Hufschlag sowohl an den langen als auch den kurzen Seiten wie in Übung K dargestellt, dann sind Sie bereit für den nächsten Schritt in Richtung Kontergalopp, der ebenfalls bereits eine ideale Vorübung für die Erarbeitung der fliegenden Wechsel darstellt: Stellen Sie Ihr Pferd bei weiterhin geradem Halsansatz und ohne zu schwanken im Genick für einige Schritte oder Trabtritte nach links, dann ganz sachte wieder gerade und einige Tritte später wiederum nach rechts. Reiten Sie dabei unbedingt weiterhin geradeaus auf dem zweiten Hufschlag, rahmen Sie den Halsansatz mit gleichmäßiger Anlehnung seitlich ein. Das (Um-)Stellen im Genick muss als ganz sanfter, nahezu unsichtbarer Prozess gestaltet werden, welcher wirklich nur das Genick des Pferdes betrifft, ohne dass sich die gerittene Linie verändert.

Behalten Sie eine Stellung über mehrere Meter bei, bevor Sie langsam umstellen. Dieser kleinschrittige und unspektakuläre Übungsaufbau wird sich später auszahlen. Wenn Ihnen diese Vorübung nämlich

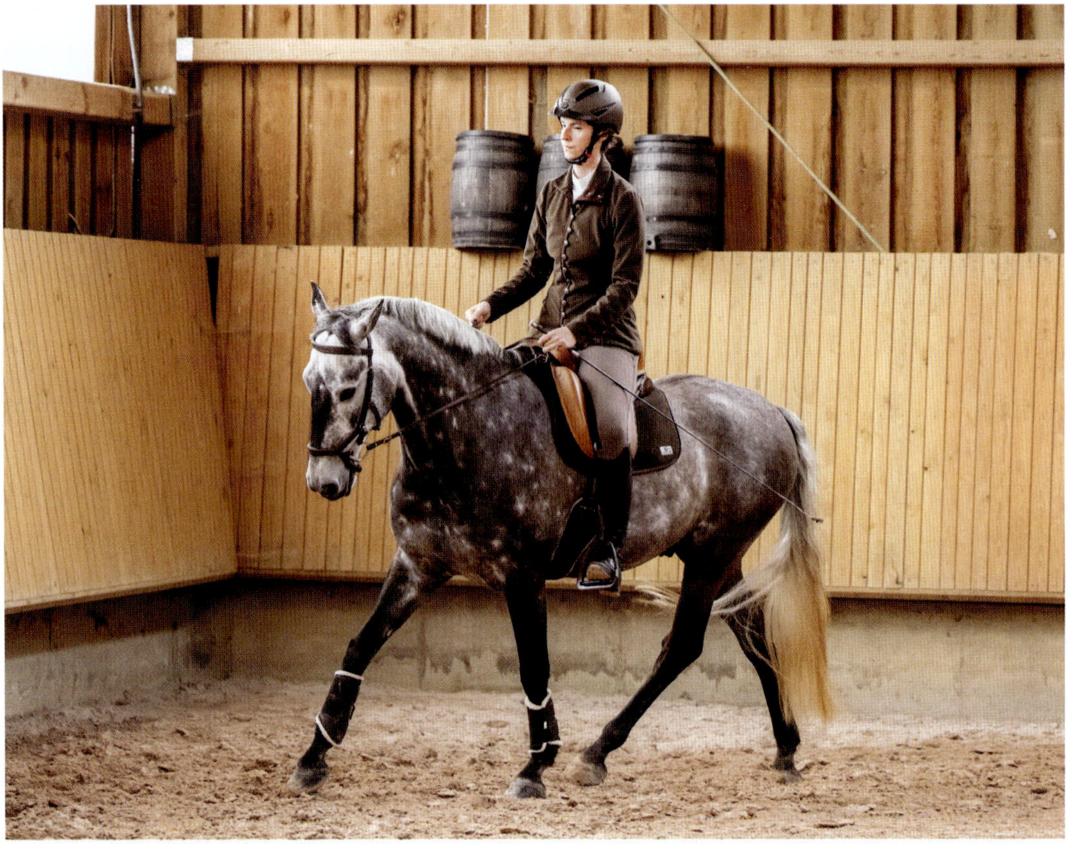

Beschreiben Sie auch auf dem zweiten Hufschlag korrekte Ecken.

gelingt und Sie auch das Angaloppieren aus dem Schritt beherrschen, schaffen Sie auch den Kontergalopp.

Wir beginnen beispielhaft auf der linken Hand. Reiten Sie auf dem zweiten Hufschlag und stellen Sie Ihr Pferd nach der Ecke konter, also ganz leicht nach rechts. Galoppieren Sie am Anfang auf der langen Seite, also etwa bei F im Rechtsgalopp an. Parieren Sie am Ende der langen Seite, also bei M, wieder in den Schritt und reiten Sie die kurze Seite im Schritt. Vor H stellen Sie Ihr Pferd ganz leicht nach links und galoppieren dann bei H im Linksgalopp an, um wiederum am Ende der langen Seite bei K zurück in den Schritt zu parieren. Auf diese Weise galoppieren Sie also abwechselnd im Rechts- und Linksgalopp, aber immer schnurgerade, sodass gymnastisch und per Definition eigentlich noch gar kein echter Kontergalopp dabei war, weil Ihr Pferd ja nie wenden musste.

Ziel ist es, dass weder Reiter noch Pferd sich irgendetwas dabei denken, eben mal links und mal rechts anzugaloppieren, egal auf welcher Hand wir um die Bahn reiten. Sobald das mit Selbstverständlichkeit

Übung K 2:
mit Links-Rechtsgalopp und umstellen auf dem zweiten Hufschlag

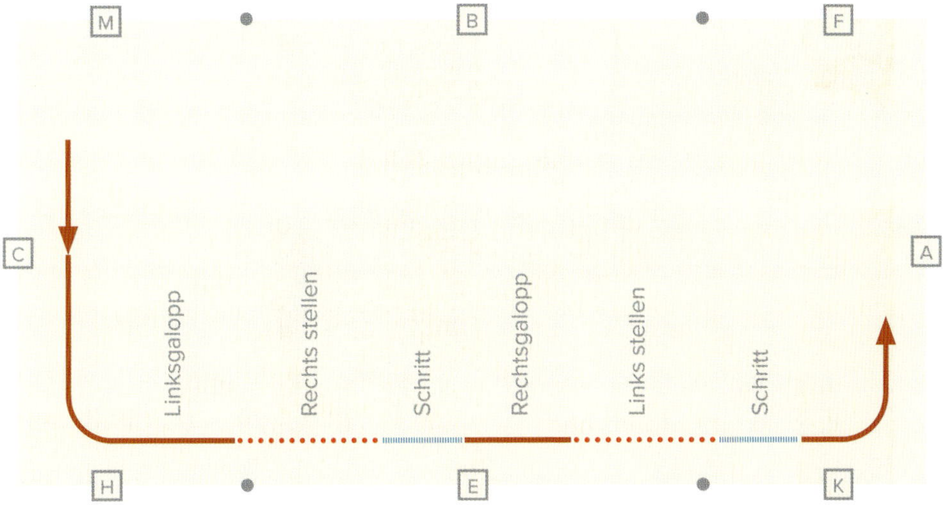

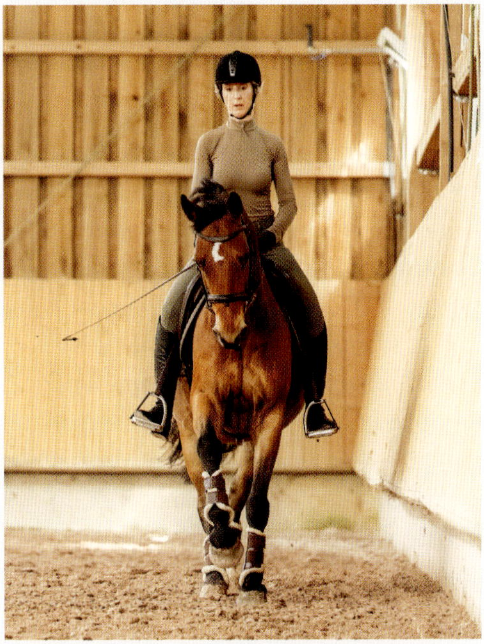

Die Kunst ist, das Pferd ganz leicht im Genick zu stellen, den Halsansatz aber mittig und das restliche Pferd geradeaus galoppieren zu lassen.

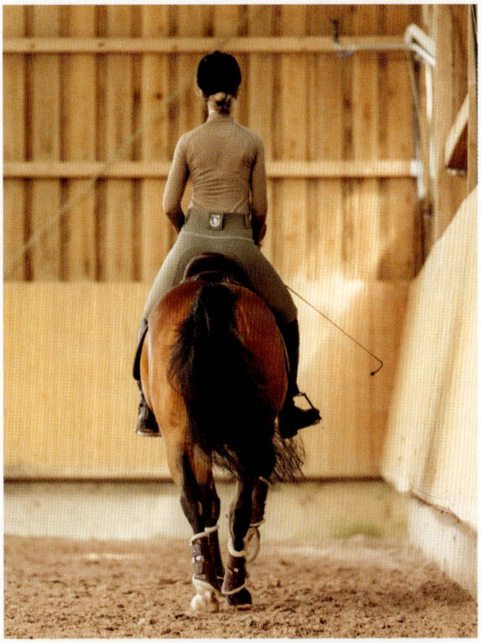

Von hinten lässt sich am besten beurteilen, ob das Pferd eingespurt galoppiert: Rechtsgalopp auf der linken Hand auf dem zweiten Hufschlag.

funktioniert, reiten Sie folgende Übung: Stellen Sie Ihr Pferd an völlig beliebiger Stelle nach links, galoppieren Sie einige Meter später im Linksgalopp an. Stellen Sie Ihr Pferd im Galopp gerade und parieren Sie einige Meter später in den Schritt. Reiten Sie mit geradem Genick einige Meter, bevor Sie es nach rechts stellen. Wiederum einige Meter später galoppieren Sie mit nach rechts gestelltem Pferd im Rechtsgalopp an, stellen es dann während des Galopps gerade und parieren in den Schritt. Reiten Sie einige Meter Schritt, stellen Sie es dann nach links und so weiter.

Wichtig: Nicht umstellen und sofort angaloppieren, sondern im Gegenteil: Trennen Sie das Umstellen im Genick ganz bewusst zeitlich von Ihren Übergängen. Dies sorgt nach einiger Übung für eine deutliche Geraderichtung und verbesserte Balance von Pferd und Reiter. Reiten Sie ganz selbstverständlich auch um die Ecken herum, sodass mal die Ecke im Handgalopp und mal im Kontergalopp geritten wird. Nach der beschriebenen Vorbereitung sollte nun beides spielend möglich sein und keinen Stress mehr auslösen.

Bleiben Sie jedes einzelne mal so lange im Schritt, wie es dauert, dass Ihr Pferd losgelassen schreitet. Falls Ihr Pferd „heiß wird“ auf den nächsten Galopp, sollte die Schrittphase deutlich länger sein als die Galoppphase. Ist es im Gegenteil eher ein wenig phlegmatisch, so können Sie die Schrittphase kurz halten. Ziel ist es, dass Ihr Pferd einerseits auf Ihre Hilfengebung wirklich wartet und taktklaren Schritt geht, andererseits aber aufmerksam ist und promt angaloppiert. Durch geschickten Aufbau der Übung wie beschrieben je nach Temperament Ihres Pferdes sollte sich ein „mittlerer Erregungszustand“ einstellen: Natürlich darf Ihr Pferd wissen, dass gleich wieder Galopp kommt, aber über eine so gute Impulskontrolle verfügen, dass es gelassen im Schritt wartet.

Haben Sie das derartig vorbereitet, sind einfache Galoppwechsel dann eigentlich selbsterklärend: Bleiben Sie auf der bekannten Übung, galoppieren Sie im Rechtsgalopp so lange Sie möchten, parieren Sie in den Schritt und galoppieren Sie drei Schritte später im Linksgalopp an.

Funktioniert das, drehen Sie den Spieß ruhig einmal um: Reiten Sie egal wie lange Schritt, um dann nur für genau drei Galoppsprünge im Rechtsgalopp zu galoppieren und direkt wieder in den Schritt zu parieren. Reiten Sie eine Weile Schritt und galoppieren Sie dann wieder für genau drei Galoppsprünge Linksgalopp. Diese Übung wirkt extrem versammelnd und – sofern Sie weiter wirklich geradeaus auf dem zweiten Hufschlag bleiben ohne zu Schwanken – auch extrem geraderichtend.

Nach einigen Wochen oder Monaten des Trainings schaffen Sie vielleicht sogar folgende Variante: Drei Galoppsprünge

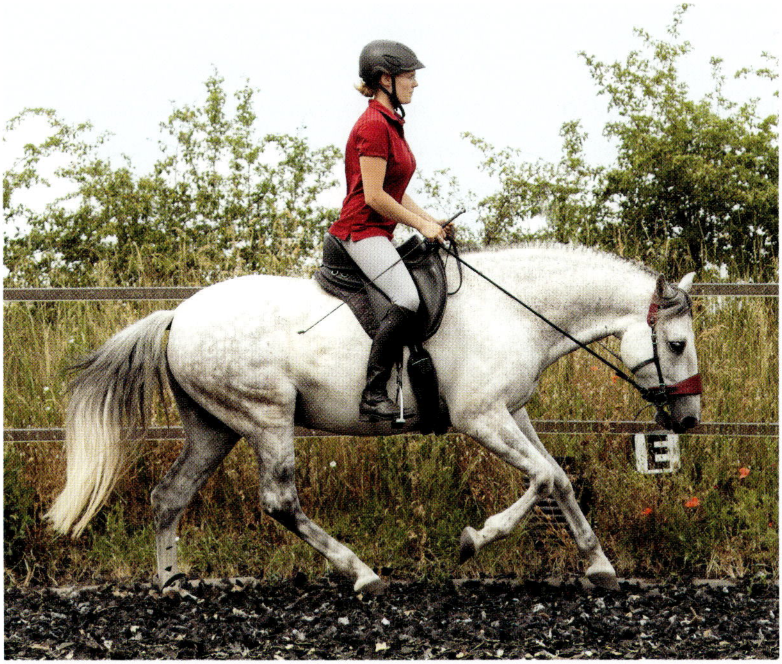

Zwischen versammelten Reprisen ist es wichtig, die Zügel immer wieder aus der Hand kauen und den Rahmen erweitern zu lassen.

Zügel aus der Hand kauen lassen

Beim Schließen und Versammeln des Galopps soll und darf sich der Rahmen des Pferdes natürlich verkürzen. Das Genick soll nach oben kommen, die Stirn-Nasenlinie darf senkrecht getragen werden. Je versammelter, desto beigezäumter.

Achten Sie unbedingt darauf, zwischen den versammelnden und versammelten Reprisen aber auch immer wieder den Rahmen zu erweitern und reiten Sie in jeder Einheit zwischen den Lektionen auch Zügel aus der Hand kauen lassen im Arbeitsgalopp. Ein Pferd, was vorher korrekt über den Sitz versammelt und aufgerichtet war, dehnt sich dabei nach vorwärts-abwärts an die Hand heran: Öffnen Sie nur die Finger und schieben Sie Ihr Brustbein ein bisschen nach vorne. Das Pferd sollte seinen Hals selbsttätig verlängern und den Genickwinkel öffnen, sodass die Stirn-Nasenlinie dabei deutlich vor die Senkrechte kommt. Sollte die Stirn-Nasenlinie an oder hinter der Senkrechten bleiben, obwohl die Zügel schon durchhängen, treiben Sie etwas früher nach vorne, sodass sich der Hals verlängert. Sollte Ihr Pferd sich gar nicht dehnen wollen, sondern sich beim Verlängern der Zügel herausheben oder einrollen, dann war die vorangehende Arbeit noch nicht richtig. Zur Verbesserung der Losgelassenheit und Dehnungsbereitschaft empfehlen wir unser Buch „Dehnungshaltung“, das ebenfalls im Verlag Müller Rüschlikon erschienen ist.

Rechtsgalopp, drei Schritte Schritt, drei Galoppsprünge Linksgalopp, drei Schritte Schritt und so weiter. Dabei handelt es sich um eine ideale Vorübung nicht nur für reelle fliegende Wechsel auf gerader Linie, sondern durch die Schulung Ihres Rhythmusgefühls auch gleich für die Vorbereitung auf Serienwechsel.

Seitwärts im Galopp

Nachdem Sie nun wirklich absichtlich geradeaus galoppieren können, dürfen Sie mit dem Seitwärtsgaloppieren beginnen. Warum in dieser Reihenfolge? Ein versehentliches oder zufälliges Seitwärtsgaloppieren ist keinesfalls ein Zeichen von Versammlung und fortgeschrittener Ausbildung, sondern im Gegenteil oft der Versuch des Pferdes, der Hankenbeugung sogar zu entgehen, indem es eben nicht mit beiden Hinterbeinen in Richtung seines Schwerpunkts galoppiert, sondern seitlich daran vorbei, was häufig auch noch mit einem Taktverlust hin zu einem deutlichen Vierschlaggalopp verbunden ist. Jedes übermäßige Mobilmachen der Hinterhand geht nicht nur zu Lasten der Lendenwirbelsäule (mehr dazu im Buch „Biegung"), sondern führt allzu leicht dazu, dass das Pferd dann ohne echte Schubkraft zu entwickeln und im Rücken stabil zu werden nahezu beliebig mal rechts, mal links breit tritt und vom Reitgefühl her eher einer Schlange gleicht. Kernpunkt echter Versammlung hingegen ist es, dass die Hinterhand stabil nach vorwärts durchspringt, während die Vorhand vor die

Übertraining und Ermüdung machen verletzungsanfällig

Galopparbeit ist anstrengend: Muskulatur, Sehnen und Bänder vollbringen Höchstleistungen. Bei intensivem Galopptraining inklusive Seitengängen, Übergängen etc. kann es zu Mikroschäden in Muskulatur und Sehnen-/Bandapparat kommen. Der Körper kann diese reparieren, Energiespeicher der Muskulatur auffüllen – doch dafür benötigt er Regenerationspausen. In diesen kommt es zur Superkompensation, das heißt der Pferdekörper wird sogar etwas leistungsfähiger als vor dem Trainingsreiz. Für die Kollagensynthese in den Sehnen sind hierfür durchschnittlich 72 Stunden nötig. Trainieren Sie deshalb idealerweise nur jeden dritten Tag intensivere Galopp-Schritt-Übergänge, Seitengänge im Galopp oder fliegende Wechsel.

Mehr zu kluger Trainingsplanung: www.elopage.com/s/osteodressage

Hinterhand eingerichtet wird. Erst wenn dies durch in sich gerades Reiten auf geraden und gebogenen Linien hinreichend abgesichert ist, Sie also von vorne oder hinten betrachtet nur zwei Beine sehen und Ihr Pferd nirgendwohin seitlich ausweicht, macht es didaktisch Sinn, absichtlich Seitwärtsbewegungen zu trainieren.

Dazu kommt trainingsphysiologisch außerdem, dass die Belastungen, die bei Seitwärtsbewegungen im Galopp insbesondere in den Einbeinstützen auf die Pferdegelenke wirken, nicht zu unterschätzen sind. Nur wenn Pferde vorab gut trainiert wurden, sind sie diesen Belastungen gewachsen.

Wir beginnen mit dem Viereckvergrößern von der Viertellinie bis zur Bande. Wenn Sie die Übungen in diesem Buch in der beschriebenen Reihenfolge gemacht haben, ist Ihnen diese Lektion in Schritt und Trab schon bekannt. Falls nicht, bereiten Sie sie bitte vor wie zuvor beschrieben.

Sobald das schenkelweichenartige Seitwärtsreiten in den niedrigeren Gangarten wie beschrieben parallel zur Bande gelingt, beginnen wir damit im Galopp.

Galoppieren Sie zunächst eine oder zwei Runden auf der Viertellinie geradeaus, ohne das Pferd dem Schenkel weichen zu lassen. Achten Sie dabei darauf, dass Sie Ihr Pferd gut „vor sich“ haben, sodass es auf der Viertellinie ohne zu schwanken geradeaus durchspringt. Ein leicht verkürztes Arbeitstempo genügt zu Beginn; der Galopp muss noch nicht besonders versammelt sein.
Lassen Sie es im nächsten Schritt dann dem inneren Schenkel weichen, bis Sie an der Bande ankommen. Die Seitwärtsbewegung darf anfangs noch ganz unspektakulär und flach ausfallen.

Hilfengebung

Die Priorität liegt darauf, ein gleichmäßiges Tempo zu erhalten und mit sanftem Schenkel taktmäßig leicht vorwärts-seitwärts zu galoppieren – nicht auf spektakulärem Kreuzen! Achten Sie darauf, Ihren inneren, treibenden Unterschenkel senkrecht vorne am Gurt zu lassen. Wenn dieser hochgezogen wird oder zu weit zurückrutscht, springen Pferde ungewollt um, beginnen mit dem Schweif zu schlagen oder verlieren den Takt. Reiten Sie lieber nur wenige Meter ganz flach vorwärts-seitwärts und nutzen dafür wirklich Ihre flache Wade, nicht die Ferse. Es muss leicht gehen, sonst ist es falsch oder zu früh!

Unterstützend für die Seitwärtstendenz können Sie den Bügeltritt nutzen: Treten Sie im Takt der Galoppsprünge (im Moment des auffußenden Vorderbeins, zu dem Sie hin reiten wollen) mit ein paar Gramm mehr Gewicht in den Steigbügel der Seite, zu der Ihr Pferd hin galoppieren soll.

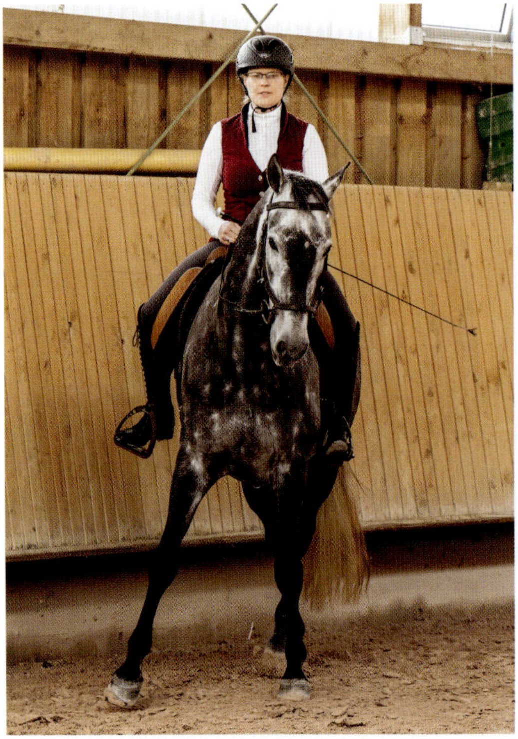

Das Schulterherein hebt die Längsbiegung auf ein neues Niveau.

diesem Ausbildungsstand nun dahin entwickelt haben, jede Ecke wirklich wie eine „Viertelvolte“ zu reiten, wie es die Reitlehre vorgibt. Üben Sie das, indem Sie einmal wirklich in jeder Ecke eine Volte einbauen. Diese soll vorerst einen Durchmesser von zehn Metern haben, also bis zur Mittellinie reichen.

Durch die damit erreichte Längsbiegung und Innenstellung haben wir die ideale Voraussetzung für unsere erste Traversalverschiebung, beispielsweise auf der linken Hand: Normalerweise würden Sie Ihr Pferd nach der Ecke wieder gerademachen für die lange Seite. Nun behalten Sie die Biegung und natürlich den dazu passenden Drehsitz bei: der innere, also linke Unterschenkel bleibt senkrecht

Übung M:
Ganze Bahn mit Galoppvolten in den Ecken, dann Traversalverschiebung und schenkelweichenartig vergrößern

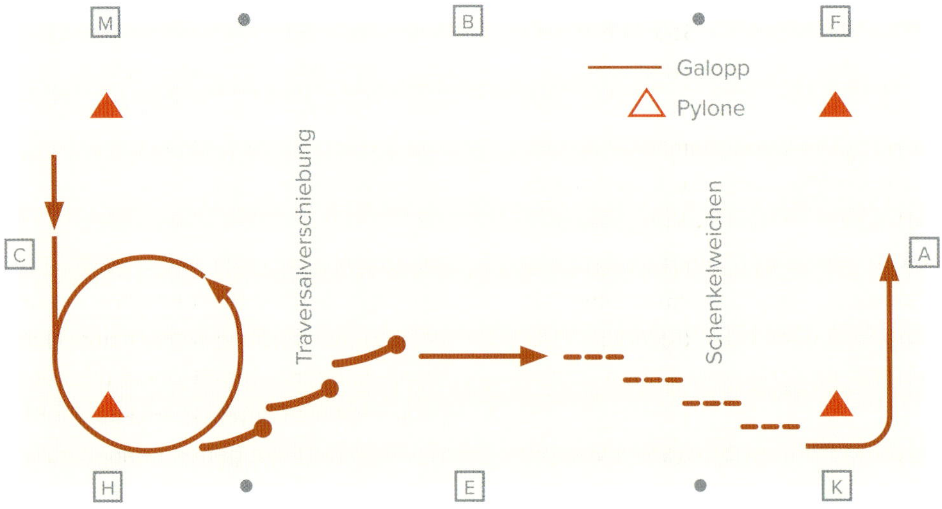

Hinterhand eingerichtet wird. Erst wenn dies durch in sich gerades Reiten auf geraden und gebogenen Linien hinreichend abgesichert ist, Sie also von vorne oder hinten betrachtet nur zwei Beine sehen und Ihr Pferd nirgendwohin seitlich ausweicht, macht es didaktisch Sinn, absichtlich Seitwärtsbewegungen zu trainieren.

Dazu kommt trainingsphysiologisch außerdem, dass die Belastungen, die bei Seitwärtsbewegungen im Galopp insbesondere in den Einbeinstützen auf die Pferdegelenke wirken, nicht zu unterschätzen sind. Nur wenn Pferde vorab gut trainiert wurden, sind sie diesen Belastungen gewachsen.

Wir beginnen mit dem Viereckvergrößern von der Viertellinie bis zur Bande. Wenn Sie die Übungen in diesem Buch in der beschriebenen Reihenfolge gemacht haben, ist Ihnen diese Lektion in Schritt und Trab schon bekannt. Falls nicht, bereiten Sie sie bitte vor wie zuvor beschrieben.

Sobald das schenkelweichenartige Seitwärtsreiten in den niedrigeren Gangarten wie beschrieben parallel zur Bande gelingt, beginnen wir damit im Galopp.

Galoppieren Sie zunächst eine oder zwei Runden auf der Viertellinie geradeaus, ohne das Pferd dem Schenkel weichen zu lassen. Achten Sie dabei darauf, dass Sie Ihr Pferd gut „vor sich" haben, sodass es auf der Viertellinie ohne zu schwanken geradeaus durchspringt. Ein leicht verkürztes Arbeitstempo genügt zu Beginn; der Galopp muss noch nicht besonders versammelt sein.
Lassen Sie es im nächsten Schritt dann dem inneren Schenkel weichen, bis Sie an der Bande ankommen. Die Seitwärtsbewegung darf anfangs noch ganz unspektakulär und flach ausfallen.

Hilfengebung

Die Priorität liegt darauf, ein gleichmäßiges Tempo zu erhalten und mit sanftem Schenkel taktmäßig leicht vorwärts-seitwärts zu galoppieren – nicht auf spektakulärem Kreuzen! Achten Sie darauf, Ihren inneren, treibenden Unterschenkel senkrecht vorne am Gurt zu lassen. Wenn dieser hochgezogen wird oder zu weit zurückrutscht, springen Pferde ungewollt um, beginnen mit dem Schweif zu schlagen oder verlieren den Takt. Reiten Sie lieber nur wenige Meter ganz flach vorwärts-seitwärts und nutzen dafür wirklich Ihre flache Wade, nicht die Ferse. Es muss leicht gehen, sonst ist es falsch oder zu früh!

Unterstützend für die Seitwärtstendenz können Sie den Bügeltritt nutzen: Treten Sie im Takt der Galoppsprünge (im Moment des auffußenden Vorderbeins, zu dem Sie hin reiten wollen) mit ein paar Gramm mehr Gewicht in den Steigbügel der Seite, zu der Ihr Pferd hin galoppieren soll.

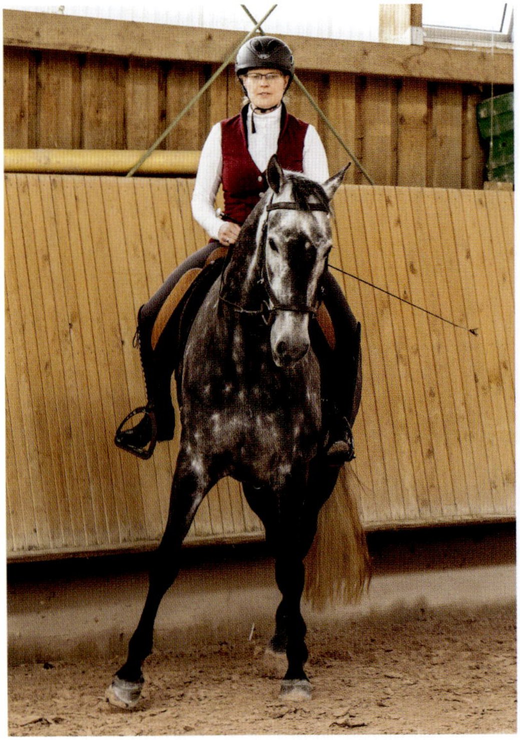

Das Schulterherein hebt die Längsbiegung auf ein neues Niveau.

diesem Ausbildungsstand nun dahin entwickelt haben, jede Ecke wirklich wie eine „Viertelvolte“ zu reiten, wie es die Reitlehre vorgibt. Üben Sie das, indem Sie einmal wirklich in jeder Ecke eine Volte einbauen. Diese soll vorerst einen Durchmesser von zehn Metern haben, also bis zur Mittellinie reichen.

Durch die damit erreichte Längsbiegung und Innenstellung haben wir die ideale Voraussetzung für unsere erste Traversalverschiebung, beispielsweise auf der linken Hand: Normalerweise würden Sie Ihr Pferd nach der Ecke wieder geradémachen für die lange Seite. Nun behalten Sie die Biegung und natürlich den dazu passenden Drehsitz bei: der innere, also linke Unterschenkel bleibt senkrecht

Übung M:
Ganze Bahn mit Galoppvolten in den Ecken, dann Traversalverschiebung und schenkelweichenartig vergrößern

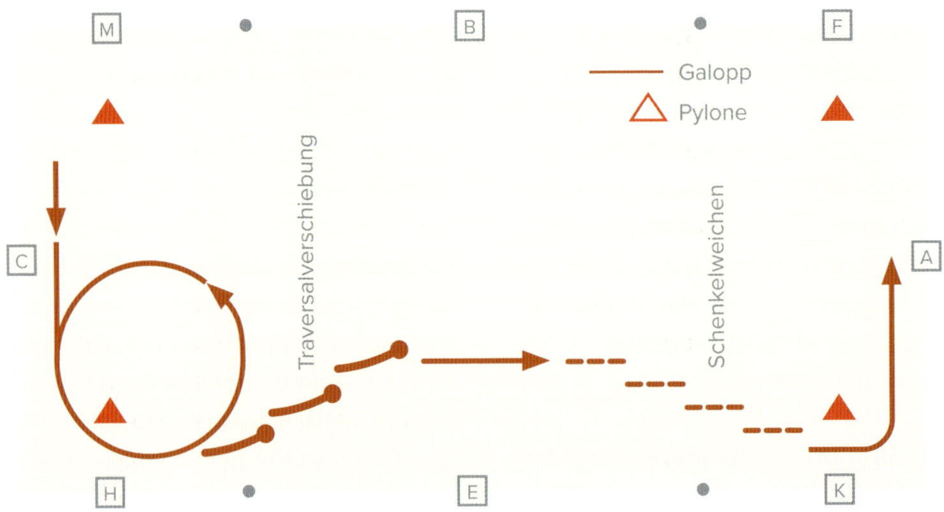

Hinterhand eingerichtet wird. Erst wenn dies durch in sich gerades Reiten auf geraden und gebogenen Linien hinreichend abgesichert ist, Sie also von vorne oder hinten betrachtet nur zwei Beine sehen und Ihr Pferd nirgendwohin seitlich ausweicht, macht es didaktisch Sinn, absichtlich Seitwärtsbewegungen zu trainieren.

Dazu kommt trainingsphysiologisch außerdem, dass die Belastungen, die bei Seitwärtsbewegungen im Galopp insbesondere in den Einbeinstützen auf die Pferdegelenke wirken, nicht zu unterschätzen sind. Nur wenn Pferde vorab gut trainiert wurden, sind sie diesen Belastungen gewachsen.

Wir beginnen mit dem Viereckvergrößern von der Viertellinie bis zur Bande. Wenn Sie die Übungen in diesem Buch in der beschriebenen Reihenfolge gemacht haben, ist Ihnen diese Lektion in Schritt und Trab schon bekannt. Falls nicht, bereiten Sie sie bitte vor wie zuvor beschrieben.

Sobald das schenkelweichenartige Seitwärtsreiten in den niedrigeren Gangarten wie beschrieben parallel zur Bande gelingt, beginnen wir damit im Galopp.

Galoppieren Sie zunächst eine oder zwei Runden auf der Viertellinie geradeaus, ohne das Pferd dem Schenkel weichen zu lassen. Achten Sie dabei darauf, dass Sie Ihr Pferd gut „vor sich" haben, sodass es auf der Viertellinie ohne zu schwanken geradeaus durchspringt. Ein leicht verkürztes Arbeitstempo genügt zu Beginn; der Galopp muss noch nicht besonders versammelt sein.
Lassen Sie es im nächsten Schritt dann dem inneren Schenkel weichen, bis Sie an der Bande ankommen. Die Seitwärtsbewegung darf anfangs noch ganz unspektakulär und flach ausfallen.

Hilfengebung

Die Priorität liegt darauf, ein gleichmäßiges Tempo zu erhalten und mit sanftem Schenkel taktmäßig leicht vorwärts-seitwärts zu galoppieren – nicht auf spektakulärem Kreuzen! Achten Sie darauf, Ihren inneren, treibenden Unterschenkel senkrecht vorne am Gurt zu lassen. Wenn dieser hochgezogen wird oder zu weit zurückrutscht, springen Pferde ungewollt um, beginnen mit dem Schweif zu schlagen oder verlieren den Takt. Reiten Sie lieber nur wenige Meter ganz flach vorwärts-seitwärts und nutzen dafür wirklich Ihre flache Wade, nicht die Ferse. Es muss leicht gehen, sonst ist es falsch oder zu früh!

Unterstützend für die Seitwärtstendenz können Sie den Bügeltritt nutzen: Treten Sie im Takt der Galoppsprünge (im Moment des auffußenden Vorderbeins, zu dem Sie hin reiten wollen) mit ein paar Gramm mehr Gewicht in den Steigbügel der Seite, zu der Ihr Pferd hin galoppieren soll.

Fehler und Lösungen

Das Vorderbein dieser Seite darf ganz kurz vor dem gleichseitigen Hinterbein an der Bande ankommen, während das Pferd aber in sich gerade und vor allem sein Hals stabil mittig vor seinem Rumpf bleibt. Falsch ist es, wenn die Hinterhand die Vorhand überholt und zuerst die Bande erreicht. Treiben Sie dann weniger mit dem Schenkel und denken Sie mehr an vorwärts-seitwärts. Falsch ist es auch, wenn das Pferd im Halsansatz abknickt und „über die Schulter weg" seitwärts geht. Achten Sie in dem Fall darauf, wirklich beide Ellbogen gleichmäßig angewinkelt zu halten und jede Zügelfaust auf Ihrer Seite des Mähnenkamms zu lassen.

Die Kunst der Kombination

Das Schenkelweichen kann hervorragend durch die Kombination mit weiteren Übungen verbessert werden. Die Kunst liegt in der Auswahl und Abwechslung, je nachdem, was Sie gerade verbessern möchten.

Ist das Schenkelweichen so weit okay, aber eher etwas eilig und zu flach? Möchten Sie das Kreuzen verbessern und den Galopp ein wenig mehr setzen? Galoppieren Sie schenkelweichenartig bis zum Hufschlag und parieren Sie dort angekommen sofort in den Trab, später auch in den Schritt. Reiten Sie einige Meter in der anderen Gangart und galop-

Übung L:
Viereck vergrößern mit Übergängen (1) und Zulegen (2)

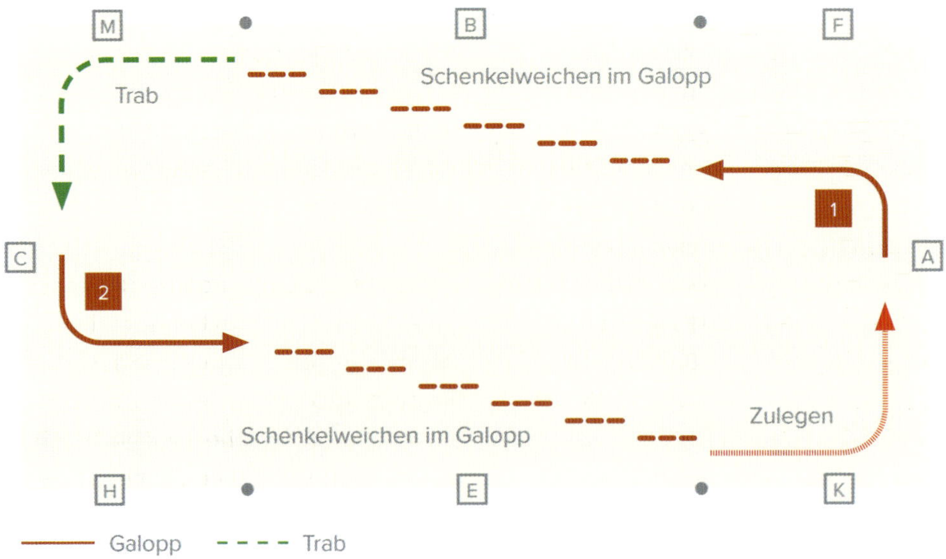

pieren Sie dann beispielsweise Mitte der kurzen Seite wieder an, um die Übung zu wiederholen. Nach einigen Durchgängen mit rückführenden Übergängen nach dem Schenkelweichen werden Sie immer besser zum Sitzen kommen und steiler seitwärts reiten können.

Anders sollten Sie die Übung kombinieren, wenn Ihr Pferd dazu neigt, den Fleiß im Seitwärtsgaloppieren zu verlieren, sich eher etwas herauszuheben und gefühlt auf der Stelle zu hüpfen, anstatt richtig durchzuspringen. Dieses Auf-und-ab-Springen mit einem nach oben und unten hebelndem Hals darf nicht mit Versammlung verwechselt werden (nein, auch nicht barocker Form), sondern ist eigentlich eine Form des Klemmens und Sich-Verhaltens. Kein Beinbruch, aber stellen Sie dann auf jeden Fall die Reaktion auf die vorwärtstreibenden Hilfen sicher und die Losgelassenheit wieder her. Dazu bauen Sie bei Erreichen des Hufschlags nach dem Schenkelweichen sofort ein Verlängern der Galoppsprünge ein (Hilfengebung siehe Übung L auf Seite 114) und lassen dann an der nächsten langen Seite die Zügel aus der Hand kauen, um die Dehnungsbereitschaft zu verbessern (mehr dazu im Buch „Dehnungshaltung" siehe Literaturempfehlungen am Ende des Buches), bevor Sie erneut ins Schenkelweichen starten.

Auch diese Übungsabfolge lebt von der Wiederholung. Reiten Sie sie beispielsweise pro Hand drei- oder viermal durch.

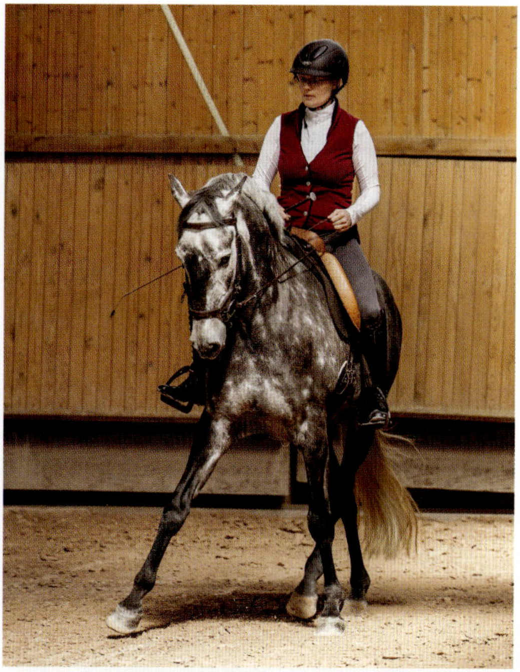

Seitengänge müssen selbstverständlich im Trab sicher sitzen, bevor sie im Galopp begonnen werden können.

Traversalverschiebung

Gelingt das schenkelweichenartige Viereckvergrößern zu beiden Seiten in einem flüssigen, aber mittlerweile doch schon hinreichend versammeltem Tempo, können wir auf dieser Grundlage nun auch beginnen, Traversalverschiebungen zu entwickeln.

Galoppieren Sie dafür ganze Bahn und reiten Sie die Ecken mit entsprechender Stellung und Biegung wirklich aus. Nutzen Sie auch dafür gerne Pylonen, mit denen Sie sich selbst vorgeben, wie tief Ihr Pferd bereits in die Ecke gehen können soll. Von eher flachen, abgerundeten Ecken in der Grundausbildung sollten Sie sich auf

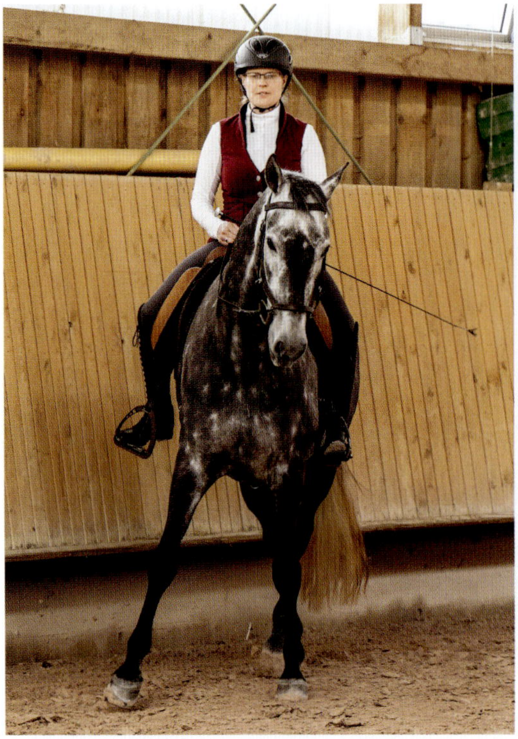

Das Schulterherein hebt die Längsbiegung auf ein neues Niveau.

diesem Ausbildungsstand nun dahin entwickelt haben, jede Ecke wirklich wie eine „Viertelvolte“ zu reiten, wie es die Reitlehre vorgibt. Üben Sie das, indem Sie einmal wirklich in jeder Ecke eine Volte einbauen. Diese soll vorerst einen Durchmesser von zehn Metern haben, also bis zur Mittellinie reichen.

Durch die damit erreichte Längsbiegung und Innenstellung haben wir die ideale Voraussetzung für unsere erste Traversalverschiebung, beispielsweise auf der linken Hand: Normalerweise würden Sie Ihr Pferd nach der Ecke wieder gerademachen für die lange Seite. Nun behalten Sie die Biegung und natürlich den dazu passenden Drehsitz bei: der innere, also linke Unterschenkel bleibt senkrecht

Übung M:
Ganze Bahn mit Galoppvolten in den Ecken, dann Traversalverschiebung und schenkelweichenartig vergrößern

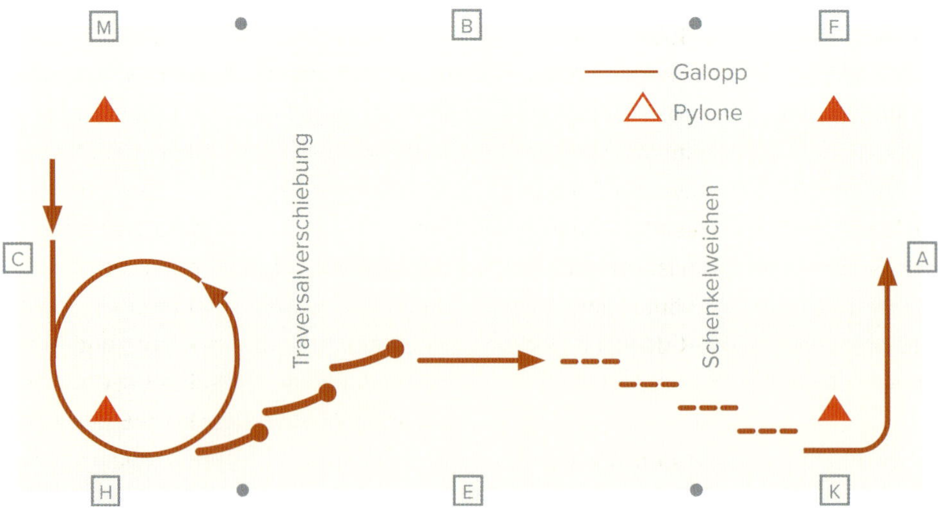

vorne am Gurt, der äußere rechte Schenkel liegt verwahrend. Ihr imaginärer „Bauchnabelstrahler“ bleibt genauso leicht nach links weit gedreht wie in der Volte. Den linken Zügel haben Sie ebenfalls seit der Volte um etwa zwei Zentimeter verkürzt. „Denken“ Sie nun am Wechselpunkt, also H, Richtung Viertellinie und nutzen Sie den Bügeltritt links, den Sie in der vorangehenden Übung L bereits etabliert haben.

Treten Sie Ihren linken Steigbügel bewusst nach vorne-unten aus und lassen Sie Ihre eigene rechte Schulter vorne, während Ihre rechte Hüfte etwas zurück bleibt. Lösen Sie die Traversalverschiebung durch ein kurzes, leichtes Treiben mit dem rechten Schenkel aus und sitzen Sie dann fleißig mit nach links. Einige wenige Galoppsprünge genügen. Es geht auch hierbei anfangs nicht um spektakuläres Kreuzen, sondern darum, die Biegung beizubehalten und die Verschiebung sanft auszulösen. Sobald Sie bemerken, dass Sie in Kürze wohl die Biegung um Ihren inneren Schenkel verlieren würden, übernimmt dieser das Treiben und Sie reiten etwa zwei Meter geradeaus, bevor Sie das Pferd dann dem linken Schenkel weichen lassen und so das Viereck wieder vorwärts-seitwärts verlassen und etwa bei K den Hufschlag erneut erreichen.

Die Linienführung ähnelt dem Viereckverkleinern und -vergrößern, nur dass wir die erste Hälfte eben in Bewegungsrichtung gebogen reiten und so die Traversalverschiebung entwickeln.

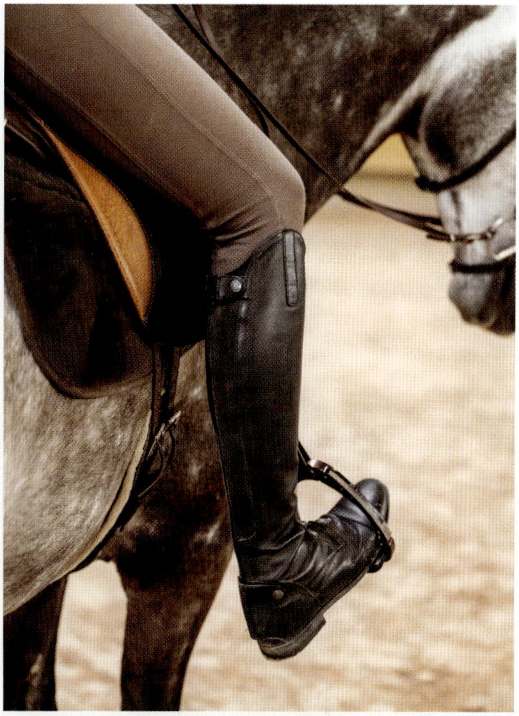

Häufiger Fehler: Wird für die Traversale der innere Schenkel derart nach vorn gestreckt, kann er die Biegung nicht biomechanisch korrekt unterstützen.

Wichtig: Auch wenn Sie Ihren äußeren (hier rechten) Schenkel zur Einleitung der Seitwärsverschiebung kurz benötigen, muss dieser das aktive Treiben sofort einstellen, wenn das Pferd die Bewegungsrichtung realisiert. Würde der äußere Schenkel zu sehr treiben, müsste sich das Pferd dort verkürzen und folgerichtig eben die Linksbiegung verlieren – der häufigste Fehler beim Erlernen der Traversalen! Deswegen trainieren wir in dieser Übung direkt nach dem Auslösen der Traversalverschiebung, dass der

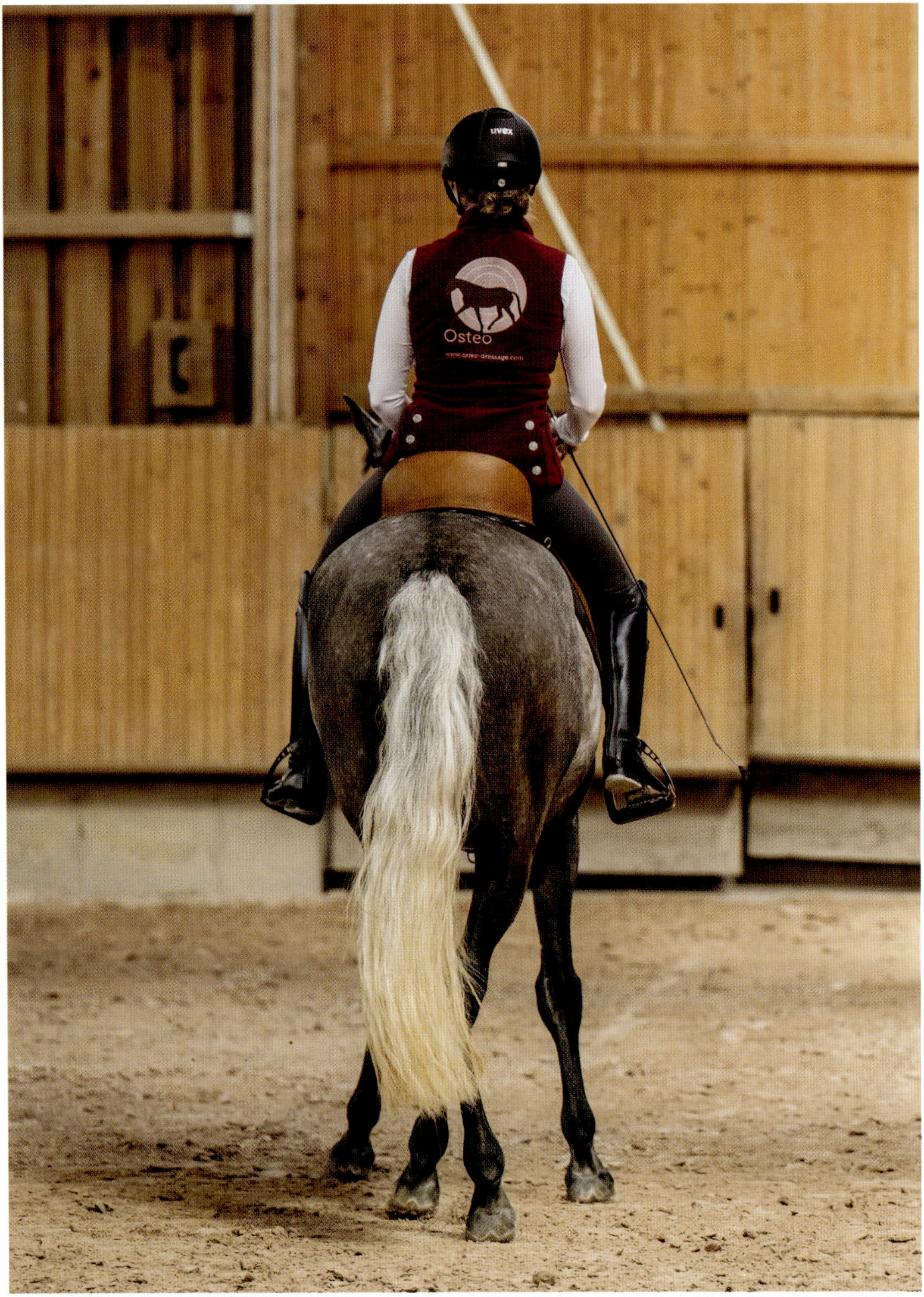

In der Traversale führt die Vorhand.

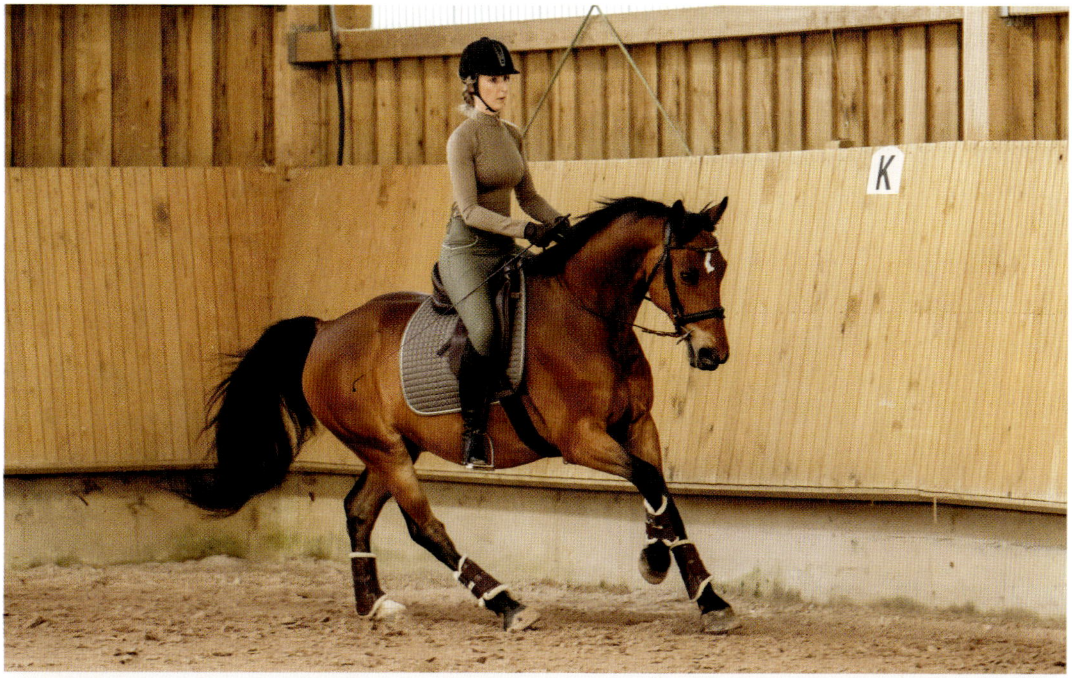

Frischen Sie den Galopp zwischen den Traversalverschiebungen immer wieder auf und kommen Sie zum Nachgeben.

innere Schenkel der vorherrschende wird und reiten direkt wieder auf den Hufschlag zurück, falls das Pferd Ihnen „auf den inneren Schenkel kommt", sprich die Biegung eben noch nicht hält. Sie können bis zur Viertellinie traversieren – oder auch schon früher geradeaus und wieder an die Bande zurückreiten, je nachdem, wie gut es schon klappt.

Fehler und Lösungen

Fehlerhaft in der Traversale wäre es, wenn die Hinterhand die Vorhand überholen würde. Das sieht zwar für unwissende Beobachter erst mal spektakulär aus, verfehlt dann aber den klassischen Nutzen der Lektion und verschleißt das Pferd dafür unnötig. Um der Versammlung zu dienen, muss sich die Vorhand immer vor dem inneren, sich bewegenden Hinterbein befinden. Das heißt auch in der Traversale soll genau wie bei der Vorübung Schenkelweichen das innere Vorderbein die Bewegung anführen und als Erstes am Zielpunkt, hier der Viertellinie, ankommen. Sobald die Hinterhand versehentlich zu überholen droht, reiten Sie unbedingt frisch geradeaus und ziehen Ihr Pferd in der Vorwärtsbewegung wieder gerade. Durch das folgende schenkelweichenartige Vergrößern fangen Sie außerdem ein zu breit gewordenes linkes Hinterbein auch wieder ein und bringen es erneut „in Richtung unter den Schwerpunkt", also zum schmalen Fußen. Beim Vergrößern nach rechts gehört die Vorhand dann wiederum vor das rechts Hinterbein, damit die rechte Schulter des Pferdes wieder als

Übung N:
Traversalverschiebung mit Volten und Übergängen in den Schritt

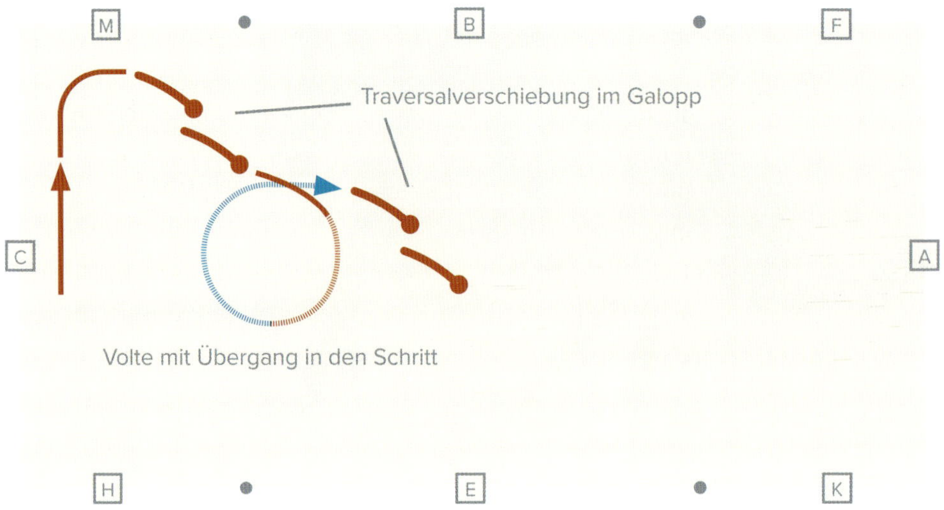

Übung O:
Traversalverschiebung und Zulegen

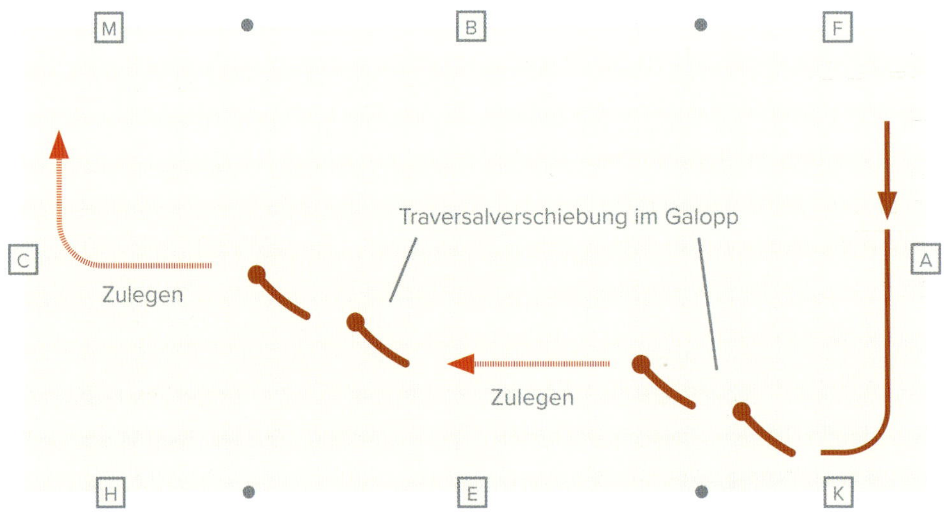

Der Effekt steckt im Detail

In der klassischen Dressur sind es häufig vermeintliche Kleinigkeiten, die nicht nur über den aktuellen gymnastischen Zweck der Übung entscheiden, sondern auch den Weg zur nächsthöheren Lektion ebnen – oder falsch geritten eben auch verbauen.

Deswegen weisen wir in diesen Praxisübungen immer wieder auf solche wichtigen Details hin und nennen Lösungen für die typischen Sitz- und Hilfengebungsfehler, die in Katharinas jahrzehntelanger Erfahrung als Reitlehrerin häufig aufgetreten sind. Finden die richtigen Details genügend Beachtung, können Sie die in diesem Kapitel beschriebenen Übungen von A bis Z eine nach der anderen trainieren und dabei jeweils genau die Lernschritte vollziehen und wichtige Fähigkeiten trainieren, die Sie dann für die jeweils folgenden Übungen brauchen werden.

Erstes an der Bande ankommt. Wird diese Übung also ganz korrekt geritten, üben Sie damit automatisch das Versetzen der Vorhand – ein wichtiger Teilaspekt, um später auch Zickzack-Traversalen mit fliegenden Wechseln und Pirouetten korrekt reiten zu können! Gelingen Ihnen diese ersten spielerischen Traversalverschiebungen in flüssigem Galopp, nehmen wir nun weitere Volten, Paraden und Tempounterschiede mit dazu, um die Biegung weiter zu verbessern und über mehrere Monate der Ausbildung auch ein deutlicheres Kreuzen und steilere Traversalen zu erarbeiten.

Traversieren Sie beispielsweise auf der rechten Hand von M aus Richtung Mittellinie. Wird die Biegung zu wenig, legen Sie eine Volte ein. Ist der Galoppsprung Ihres Pferdes immer noch sehr groß, parieren Sie nach dem Ende der Volte in den Schritt, reiten Sie einige Meter geradeaus, galoppieren Sie wieder an und setzen Sie eine weitere Traversalverschiebung in Richtung K an, die Sie wiederum in eine Volte und eine Parade in den Schritt auflösen können. So wird die Biegung verbessert und das Pferd mehr gesetzt.

Ist Ihr Thema eher gegenteiliger Natur, dass der Fleiß in den Traversalverschiebungen abhandenkommt und das Pferd eher schleppend und viertaktig zu galoppieren beginnt, traversieren Sie nur wenige Meter, reiten dann auf gerader Linie Richtung kurze Seite und lösen ein Galoppsprüngeverlängern aus. Reagiert Ihr Pferd vorwärts, leiten Sie diese Energie nach vorwärts-seitwärts um und setzen wiederum einige Galoppsprünge Traversalverschiebung an, in die Sie den soeben gewonnenen Schwung mitnehmen.

Übung P:
Traversalverschiebungen und Schultervor

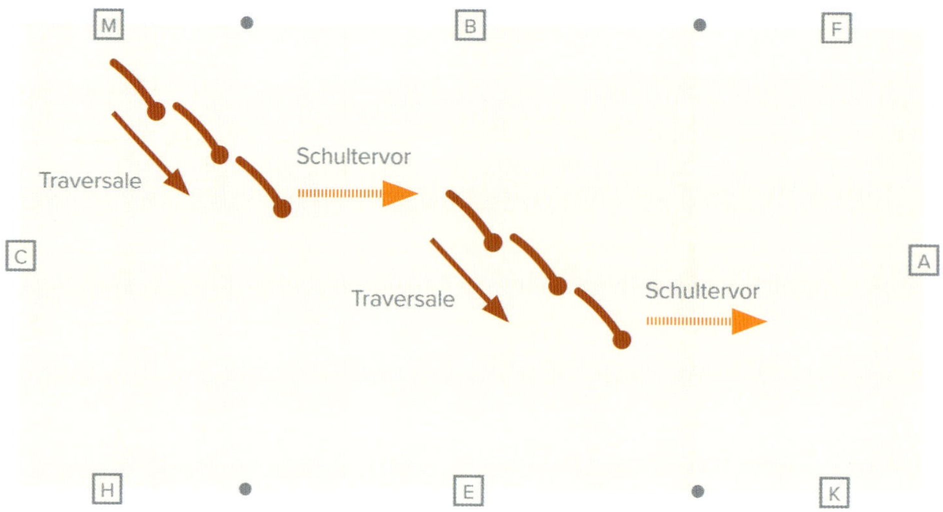

Bevor der Galopp ausdruckslos wird, lösen Sie wieder ins Vorwärts auf. Neigt die Hinterhand zum Überholen, gibt es eine reiterlich anspruchsvolle, aber sehr gut geraderichtende Variante, die für viele Pferde aufgrund der natürlichen Schiefe (vgl. Blinddarmthese, Welter-Böller) vor allem auf der rechten Hand angezeigt sein kann: Traversieren Sie einige Galoppsprünge von M aus Richtung Viertellinie und wechseln Sie dann für einige Galoppsprünge ins Schultervor in Richtung der kurzen Seite, bevor Sie einige Galoppsprünge Richtung Mittellinie traversieren und auf dieser dann wiederum im Schultervor auf A zu reiten.

Durch das Galoppieren im Schultervor behalten Sie die Vorhand des Pferdes in jeder Phase der Übung immer vor dem inneren, hier rechten Hinterbein, welches auf diese Weise nie seitlich „am Schwerpunkt vorbei" springen kann, sondern zu deutlicher Hankenbeugung angeregt wird.

Pirouetten

Befindet sich die Vorhand Ihres Pferdes in den Traversalen jederzeit sicher vor dem inneren Hinterbein, haben Sie die Voraussetzungen, um auch mit den Pirouetten beginnen zu können.

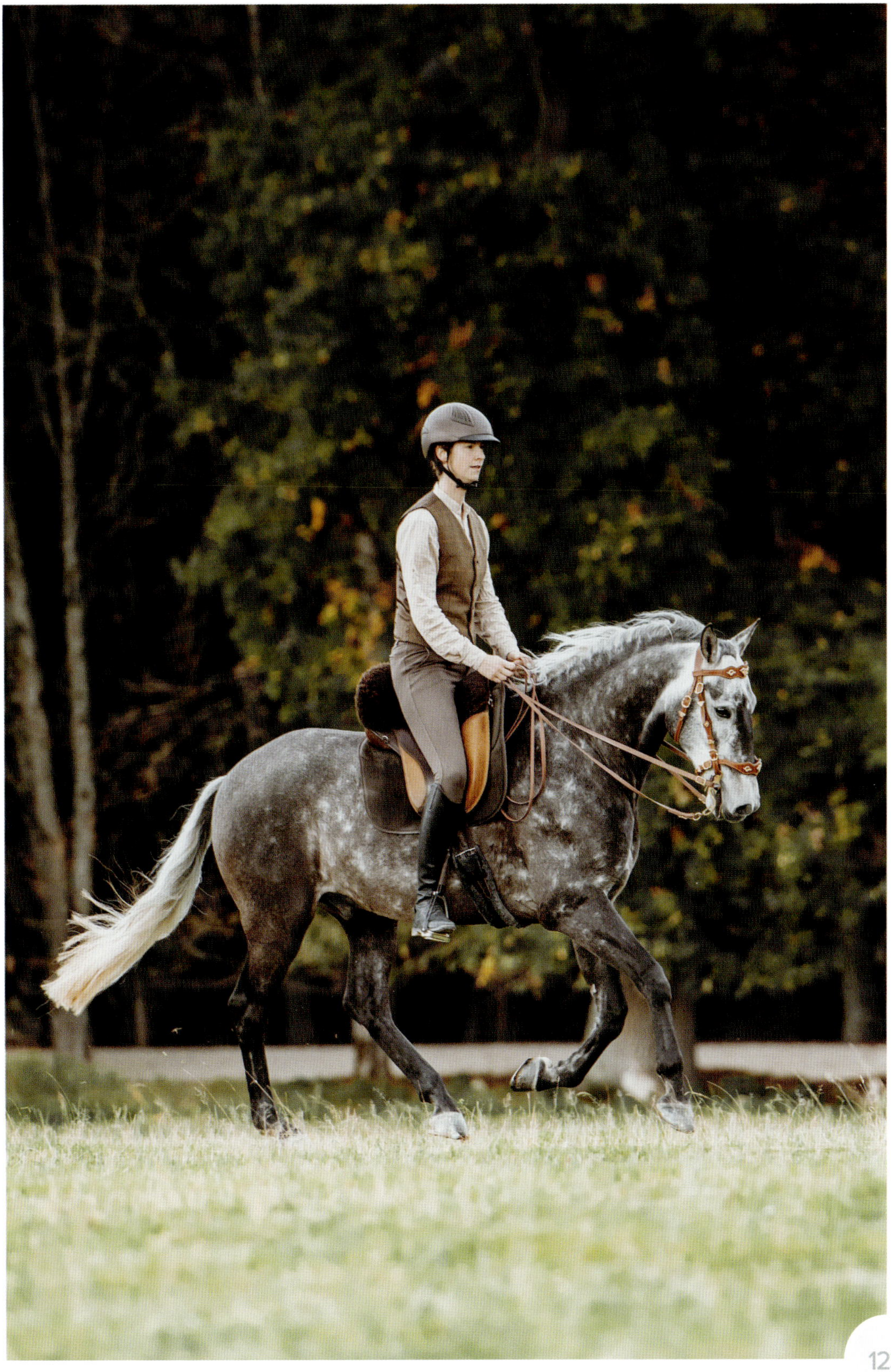

Übung Q:
Traversale mit zwei Pirouetten auf der Viertellinie, im Schritt und später im Galopp

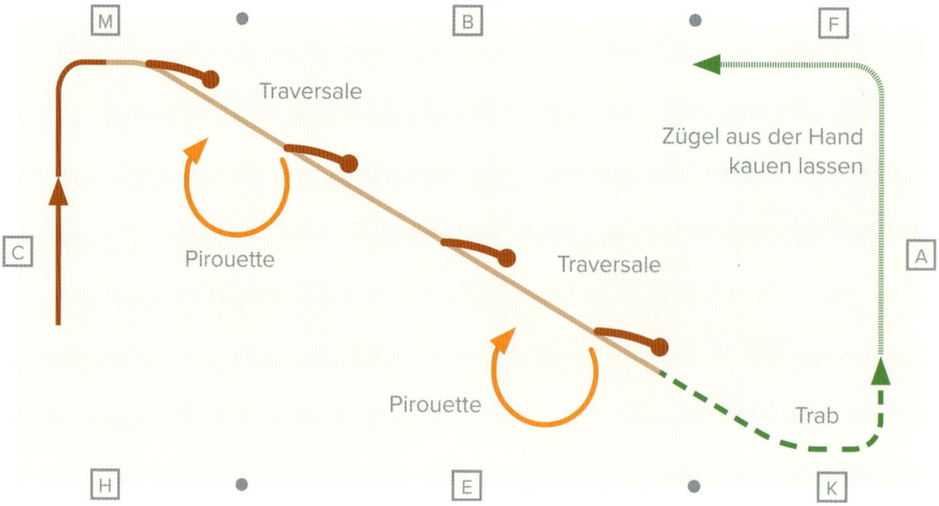

Auch hier gibt es verschiedene Wege der Erarbeitung, die je nach Pferd unterschiedlich hilfreich sind.

Grundsätzlich sollten Sie die Pirouetten im Schritt beherrschen, bevor Sie sie im Galopp reiten möchten. Kommen Sie dafür beispielsweise in einer Traversale über die Diagonale und reiten Sie zwei Pirouetten jeweils auf der Viertellinie, um daraus weiter zu traversieren (siehe Übung M).

Ziel der Übung ist es, die Hilfengebung zu etablieren und vor allem für sich als Reiter selbst zu trainieren, denn Pirouetten sind koordinativ und letztlich auch muskulär anspruchsvoll zu reiten. Im versammelten Schritt haben Sie zunächst mal mehr Zeit, sich vorzubereiten, die Hilfen bewusst zu geben und den Effekt auf Ihr Pferd in Ruhe nachzuvollziehen. In der Pirouette darf der Drehsitz im Gegensatz zu normalen Biegungen deutlicher angewendet werden: Ihr Blick muss nun nicht mehr schlicht zwischen den Pferdeohren hindurch erfolgen, sondern darf tatsächlich seitlich am Pferdehals vorbei in die Bewegungsrichtung gerichtet sein, zu der Sie die Vorhand drehen möchten. Entsprechend darf auch Ihr Schultergürtel deutlicher gedreht werden als sonst. Wichtig dabei ist, dass dennoch jede Zügelfaust auf ihrer jeweiligen Seite des Pferdehalses bleibt. Den inneren Zügel haben Sie aufgrund der vorangehenden Traversale sowieso schon etwas kürzer gegriffen und die Innenstellung sollte auf

Übung R:
Traversale auf Viertellinie, Arbeitspirouette, zurück zum Hufschlag, dort Schritt

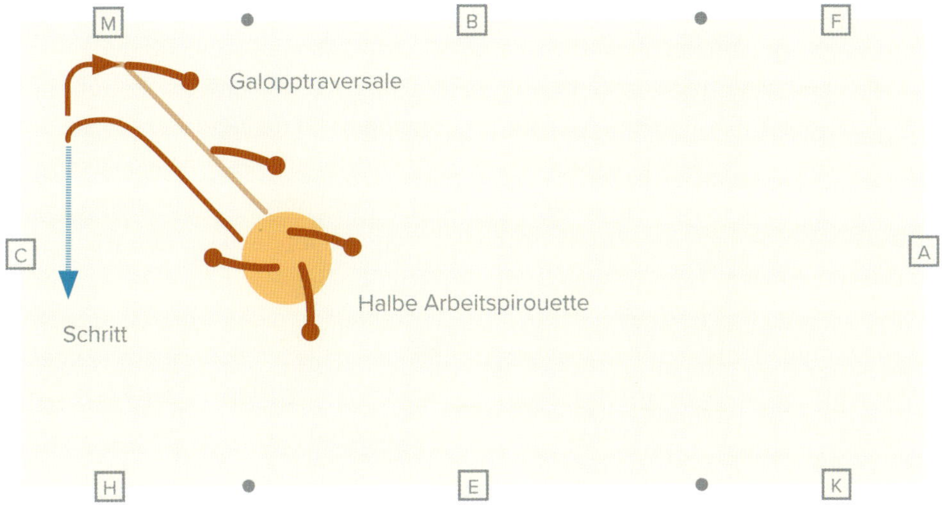

diesem Ausbildungsstand auch wirklich so weit sicher sein, dass Sie dafür nicht noch extra agieren müssen. Der äußere Zügel darf gemäß der Biegung den Hals berühren, aber nicht über den Mähnenkamm gedrückt werden. Der innere Schenkel liegt vorne am Gurt, der äußere ist verwahrend zurückgenommen, genau wie in jeder gebogenen Lektion. Als Besonderheit können Sie in der Pirouette aber nun auch Ihre Oberschenkelknochen nutzen: Öffnen Sie den inneren Schenkel, indem Sie ihn aus der Hüfte heraus leicht nach außen rotieren und legen Sie zeitgleich den äußeren Oberschenkel mehr an, indem Sie diesen aus der Hüfte heraus nach innen in Richtung des Sattels rotieren. Dadurch drehen Sie Ihr Pferd gefühlt zwischen Ihren Oberschenkelknochen in die gewünschte Richtung. Bleiben Sie dabei mit tiefem Kreuzbein unter Belastung beider Sitzbeinknochen senkrecht im Sattel sitzen.

Fühlen Sie nur noch Belastung auf einem Sitzbein und auf dem anderen keine mehr, wären Sie fälschlicherweise in der Hüfte eingeknickt, was leicht passiert, wenn der Reiter seinen Oberkörper zu sehr zur Seite neigt. Achten Sie auf den Rhythmus Ihrer Einwirkung: Falls Sie treiben müssen, tun Sie das im Schritttakt. Fühlen Sie und Ihr Pferd sich sowohl in den Schrittpirouetten aus der Traversale heraus als auch in den Galopptraversalen selbst wohl, können Sie die ersten Galopppirouetten ebenfalls in dieser Variante entwickeln: Galoppieren Sie in einer Traversalverschiebung vom Hufschlag Richtung Viertellinie und lassen Sie dort mit der oben beschriebenen Hilfengebung die Vorhand Ihres Pferdes „deutlich überholen“ und drehen eine halbe Arbeitspirouette. Traversieren Sie anschließend zum Hufschlag zurück und parieren Sie dort in den Schritt für eine Pause. Diese Arbeitspirouette muss noch längst nicht „auf dem Teller gesprungen“ werden, sondern darf noch einen deutlicheren Vorgriff der Hinterhand enthalten, sodass diese einen kleinen Kreis galoppiert, während die Vorhand in einen größeren Kreis um sie herum wendet. Wichtiger als das enge Wenden ist der Erhalt der Losgelassenheit. Es muss leicht gehen und sich immer noch flüssig durchgesprungen anfühlen!

Um diese ersten großen halben Arbeitspirouetten weiter zu setzen, kann man dann über Monate oder gar Jahre der Arbeit den Versammlungsgrad erhöhen, zum Beispiel auch über folgende Übung: Reiten Sie Übung M im Schritt und galoppieren Sie innerhalb der Schrittpirouette für einen oder zwei Galoppsprünge an, um den Rest der Pirouette nahtlos weiter im Schritt zu reiten.

Falls Ihr Pferd sich dagegen in Übung O schon etwas zu sehr setzt und der Fluss des Galopps gefährdet ist, entwickeln Sie die Pirouetten vielleicht lieber auf folgende Art: Reiten Sie das Zirkelverkleinern wie in Übung G, Seite 96 beschrieben, aber nun im Galopp. Verkleinern Sie den Zirkel traversartig, und zwar vorerst nur so eng, wie Sie noch das Gefühl haben, dass Ihr Pferd den Galopp fleißig springt. Die Galoppsprünge sollen und dürfen natürlich deutlich kleiner werden, weil der Raumgewinn geringer werden soll – aber vom Rhythmus her eben auf keinen Fall langsamer! Sowie Sie bemerken, dass der Galopp schleppend werden würde, vergrößern Sie den Zirkel zügig wieder und verlängern dabei die Galoppsprünge. Streichen Sie mit dem inneren Zügel über, um das innere Hinterbein bewusst freizulassen, damit es energisch vorspringen kann. Dann verkleinern Sie den Zirkel erneut und setzen dadurch also zu einer Arbeitspirouette an, um sofort wieder zu vergrößern und zuzulegen, sobald der Durchsprung schlechter werden würde. Wiederholen Sie das auf jeder Hand drei- bis viermal und machen Sie dann eine Pause oder beenden Sie die Einheit. Pirouettenarbeit ist Krafttraining und darf keinesfalls übertrieben werden. Jeden dritten Tag können Sie daran trainieren und sollten dann nach sechs bis acht Wochen eine Verbesserung bemerken. Reiten Sie an den Tagen dazwischen unbedingt nach wie vor auch geradeaus, zum Beispiel ins Gelände, und vernachlässigen Sie die Trabarbeit und das Tritteverlängern nicht, um die Hinterhandmuskeln Ihres Pferdes ausgeglichen zu trainieren.

Zu viel Versammlung?

Problematisch ist immer, wenn die Spannung der Hosenmuskulatur durch zu viel versammelnde Arbeit zu stark zunimmt. Der *M. biceps femoris* überspannt Hüft- und Kniegelenk und inseriert (setzt an) mit dem Fersensehnenstrang am Fersenbeinhöcker des Sprunggelenks. In der Bewegung ist er vor allem verantwortlich für die vordere und mittlere Stützbeinphase und wird besonders in versammelnden Lektionen, aber auch zum Beispiel beim Abstoßen vor einem Sprung trainiert. Wird er hyperton (zu hohe Spannung), werden die Knie- und Sprunggelenkswinkel steiler.

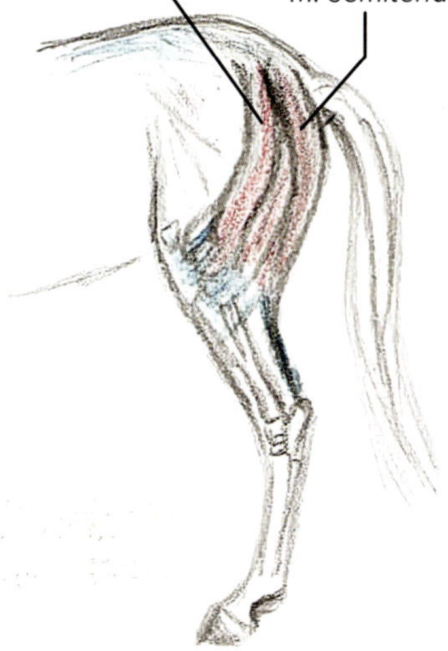

„Wenn der Sprunggelenkswinkel durch eine vermehrte Kniestreckung steiler wird, verändert sich der Belastungspunkt des Unterschenkels auf dem Talus. Er kommt jetzt in der Stützbeinphase mehr von oben statt von vorn. Dadurch werden andere Knochen und Gelenke zu stark belastet, die dafür aber nicht vorgesehen sind. Durch den vermehrten Druck baut der Körper zur besseren Stabilisierung mehr Knochen an und es entsteht auf dem Röntgenbild eine Arthrose der unteren Gelenkreihen, besser bekannt als Spat. Von außen kann man oft schon vorher an den aufgestellten Haaren auf den drei Ringbändern des Gelenks, die die Sehnen auf den Gelenken stabilisieren, die beginnende Gelenkveränderung erkennen. Durch den steileren Winkel zwischen Unterschenkel und Talus ist die Schubphase des Hinterbeins verkürzt und die Bewegungsamplitude verkleinert sich.“

Barbara Welter-Böller | Claudia Weingand: *Einmal überbaut, immer überbaut? Exterieuranalyse und Tipps zum Pferdetraining*, Stuttgart 2018

Das Steilerwerden der Hinterhandwinkel ist zudem ungünstig für das Kniegelenk und letztlich Fesselgelenk, Beugesehnen und Fesselträger.

Ausgleichend und vorbeugend ist „entsammelndes" Training in Form von Ausritten, Cavalettitraining etc. sehr sinnvoll!

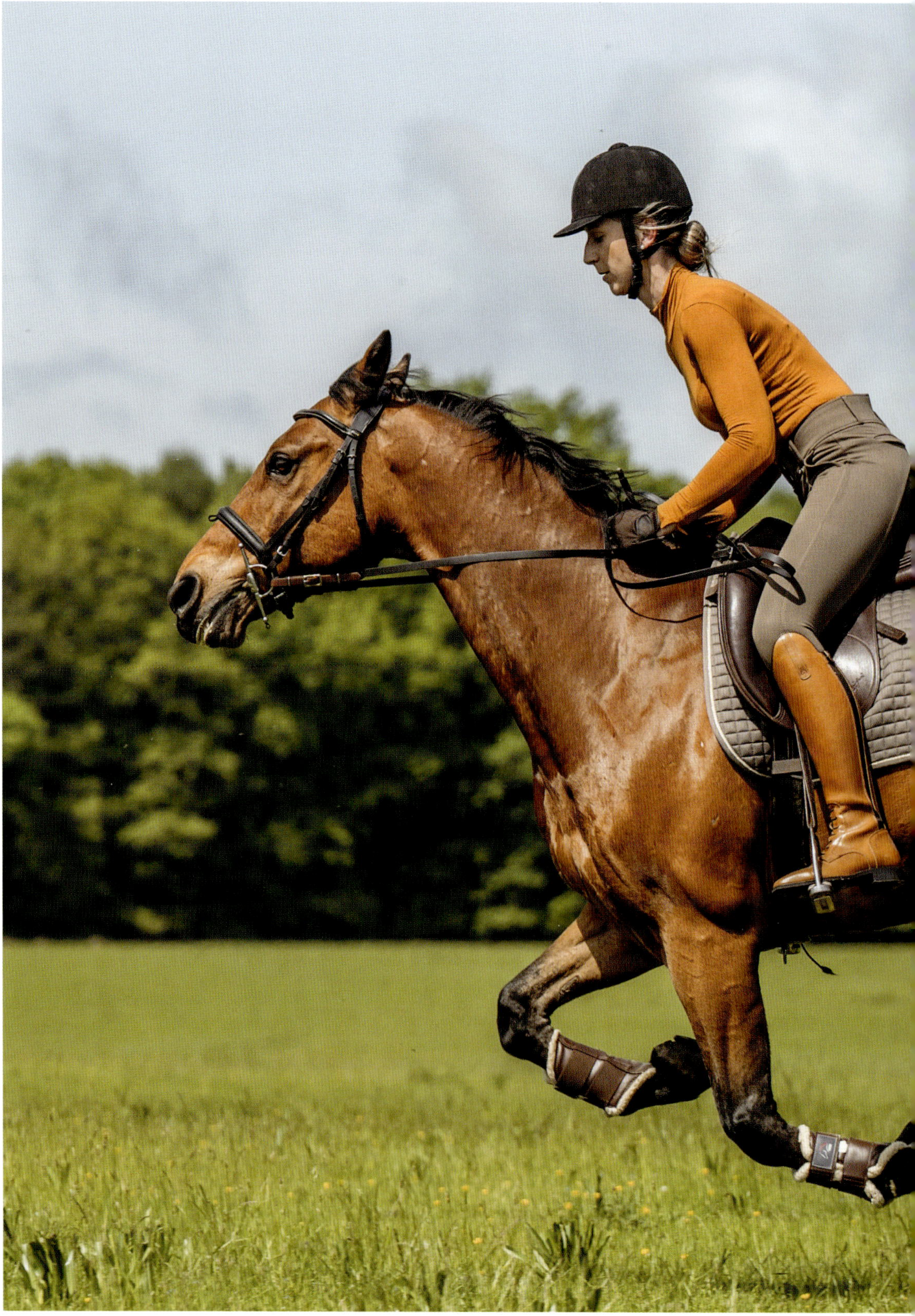

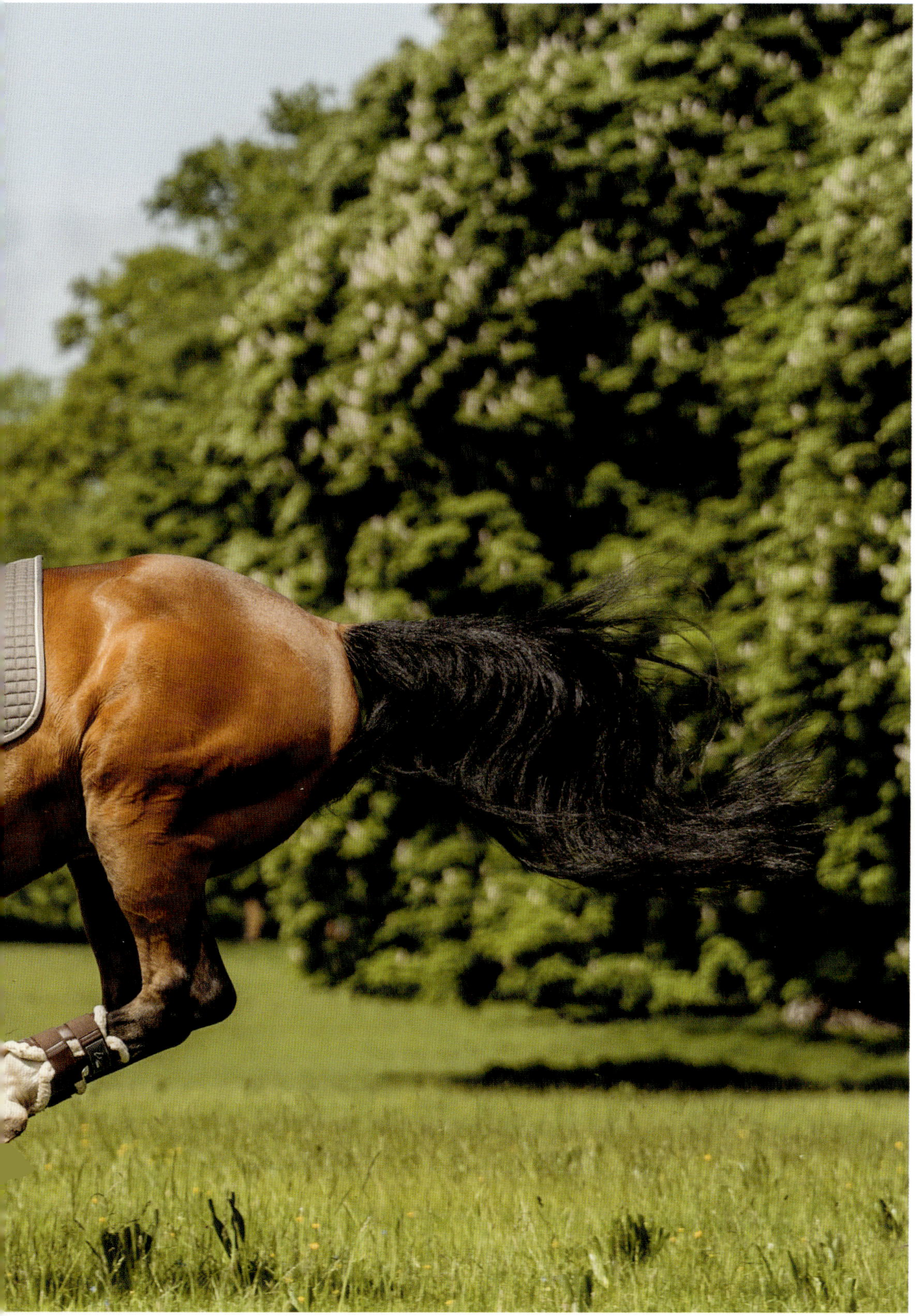

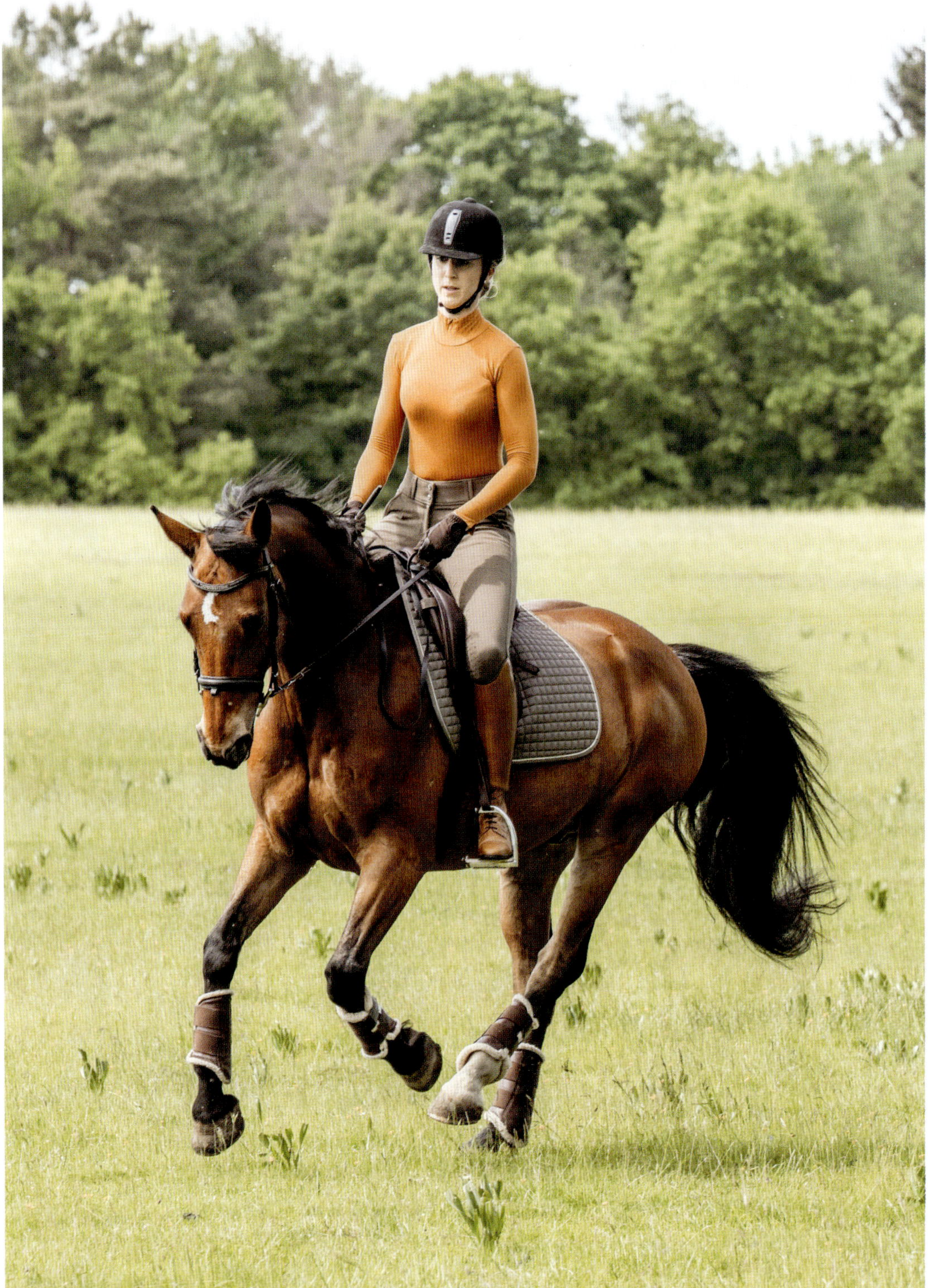

KREUZGALOPP UND CO. – Reiterfehler oder Gesundheitsproblem?

Die Betrachtung des Galopps spielt in der klassischen tiermedizinischen Ganganalyse eine geringe Rolle: Die meisten Pferde werden bei Lahmheitsuntersuchungen lediglich im Schritt und Trab vorgeführt. **Dabei erkennt man viele Probleme im Galopp besonders gut:**

Das Pferd läuft auf drei Hufschlaglinien

Ein gesundes, grundausgebildetes Pferd ohne nennenswerte orthopädische Befunde läuft in allen drei Grundgangarten auf zwei Hufschlaglinien: Die Hinterbeine fußen in die Spur der Vorderbeine. Sehr untrainierte Pferde laufen hinten oft beidseits breit.

Ist ein Hinterbein schwächer, tritt es meist breiter. Das ist erst mal für sich genommen kein großer Grund zur Sorge: Diese Beobachtung sollte man allerdings nach acht bis zwölf Wochen konstanten Aufbautrainings nicht mehr oder nur noch in einem immer geringer werdenden Ausmaß machen können – Hilfengebungsfehler ausgeschlossen, denn auch Pferde mit (subtilen) Hinterhandlahmheiten zeigen konstantes Gehen auf drei Hufschlaglinien: Je nach Art des Problems driften sie meist weg vom lahmen Bein. Besonders gut sieht man das oft im Galopp: Springt ein Pferd immer links einen traversartigen Galopp (auch nach Monaten und Jahren der Ausbildung und unter einem guten Reiter!), driftet es möglicherweise weg von einem lahmen rechten Hinterbein.

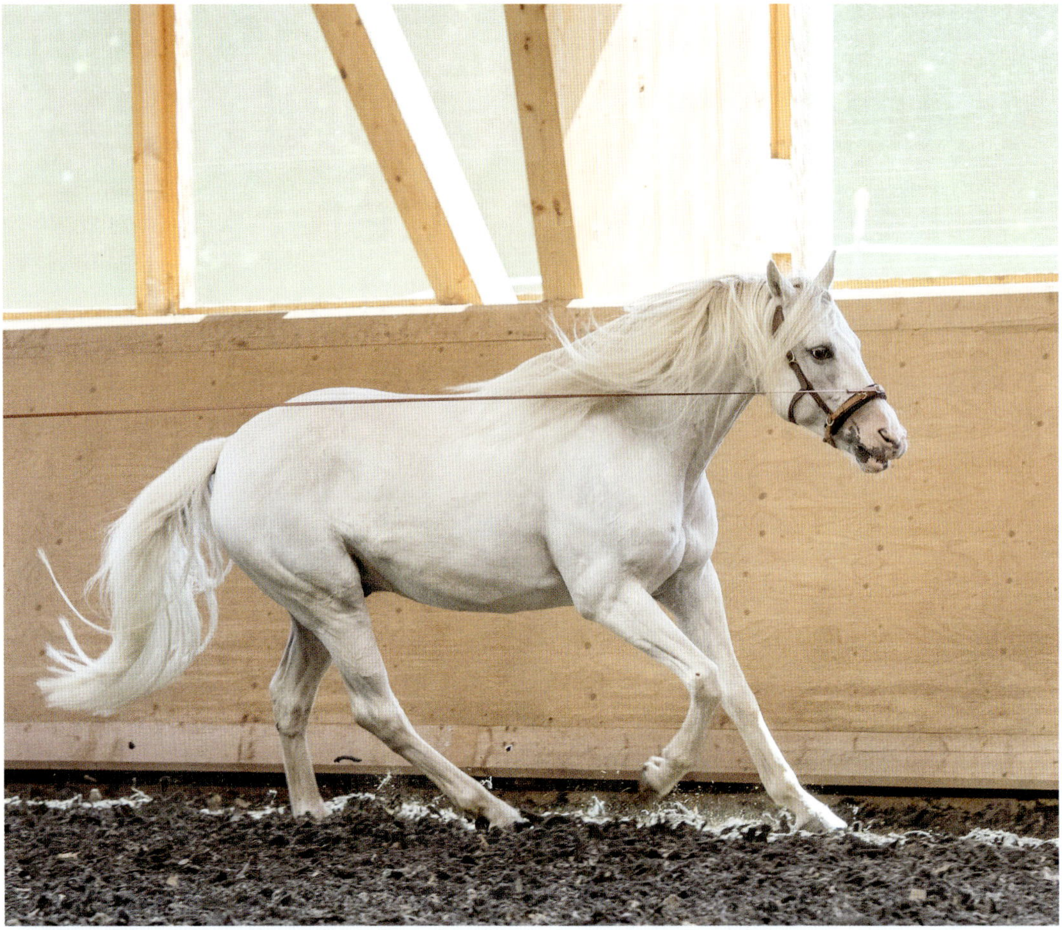

Springt das Pferd an der Longe immer korrekt an, unter dem Reiter aber nicht, liegen Reiterfehler nahe.

Falsch anspringen

Springt ein Pferd permanent nicht in den Rechts- oder Linksgalopp, kann das ein Hinweis auf orthopädische Probleme sein: Wie im zweiten Kapitel bereits erläutert, sind die Beine der Zweibeinstütze im Galopp die belasteteren. Ein Pferd mit Hinterhandschwäche oder -lahmheit rechts oder Vorhandproblem oder -lahmheit links vermeidet also möglicherweise den Rechtsgalopp. Vielleicht sind das subtile Dinge, die das Pferd belasten, ohne dass tatsächlich gravierende Befunde vorliegen: Möglicherweise sitzt ein Nagel des linken Vordereisens „unbequem“.

Der Rechtsgalopp wird um die Zeit des An- oder Abweidens bei vielen Pferden etwas weniger präferiert – gerade zu Beginn der Einheit. In der rechten Flanke liegt der Blinddarm, die „Gärkammer“ des Pferdes, mit hoher mikrobieller Aktivität.

Ist das Pferd durch die Futterumstellung aufgebläht, ist der Rechtsgalopp möglicherweise unangenehm. Nach dem Äppeln und nachdem ein wenig Trab- und Galopparbeit das Verdauungssystem „durchmobilisiert“ haben, sollte der Rechtsgalopp allerdings nicht mehr haken.

Natürlich ist ein falsches Anspringen andererseits immer im Kontext mit der Hilfengebung zu betrachten: Vielleicht wirkt der Reiter beim Angaloppieren rechts rückwärts mit der rechten Hand ein, links aber nicht. Oder er besitzt Schiefen im eigenen Körper – von Verspannungen bis Skoliose –, die eine gleichmäßige Hilfengebung verhindern. Liegt es am Pferd, wird es sehr wahrscheinlich unter anderen Reitern und selbst unter einem Profi eine deutliche Präferenz für einen Galopp zeigen und möglicherweise bereits an der Longe einen Galopp weniger gern zeigen.

Auch der Ausbildungsstand des Pferdes gehört berücksichtigt: Erarbeitet man gerade auf dem Weg in Klasse L den Außengalopp, kann das schon mal für Verwirrung sorgen. Junge Pferde haben dagegen oft einen präferierten Galopp, in dem sie sich wohler fühlen. Hier ist einfach ein gewisser Ausbildungsprozess nötig. Dauert es aber selbst unter versierten Ausbildern mehrere Wochen oder gar Monate, bis das Pferd einen Galopp findet, ist ein Check-Up durch den Tierarzt sinnvoll.

Kreuzgalopp

Das Umspringen in den Kreuzgalopp kann ebenfalls gesundheitliche Probleme aufzeigen oder schlicht kraftbedingt sein: Möglicherweise galoppiert das Pferd sauber einige Runden in einem Galopp und springt dann plötzlich um.

Manchmal erfolgt das Umspringen erst, wenn man den Galopp versammelt oder auf engere Volten geht: Springt ein Pferd im Rechtsgalopp hinten in den Linksgalopp, kann es zum Beispiel sein, dass es hinten rechts ermüdet ist. Jungpferde, die in überhöhtem Tempo longiert oder frei laufen gelassen werden, zeigen manchmal Kreuzgalopp, wenn sie „die Kurve nicht ganz kriegen“. Bei besserer Vorbereitung und weniger Stress sollte das Problem verschwinden.

Kreuzgalopp kann außerdem Rückenschmerzen (besonders in der Lendenregion) oder Probleme im Bereich des Iliosakralgelenks und der sakroiliakalen Bänder anzeigen. Ein guter osteopathischer Pferdetherapeut kann Probleme in diesem Bereich aufspüren und behandeln.

Auch Pferde mit Hinterhandlahmheiten können auffallend häufig Kreuzgalopp zeigen (vgl. Mike Ross, *The Lameness In The Horse, El Sevier Verlag 2011*, St. Louis, Missouri).

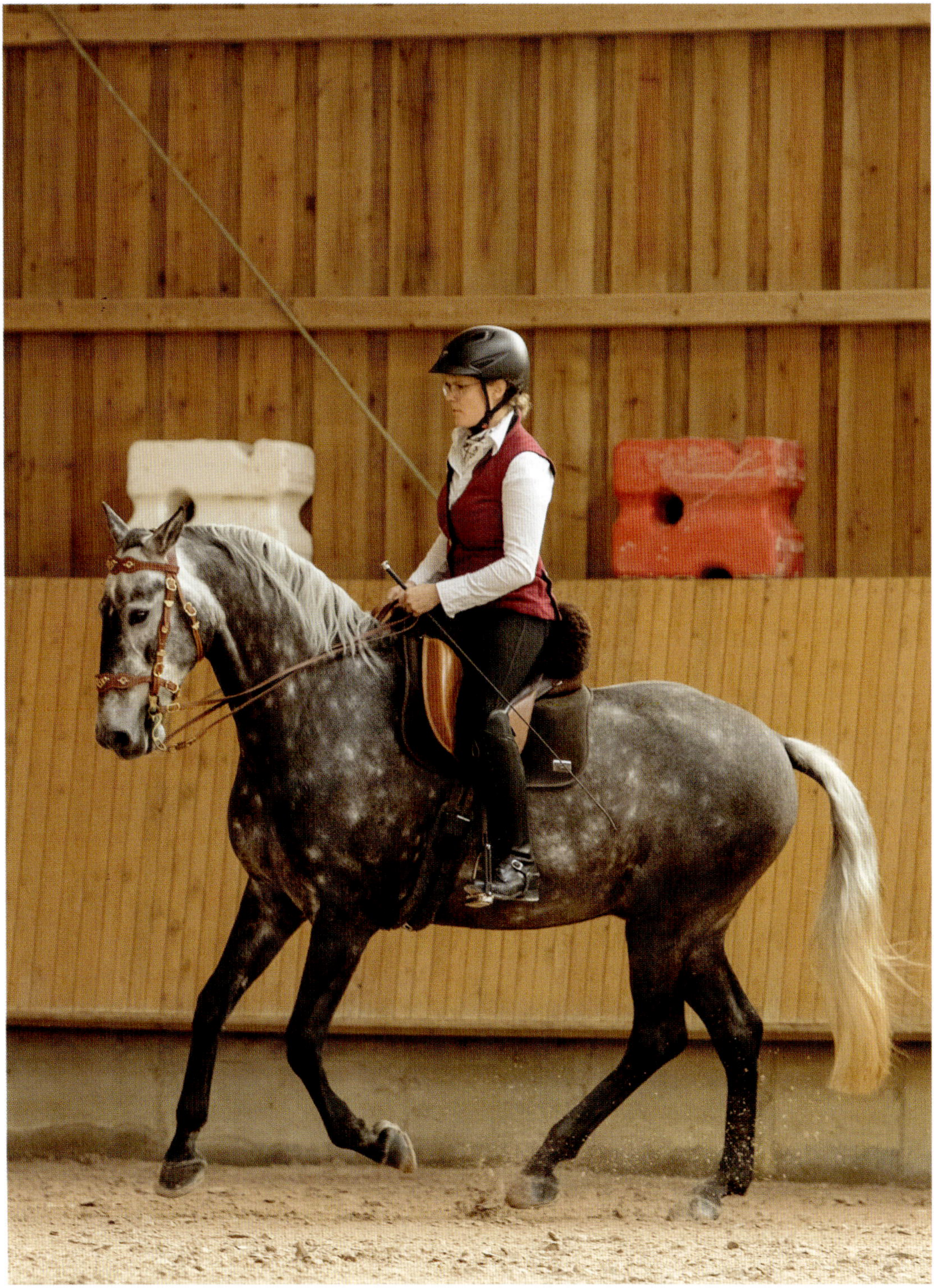

Es ist schön, wenn das Pferd sich wie hier gern im Galopp bewegt – springt es aber aus dem Trab ständig ungefragt in den Galopp, kann ein gesundheitliches Problem vorliegen.

Galopp statt Trab anbieten

Manche Pferde wählen beim Reiten oder Longieren freiwillig den Galopp statt den Trab. Wie immer müssen Hilfengebungsfehler zunächst ausgeschlossen werden. Bleibt das Problem bestehen, schauen wir auf die Haltungsbedingungen: Ein Pferd, das täglich 23 Stunden in der Box steht, kann schon mal wegen mangelnder Bewegung aus Übermut galoppieren wollen. Wird das Pferd aber eigentlich artgerecht gehalten und hat genügend freie Bewegung, kann die Präferenz des Galopps ernsthafte Probleme anzeigen.

Pferde mit Knie- und Sprunggelenksthemen und damit verbundenen beidseitigen subtilen Hinterhandlahmheiten vermeiden oft den Trab oder zackeln lahm und kurztrittig im Trab los, um beim ersten Nachtreiben in den Galopp zu springen. Diese Pferde galoppieren meist nur mit sehr hoher Kruppe und sehr tiefem Hals, um möglichst die Hinterhand zu entlasten. Eine hüpfende Kruppe im Galopp und massive Vorhandlastigkeit beziehungsweise dem Reiter die Zügel-aus-der-Hand-ziehen ist ein wichtiges Lahmheitszeichen!

Die Krux ist: Der Galopp, so lahm das Pferd auch ist, verbessert (leider) oft den Trab danach. Deswegen empfehlen manche Trainer, ein solches Pferd im Laufe einer Reiteinheit eben erst zu galoppieren, bevor man es trabt. Das Problem ist, dass im Galopp durch die vermehrte Anstrengung der Leistungsnerv, der Sympathikus, anspringt. Die Adrenalinausschüttung wirkt schmerzdämpfend – die Hinterhandlahmheit wirkt milder und es scheint, als bewege sich das Pferd nach dem Galopp flüssiger. Das gesundheitliche Problem wird so aber nicht gelöst, sondern allenfalls verschleiert. Dem Pferd tut man damit keinen Gefallen.

Wir möchten ausdrücklich vor dieser Praxis warnen. Bitte galoppieren Sie kein Pferd, das vorher nicht sauber traben kann. Bislang hatte jedes von uns in die Tierklinik überwiesene Pferd mit den beschriebenen Auffälligkeiten ein ernsthaftes orthopädisches Problem!

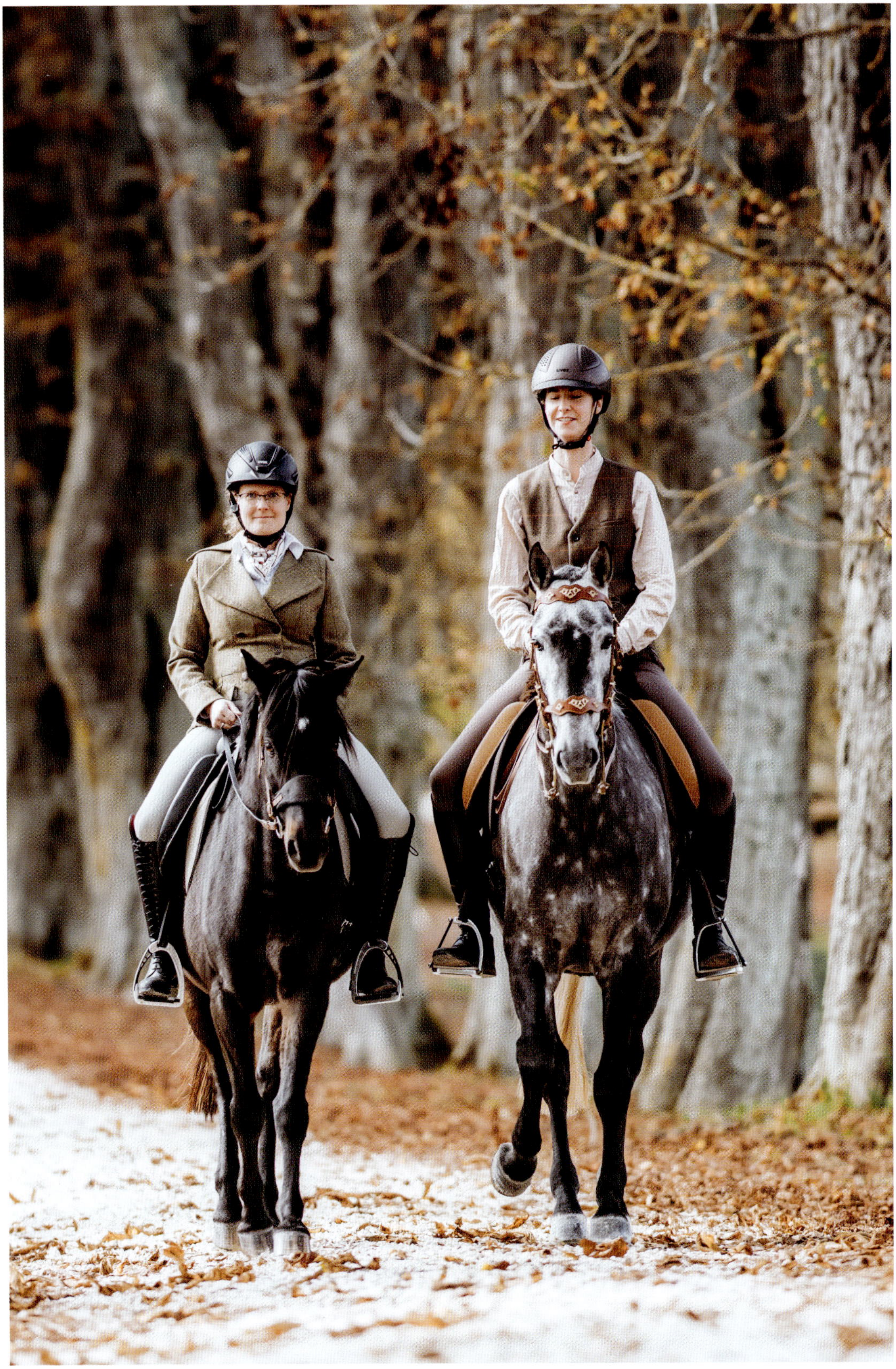

DANKE

Wir möchten uns von Herzen bei allen an diesem Buch beteiligten Personen und Pferden bedanken.

Maresa Mader hat uns fotografisch wieder einmal toll begleitet. Vielen Dank auch an die Wildpark Duttenstein GmbH, dass wir im historischen Park rund um unser Ausbildungszentrum reiten und fotografieren durften.

Zu sehen sind unsere Freundin **Madlen „Kamerad“ Brückner** und ihr Deutsches Sportpferd Glenn. Außerdem Claudia und Katharina mit Lusitano Invincibel „Vincent“, Reitpony Dobllino, Lusitano Notenho, PRE Fugitivo und die jungen Lusitanos Otelo und Prometeo la Perla. Vielen Dank, dass ihr für jeden Spaß zu haben seid!

Herzlichen Dank auch an unsere geduldige Lektorin Claudia König und den Verlag Müller Rüschlikon sowie für die schöne Grafik von Nicola und Katja van Ravenstein. Danke für Eure wertvolle Unterstützung unserer Projekte.

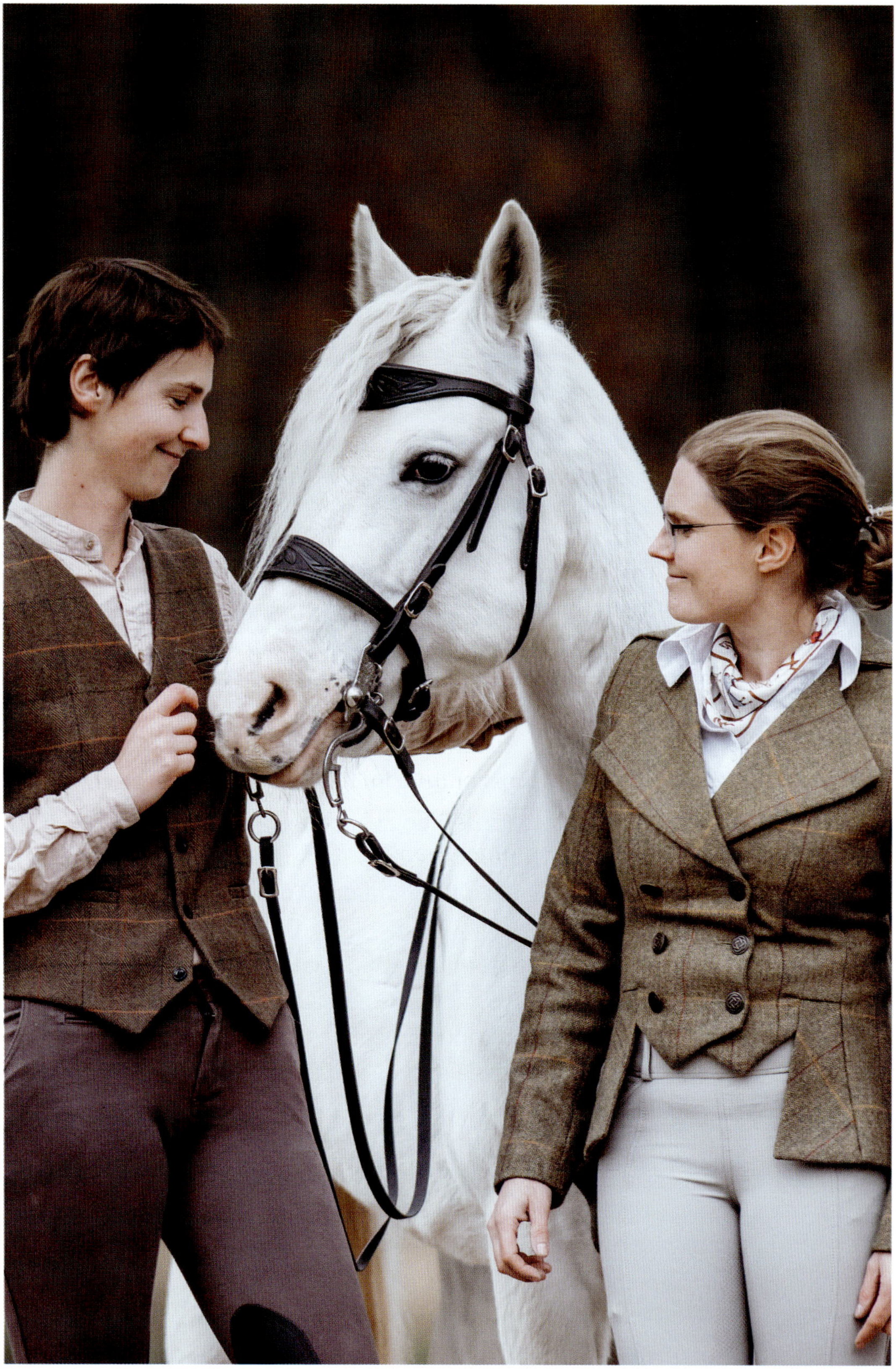

ÜBER UNS

Claudia Weingand und **Katharina Möller** vermitteln Wissen für besseres Training und pferdegerechtes Reiten in zahlreichen Online-Seminaren und vor Ort in ihrem Ausbildungszentrum im baden-württembergischen Dischingen. Sie bilden Reiter, Pferde und Trainer aus und bieten Weiterbildung für Tierärzte und Pferdetherapeuten an.

Insgesamt haben die beiden bereits zwölf Bücher veröffentlicht, dieses ist nach „Dehnungshaltung", „Biegung" und „Trainingstherapie" ihr viertes gemeinsames Buch.

Weitere Informationen finden Sie auf der Website
www.osteo-dressage.com
und über die sozialen Netzwerke Facebook und Instagram.

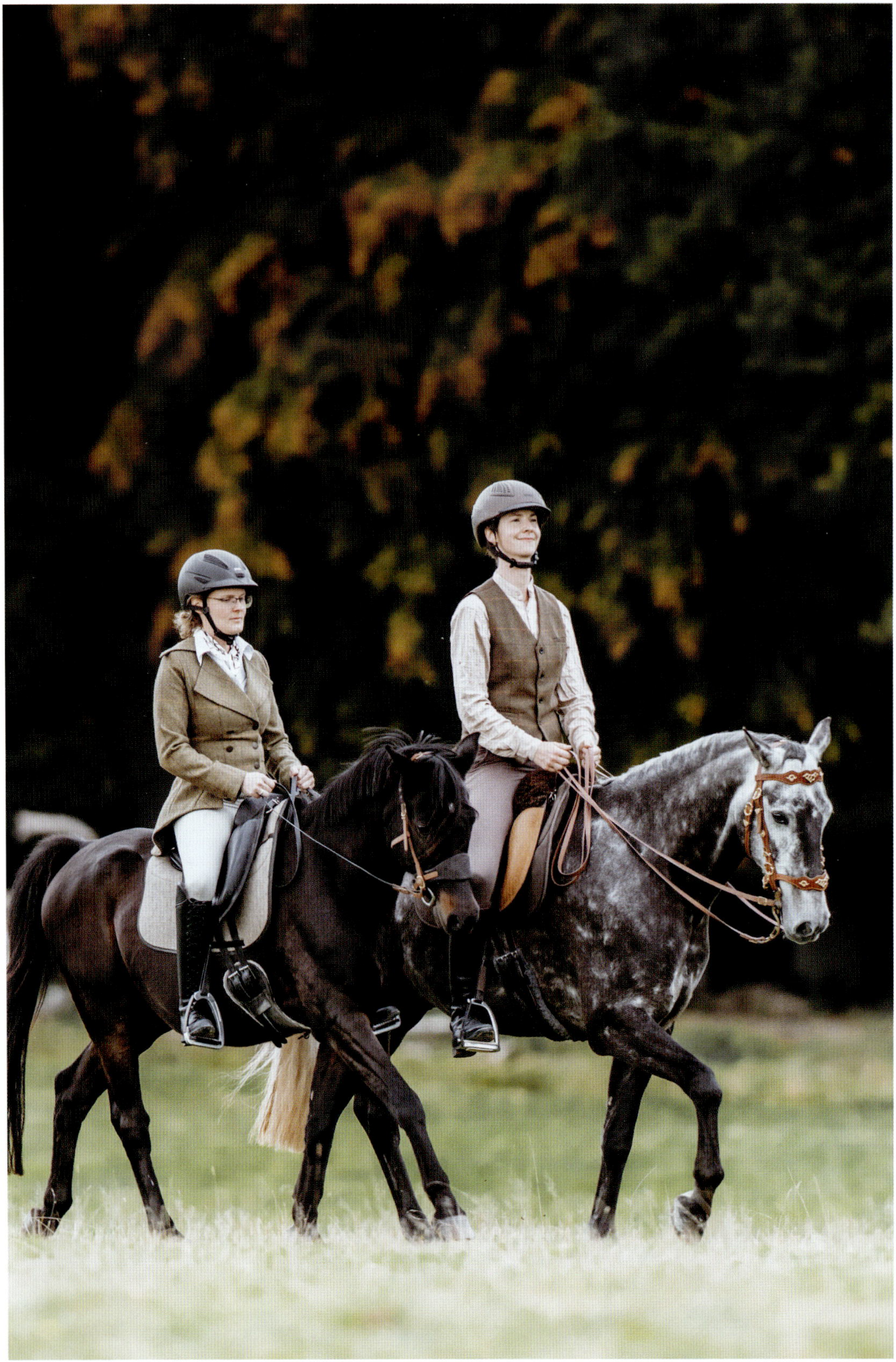

Empfehlungen bei ANGST

Sollten Sie bemerken, dass das Galoppieren selbst oder vielleicht auch der Gedanke an den Galopp gemischte Gefühle bei Ihnen hervorrufen, dann sind Sie damit nicht allein.

In manchen Situationen sind Bedenken sicher angezeigt, denn je nach Ihrem eigenen reiterlichen Ausbildungsstand in Kombination mit einem noch wenig ausgebildeten oder problematischen Pferd wäre es tatsächlich nicht sinnvoll zu galoppieren. In diesem Sinne ist es immer richtig, auf ein schlechtes Bauchgefühl zu hören und den Galopp vorerst sein zu lassen.

Liegt Ihrem schlechten Bauchgefühl ein Ausbildungsproblem zugrunde, können Ihnen die in diesem Buch beschriebenen Sitzübungen weiterhelfen, Ihr Gleichgewicht und damit Ihre Handlungsfähigkeit zu verbessern, bevor Sie das nächste Mal wieder galoppieren. Nur wer sicher sitzt, kann sich auch sicher fühlen. Eine Liste von uns ausgebildeter Trainer*innen finden Sie auf www.osteo-dressage.com.

Ihr Pferd sollten Sie von einem fähigen Ausbilder einschätzen und eventuell auch von diesem bereiten lassen, um Ausbildungsprobleme einzugrenzen und wenn möglich lösen zu lassen. Bedenken Sie dabei, dass Problemverhalten wie Buckeln oder Durchgehen in aller Regel ein bisher unerkanntes Schmerzproblem zugrunde liegt und stellen Sie Ihr Pferd gegebenenfalls auch einem fähigen Tierarzt vor, wenn es Wehrigkeit im Galopp zeigt. Ihre vermeintliche Angst ist dann vielleicht keine, sondern zeugt von Ihrer Empathiefähigkeit Ihrem Pferd gegenüber.

Sollten Sie bemerken, dass weitere Ausbildung und die Hilfe eines Reitlehrers oder Bereiters alleine Ihnen nicht genügend hilft oder dass Ihre Angst vielleicht auch unabhängig von der reitfachlichen und gesundheitlichen Einschätzung bestimmend wird, dann können wir von ganzem Herzen die Hilfe der folgenden beiden Personen empfehlen:

Dr. Claudia Nebel-Töpfer setzt unter anderem die wingwave®-Methode ein, die spürbar und recht schnell zum Stressabbau und mentaler Fitness führen kann. Im Coaching folgt der Reiter den horizontalen Winkbewegungen des Coaches mit seinen Augen. So sollen „wache REM-Phasen" erzeugt werden, die sonst nur nachts beim Schlafen stattfinden. Diese sind wichtig für die Erholung und Verarbeitung von Tagesereignissen. Ziel ist, vor oder während einer Reitstunde das Stresslevel des Reiters deutlich zu senken, um so die Leistungsfähigkeit sicherzustellen und Ressourcen wie Mut, Optimismus und Zuversicht zu aktivieren. So kann der Galopp durch Coaching auch kurzfristig schon wieder Freude bereiten.

www.erfahrungsgut-priesen.de

Nicole Weber hilft Freizeit- und Berufsreitern aller Sparten ihre Ängste beim Reiten zu verlieren. Hierfür entwickelte sie die Methode Equihypnose® und ist Autorin der gleichnamigen Bücher. Sie ist Hypnose- und Traumatherapeutin, *Centered-Riding*-Instruktorin und *Equine Assisted Mental Health Practitioner* mit Sitz in Hannover, ist aber auch überregional tätig.

www.reitercoaching-weber.de

Nicole Weber
Equihypnose® – Wege aus der Angst,
Stuttgart 2019

Nicole Weber
Equihypnose® – Trainingsprogramm für besseres Reiten, Stuttgart 2021

LITERATUR zum Weiterlesen

Dyson, Sue und Ross, Mike:
The Lameness in the Horse,
El Sevier, St. Louis 2011

Ellendorf, Franz:
Leistungstraining für das Pferd,
Schlütersche Verlagsgesellschaft, Hannover 2010

Fischer, Martin und Lilje, Karin:
Hunde in Bewegung,
Kosmos Verlag, Stuttgart 2011

Möller, Katharina:
Basis-Guide für feine Hilfen,
Cadmos Verlag, Schwarzenbek 2013

Möller, Katharina und Weingand, Claudia:
Biegung.
Biomechanik und klassisches Reiten,
Müller Rüschlikon Verlag, Stuttgart 2020

Möller, Katharina und Weingand, Claudia:
Dehnungshaltung.
Biomechanik und klassisches Reiten,
Müller Rüschlikon Verlag, Stuttgart 2019

Möller, Katharina:
Feines Dressurreiten im Gelände,
Cadmos Verlag, Schwarzenbek 2014

Möller, Katharina:
Longieren als Dialog,
Cadmos Verlag, Schwarzenbek 2017

Möller, Katharina:
Pferde sinnvoll lösen,
Cadmos Verlag, Schwarzenbek 2014

Möller, Katharina und Weingand, Claudia:
Trainingstherapie,
Müller Rüschlikon Verlag, Stuttgart 2021